西北大学英才谱

（第五辑）

西北大学校史编纂委员会　编

熊晓芬　主编

西北大学出版社

·西安·

图书在版编目（CIP）数据

西北大学英才谱.第五辑/熊晓芬主编.—西安：西北大学出版社，2023.6
ISBN 978-7-5604-5027-8

Ⅰ.①西… Ⅱ.①熊… Ⅲ.①西北大学—校友—生平事迹 Ⅳ.①K820.7

中国版本图书馆CIP数据核字（2022）第186683号

西北大学英才谱（第五辑）
XIBEIDAXUE YINGCAI PU DIWUJI
西北大学校史编纂委员会　编
熊晓芬　主编

出版发行　西北大学出版社
（西北大学校内　邮编：710069　电话：029-88302621 88303593）
http：//nwupress.nwu.edu.cn　E-mail：xdpress@nwu.edu.cn

经　销	全国新华书店	
印　刷	西安华新彩印有限责任公司	
开　本	787毫米×1092毫米　1/16	
印　张	19.75	
版　次	2023年6月第1版	
印　次	2023年6月第1次印刷	
字　数	360千字	
书　号	ISBN 978-7-5604-5027-8	
定　价	68.00元	

本版图书如有印装质量问题，请拨打029-88302966予以调换。

西北大学校史编纂顾问委员会

主　　任　张岂之
委　　员　（以姓氏笔画为序）
　　　　　王忠民　方光华　乔学光　孙　勇　李军锋
　　　　　张　炜　陈宗兴　郝克刚　董丁诚

西北大学校史编纂委员会

主　　任　王亚杰　郭立宏
副 主 任　张　清　常　江　吴振磊　田明纲
委　　员　（以姓氏笔画为序）
　　　　　马　来　马向科　王旭州　王根教　刘　丰
　　　　　刘　杰　刘舜康　杨　涛（校庆办）　杨春德
　　　　　杨德生　汪　涛（规划与学科处）　周　超
　　　　　姚　远　姚聪莉　崔云水　崔延力　梁星亮
　　　　　韩志斌　熊晓芬

序

在学校120年华诞之际，《西北大学英才谱（第五辑）》出版了。自1992年《西北大学英才谱（第一集）》出版以来，学校先后出版了五辑《西北大学英才谱》，共收录了319位校友（其中第一集收录40人，第二辑收录46人，第三辑收录63人，第四辑收录78人，第五辑收录92人）。校友是社会的人才资源，更是母校的宝贵财富，他们是学校建设的亲历者和见证者，是大学精神的传承者和践行者，辑录出版《西北大学英才谱》，对于学校和校友而言，都有着极其重要的意义。

一个多世纪以来，西北大学几度沉寂，又几度奋起，在坎坷与磨难中载沉载浮，却从未忘怀"开发西北奠复兴基，学成致用报国及时"的初衷。在长期的办学历程中，学校坚守"发扬民族精神，融合世界思想，肩负建设西北之重任"的办学理念，汇聚了众多大师名家，产生了中国思想史研究的"侯外庐学派"、中国世界史研究领域的三大学术理论之一的"文明交往论"、中国五大地质学派之一的"地壳波浪状镶嵌构造学说"、被誉为"中国的骄傲"的"侯氏变换"和"王氏定理"、秦岭造山带的"三板块两缝合带、立交桥式三维结构"演化过程与动力学模型、破解达尔文进化论世纪难题的"三幕式寒武纪大爆发假说"等重大理论创新。在新时代奋进的号角声中，西北大学坚持"中国特色、世界一流"导向，紧紧围绕"六大战略"，推动"一院一策"综合改革，核心竞争力和文化影响力显著增强。习近平总书记亲切接见和撰文表彰中亚考古队；地质学和考古学入选国家"世界一流学科"建设行列；产生了一批以"清江生物群""大月氏考古"为代表的标志性成果；累计发表 Nature、Science 论文19篇；建设全国首个"碳中和"学院，复办医学专业，在服务国家战略、增进人民福祉中贡献新的西大智慧和力量。作为文明和知识的探寻、创造与传播场所，西北大学始终坚持对高远理想的追求，成为科学文化的殿堂和精神良知的栖居之地。

西北大学学科门类比较齐全，各学科之间相互渗透，互相影响，有助于培养创新人才和学科发展。学校成立之初，就提出要培养"博古通今适于世用，砥德砺行报以国华"的"庠序通才"。抗战时期，更是以"通专并重"为方针，实行"培养能治学治事治人创业之通才与专才教育"的理念，强调大学教育要注重通才教育和人格培养，务使"青年学生有恢弘之胸襟，高远之理想，贞亮之品节，笃实之行为，陶成真才实学"。新中国成立后，特别是进入新时期以来，学校构建了文理交叉的学科专业结构，在人才培养中重视中华优秀传统文化的教育，突出科学教育与人文教育相融合。120年来，西北大学培养了40余万名英才，走出了29位两院院士、4位中国科学院哲学社会科学部学部委员、10位国际科研机构院士，涌现出"中国知识分子的楷模"罗健夫、全国重大先进典型侯伯宇、"感动中国"年度人物龚全珍等杰出校友，被誉为"中华石油英才之母""青年经济学家的摇篮"和"作家摇篮"。

西北大学所培养的学生因基础扎实，知识面广，思想活跃，适应性强，后劲充足，历来受到社会和用人单位的欢迎。本书收录的是学校历年培养的92名杰出校友，收录人数在历次出版的《西北大学英才谱》中为最多。这些校友中最年长者已近百岁，年龄最轻者出生于1982年，年仅40岁，1人出生于1930年代，4人出生于1940年代，25人出生于1950年代，还有34位"60后"和26位"70后"。他们中有感动中国的"最美奋斗者"，有中国科学院院士、澳大利亚国家工程院外籍院士，有蜚声国际的"顾参数"，有为国尽忠职守的少将，有西北大学杰出校友"玉兰奖"获得者，有学术造诣精深、海内外知名的学者和中青年学术骨干，有在政府部门、高校中担任要职的领导干部，有独挑大梁的国企掌门人，有奋发有为的民营企业家，还有才华横溢的电影导演、作家、剧作家。本书以优美的文字如实记录了他们的先进事迹。作为广大校友中的杰出代表，他们兢兢业业，奋发有为，在各自的工作岗位上为国家为社会贡献智慧与才华，体现了学校人才培养的特色，更为母校赢得了良好的声誉。

校友是母校最靓丽的名片。一所大学的社会形象和良好声誉很大程度上来自其培养的学生，来自毕业生在社会上的总体表现。当人们历数着各行各业的风云人物，而最终发现他们都出自同一所大学时，这所大学的声誉和地位也就自然确立起来了。人才培育成效显现的周期比较长，考察一所学校对人才培养的成效，需要10年、20年甚至更长的时间。学生进入学校，在老师的引导和帮助下，开始一个时期的学习和探索，而这对于漫长的人生来说，却往往只是一个开端。毕业生离开学校走向社会之后，还要继续努力，精益求精，才会有所成就。学生离开母校，犹如孩子告别母亲，却永远也走不出母亲关注深情的目光。学校一直以来都非常重视校友工作，近年来更是把校友工作作为推动学校事业发展的一项重要支撑，专门成立了国内合作与校友工作处，围绕构建校友与母校终生命运共同体，不断完善工作机制、夯实工作载体，全方位为校友提供优质服务，在校友成长过程中持续赋能与支持，广大校友也对母校建设建言献策，捐资助学，以各种方式积极回馈母校，助力学校发展。

"天下为公""不诚无物""勤劳坚毅""抱朴守真"，展读本书，会发现最令校友们念念不忘，激励他们在人生路上踔厉奋发的，是西北大学"公诚勤朴"校训，这是西北大学师生为国富强、民族复兴不懈奋斗的赤子情怀。奋进新征程，展现新作为。未来西北大学将持续聚焦"双一流"建设，彰显中国特色，办世界一流大学，努力提升自身的核心竞争力、社会贡献力和教育影响力。坚持社会主义办学方向，扎根中国大地办大学，全面贯彻党的教育方针，引领学生自觉把个人理想融入到国家与民族发展中，努力培养德智体美劳全面发展的社会主义建设者和接班人，为全面建设社会主义现代化国家、全面推进中华民族伟大复兴作出新的更大贡献！

是为序。

王亚杰

郭立宏

2022 年 10 月

目 录

龚全珍 ………………………………………… 1
闫章更 ………………………………………… 4
薛天纬 ………………………………………… 8
王军武 ………………………………………… 9
顾 樵 ………………………………………… 13
王栓才 ………………………………………… 17
杨喜庆 ………………………………………… 21
李军锋 ………………………………………… 25
余华青 ………………………………………… 26
惠泱河 ………………………………………… 28
李雪梅 ………………………………………… 30
黄建新 ………………………………………… 32
周明全 ………………………………………… 37
姚文琦 ………………………………………… 41
朱恪孝 ………………………………………… 45
白阿莹 ………………………………………… 50
党圣元 ………………………………………… 54

延艺云	56
李映方	58
孟庆任	60
张　炜	64
王忠民	65
崔智林	70
宋纪蓉	74
翟刚毅	78
刘买利	82
罗晓容	86
冯　仑	88
简劲宏	92
屈建军	96
赵　荣	100
任海云	104
汤国安	105
尚劝余	109
付锁堂	113
薛占海	117
刘　伟	122
赵永安	124
任宗哲	128
刘　科	129
侯宁彬	133
高　岭	137
樊维斌	139

卓　宇	140
李宏安	141
巩富文	145
方光华	150
吴文玲	153
李道新	155
严建亚	159
张首刚	161
巩　文	166
杨俊林	170
袁　健	171
姚红娟	175
马小奇	179
唐海忠	183
范　桁	187
任保平	189
朱晓渭	193
李华轮	194
冯　岩	198
于天忠	202
王文汇	206
蔡鑫磊	210
张　鹏	211
吕　科	215
李举纲	217
孙周勇	221

王良军……………………………………………225

洪新敏……………………………………………229

李　岗……………………………………………233

韦　勇……………………………………………237

张建平……………………………………………241

甄　峰……………………………………………243

张宏俊……………………………………………247

严汉平……………………………………………251

路文龙……………………………………………256

蔡功文……………………………………………260

杨　爽……………………………………………264

杜岩岫……………………………………………268

卢　涛……………………………………………272

张伟武……………………………………………276

王　训……………………………………………277

田　丰……………………………………………280

李卫斌……………………………………………282

车　涛……………………………………………283

丁鹏勃……………………………………………287

陈　凡……………………………………………291

支振锋……………………………………………292

杨建鹏……………………………………………295

王　磊……………………………………………299

后　记……………………………………………303

龚全珍

龚全珍，女，汉族，1923年11月出生，山东烟台人，中共党员，1949年毕业于西北大学教育系。其后响应党的号召到边疆，在新疆军区八一子弟学校当教师。在这里她遇到了影响其一生的甘祖昌将军。甘祖昌将军因在战争年代脑部多次负伤，留下后遗症，难以在部队继续担任领导工作，多次主动向党组织要求辞去新疆军区后勤部部长职务，最终得到批准。1957年7月，龚全珍追随丈夫甘祖昌将军回到江西省莲花县坊楼镇沿背村，扎根山区务农并一直从事乡村教师工作，曾在县九都中学任教，后担任南陂小学校长。离休后，仍关心教育，扶贫助学，开办"龚全珍工作室"，帮助困难群众上千人。

先后荣获第四届全国道德模范、感动中国2013年度人物、全国优秀共产党员、全国"扶贫助学先进个人"和全国三八红旗手标兵等荣誉称号，习近平总书记曾先后两次亲切接见龚全珍，称她为"老阿姨"。

信仰之火，铸就奉献人生

龚全珍1923年11月出生于山东省烟台市，1945年7月考入西北大学教育系，1949年7月参加中国人民解放军，1952年6月加入中国共产党。1957年7月，她放弃城市优越生活，追随丈夫甘祖昌将军回到莲花县坊楼镇沿背村老家，几十年如一日，竭尽所能教书育人，造福桑梓，体现了一个共产党人的本色、品德和力量，是新时期共产党员的优秀代表。

2013年9月26日，习近平总书记在会见第四届全国道德模范及提名奖获得者时，饱含深情地说，甘祖昌同志是江西籍老红军，将军当农民，我们深受影响。半个多世纪过去了，龚全珍同志始终保持艰苦奋斗精神，并当选了全国道德模范，我感到很欣慰。我们要弘扬这种精神，不仅我们这代人要传承，我们的下一代也要弘扬，要一代一代传承下去。向老阿姨致敬！习近平总书记的话，感动了龚全珍，感动了全中国。

1957年，龚全珍回到家乡后，县文教局安排她在坊楼乡九都中学任教，此后便扎根这片红土地上，为莲花山村教育事业奉献自己的光和热。

从教师战线退下来的龚全珍始终关心下一代的教育成长。2003年，她加入了县镇两级的老干部宣讲团，经常进机关、入企业，进学校、下基层，为青少年作爱国主义传统教育报告。有一次，她应邀到凫村中学作爱国主义传统教育讲座，讲完后，她来到了学校的图书室，看着空荡荡的书架，她有了新想法。回到县城后，龚全珍拿出平时省吃俭用积攒起来的生活费，到县新华书店购买了1000多册书籍，送到了凫村中学。不久后的一天，龚全珍在县关工委看报，无意中听到工作人员说起县关工委打算购买《激励永远》教育光盘捐赠给学校，但还有部分资金缺口的事，她又毫不犹豫地捐出了2400元。

2004年，在一次下乡宣讲时，龚全珍偶然认识了下坊乡湾溪小学三年级学生郭艳兰，当得知她的父母亲均患病，全家生活非常困难，小艳兰随时面临辍学的情况后，龚全珍落泪了，她资助小艳兰顺利完成了小学学业，进入了初中。龚全珍还购买了复读机和磁带，鼓励小艳兰继续努力，好好学习。

多年来，龚全珍走进学校、机关、部队、工厂，义务对青少年进行革命传统教育；与贫困学子结成"1+1"帮扶对子，资助学生达百人之多，捐款达10余万元。对于这一切，龚全珍平静地说："为党工作是本分，离休不等于离岗，自己做的事情哪怕再小，都是在延续甘祖昌建设美好家乡的梦想。"

"健康时，每周去一次福利院，为孤寡老人做一些力所能及的事……有病时，不住特殊病房，不用价格昂贵的进口药品……逝世后，生前最后一个月的工资作为我此生最后的党费；生前资助的5名贫困大学生，要求子女们继续资助到毕业……"这是龚全珍向党组织递交的承诺书。

1986年3月，甘祖昌将军因病离世，这一年，龚全珍63岁，尽管已过花甲，但为了不给儿女增添麻烦，龚全珍住进了县幸福院。在幸福院的5年中，她把自己当作是院里的工作人员，组织老人们开展政治学习，擦地板，补衣服，还拿出生活费为老人们买营养品。院里有个12岁的女孩谢小英，因家境贫寒只读了小学二年级就辍学帮人做保姆，还有一个工友老刘的孩子刘海青，学汉字拼音硬是拼不出来，龚全珍便自己掏钱买来课本、文具，辅导他们读书，后来，她索性办起了一个幸福学习小组，将院里的孩子和隔壁琴亭小学几个留守儿童都组织起来。她的幸福学习小组一直坚持到1997年才搬离幸福院。

在幸福院旁，住着残疾人尹韵娇一家子。2005年，尹韵娇检查出患了白血病。龚全珍了解到她的困难后，不顾年迈，主动帮助她照看小孩，并带头捐款3000元，联系好医院,让她接受治疗。在龚全珍的带动下,她的亲朋好友纷纷慷慨解囊,帮助尹韵娇战胜了病魔。对尹韵娇一家的关心和帮助,龚全珍一直坚持了15年。家境贫寒的社区党员刘青松体弱多病,龚全珍主动与其结对帮扶,并多次上门看望,捐款捐物。社区里一个困难家庭中就读中学的女孩面临辍学,并不宽裕的龚全珍毅然资助其2 000元,使得这名学生顺利完成初中学业……

2011年,为营造和谐温馨的社区发展环境,传承甘祖昌将军无私奉献、艰苦奋斗的优秀传统,调动社区党员和群众创先争优,龚全珍在琴亭镇金城社区建立了"龚全珍工作室",定期为社区党员、居民和困难家庭开展革命传统、理想信念教育和扶贫济困慈善活动。她每周都会来到工作室,与群众沟通交流,帮助群众解决思想和生活上的问题。她一丝不苟,语重心长,真情流露地谈自己的革命信念,讲述甘将军不谋私利,一生为党、为人民奉献的感人事迹,并勉励社区同志要珍惜大好时光,搞好社区居民的生产、生活服务。在她的影响和倡导下,全县建立了45个龚全珍工作室,组建了200多支党员志愿者服务队,3 000多名党员干部结对帮扶困难群众,为基层群众提供发展资金200余万元,解决实际困难9 200余个。现在,龚全珍工作室成了党员干部受教育的一个基地,为群众解决矛盾纠纷的一个平台。2013年,她又成立"龚全珍爱心救助基金会",广泛募集社会资金,采取定期救助和临时救助相结合的方式救助困难对象。到目前为止,基金会募集社会资金170余万元,资助困难群众和学生1 000多人。

"我从不认为自己身份特殊,但我有一份特殊的责任,就是要把老甘的精神传承下去。"作为开国将军夫人,这种"艰苦奋斗、无私奉献、淡泊名利、一心为公"的精神,是将军夫人永恒的坚守。

龚全珍的先进事迹引起社会强烈反响。《人民日报》、新华社、《解放军报》、《光明日报》、中央电视台、中央人民广播电台、《中国青年报》、《中国妇女报》等中央媒体及省、市各媒体纷纷报道她的事迹。中共江西省委、中共萍乡市委分别在全省、全市开展向龚全珍同志学习活动。她先后荣获第四届全国道德模范、感动中国2013年度人物、全国优秀共产党员、全国"扶贫助学先进个人"和全国三八红旗手标兵等荣誉称号。

(中组部)

寄 语

西北大学全体师生:希望大家都爱党爱国爱人民,发扬艰苦奋斗、无私奉献的精神。

闫章更

闫章更，男，1939年12月出生，陕西白水人，中共党员，1963年7月毕业于西北大学数学系。曾任中国华阴兵器试验中心高级工程师。专业技术一级，少将军衔，荣立一、二、三等功，中国兵工学会应用数学研究会第一、二届委员。当选第十届全国人大代表、第二届全军英模代表大会代表；受聘西北大学兼职教授、中国博士后科学基金会军队系统评审专家。

主要从事常规兵器外弹道试验、射表研制、兵器试验鉴定理论方法研究等工作。主持完成了射表编制、外弹道试验等任务多项。曾获国家和军队科技进步奖24项，出版学术著作6部，发表学术论文50多篇。获得首届"全国优秀科技工作者"荣誉称号、国务院政府特殊津贴、军队杰出专业技术人才奖。

为火炮点睛的少将

悠悠四十载，几度风雪寒。从北国草原到秦岭脚下，他呕心沥血，孜孜以求，研制出一部部具有世界先进水平的射表，给火炮、导弹安上神奇的"眼睛"；他淡泊名利，甘为人梯，以无私的胸怀提携后人，为我国常规兵器试验技术的长期发展积蓄力量；他心系母校，情牵育英，功成名遂仍不忘母校，对母校的科学研究和人才培养鼎力相助。

他，就是为我国常规兵器现代化建设做出重大贡献的闫章更。

不畏艰险　勇攀高峰

1959年，高中毕业的闫章更一路搭着拉煤车从陕西渭南白水来到西北大学，开始了他的大学生活。当年的宿舍位于太白校区西北角最边上，八个人上下铺，中间有张小桌子，学生一般都在走廊上开会，出墙报。说起那些当年睡在上铺的兄弟，闫章更不无感慨："如今早已各自天涯了。"已经"各自天涯"的同学当年基本都是响应国家号召，补充了教师岗位——很多同学当了中学教师，其中有些后来还当了校长；还有两个在武汉当大学教授。回忆起当年被西大录取的情景时，闫章更一脸自豪："西大数学系是很牛的！那会儿考上西大就相当于考上北大和清华，整个系全年级只有120人，一个班才30人。"

1963年，闫章更从西北大学毕业，来到东北某常规兵器试验中心，从事火炮外弹道试验和射表技术研究。此后的半个多世纪，他一直奋战在常规武器科研试验的第一线。

刚跨入中国常规兵器试验靶场时，闫章更不仅从未亲眼见过火炮，更不知道火炮射表是什么。很多同去的人或是慢慢放弃，或是托人另找工作了，可他知难而进，不懈奋斗。每天，他踏着厚厚的积雪在相距甚远的靶场和档案库之间来回穿梭，在简陋的办公室里披着军大衣趴在小桌上日夜不停地演算。

20世纪70年代初，闫章更承担了试验中心第一个正式射表的编制任务。他编制出射表后，在验证时却意外发现试验数据和我国一直沿用的外国资料中"射表检查3个评定标准"发生矛盾。在争论声中，闫章更以厚实的数学基础反复核对与验证，指出3个评定标准在理论上是错误的，并撰写3篇论文和一篇报告系统论述了自己的观点，彻底否定了被迷信着的3个评定标准。

"要多独立思考，多提出反对与质疑，在科学研究领域，没有永远的权威，只有创新才是最有生命力的。"经过一次次的试验、攻关，闫章更和他的战友们终于在国内首次建立了应用新型雷达的火炮射表技术，完成了我国第一部射表技术专著，形成了我国射表技术的理论体系。

多年来，闫章更对靶场数据处理、结果评定等有关问题进行了系统研究，取得了多项创新成果：在国内第一个研究出应用弹丸自身阻力系数编制射表的方法，提高了精度、节省了弹药，缩短周期，并结束了沿用国外落后的"43年阻力律"编制射表长达30多年的历史；研究出了实弹自由飞纸靶试验新技术，能对实弹自由飞弹丸提取全部气动参数和稳定性分析因子，被认为是对传统纸靶技术的突破；研究出了应用4D弹道模型的射表编拟新方法，提高了射表精度，满足了火控系统对射表的要求，解决了关于小样本单发命中概率有关统计推断问题，为现代反装甲武器及其他武器的精度鉴定试验提供了新方法；纸靶试验新技术、射表编拟新方法已与国际先进水平接轨。闫章更的研究成果编成了靶场训练教材，研制的一部部射表均已装备部队，为我国常规兵器现代化建设做出了重大贡献。

淡泊名利　甘为人梯

闫章更是中国华阴兵器试验中心的高级工程师、技术少将,是我国常规武器试验和技术体系的重要开拓者,更是一位德技双馨的科技专家。多年来,他在自己的研究领域默默坚守,做出了开拓性的贡献,以无私的胸怀提携后人,为我国常规兵器试验技术的长期发展甘当人梯。

作为在射表技术领域取得了非凡成就的老专家,闫章更明白青年人对国防建设的意义。在我军装备现代化建设的关键时期,具有创新素质的人才关系着事业的成败。平日里他言传身教,十分注意对青年科技人才的培养。在闫章更的课题组里,青年人积极进取,感到有使不完的劲,学不尽的知识。为了把更多的青年技术干部推向事业的前台,闫章更将自己在科研中发现的、具有广阔前景的课题交给他们完成;在上报由他担任技术指导的科研成果时几次将自己的名字划去;把自己几十年积累的科研试验资料无私地提供给年轻人使用。

闫章更编写出版的总计百万余字的《射表技术》《兵器试验统计学》《概率统计基础》《兵器试验数据的统计分析》等一批专著,已经成为青年技术干部成长的阶梯。闫章更说:"我现在的主要心思和精力,就是想用自己的双手扶着、推着,帮助年轻人尽快接班成才。"在他的精心指导下,已有10多名学生成为常规兵器试验的高级专家和专业技术带头人。

中国华阴兵器试验中心是我国唯一一座新型国家级试验靶场,是我国常规武器权威性鉴定机构之一,隶属于中国人民解放军总装备部,闫章更在这里工作了半个世纪。在他的大力推动下,2003年西北大学数学系与试验中心签订军民共建协议,并在试验中心建立国防和实践教学基地。此后,学院师生每年来此开展教学实习,接受专业教育和爱国主义教育。每次闫章更都为师生作报告,介绍他研究领域中的数学应用和研究进展。2013年冬,母校师生到华阴看望了闫章更,他把自己一生的研究所得《兵器试验理论研究与实践——闫章更学术讲座及论文选》送给每一位师生,并在扉页题写了赠语。年逾古稀的老校友亲切和蔼、矍铄健旺的精神状态,深深感染了在场的师生,同学们纷纷表示,要像老将军一样,不断学习,不断创新,不断奋斗,将来为祖国建设贡献自己的力量。

心系母校　回报师恩

从农民的儿子成长为成果卓著的常规兵器试验专家,闫章更是西北大学为共和国培养出的第一位将军。在西北大学求学期间，众多名师的渊博知识、严谨的治学态度深深影响了闫章更，而在学校学习数学时打下的扎实功底，也让他在日后的研究工作中游刃有余。回忆当年在西北大学数学系学习时的情景，闫章更总是说："西大数学系培育了我。杨永芳教授、刘书琴教授等著名数学家，他们渊博的知识、严谨的治学态度、学者的风范对我进入社会、步入军营，做人做事产生了重要影响。我人生命运的改变始终是和西大数学系紧紧连在一起的。"

半个多世纪以来，西北大学校训"公诚勤朴"是闫章更勇攀科学高峰的精神源泉，扎实的数学功底成为他工作的不竭动力。即使工作异常繁忙，闫章更也时时牵挂着母校，一心要为母校的科学研究和人才培养尽自己的绵薄之力。

只要有机会，闫章更一定会回到母校看看。他多次为学校师生作兵器试验研究、国防军事教育、形势与政策等方面的报告，积极为师生实习搭建桥梁。2002年10月，闫章更回母校参加百年校庆，并受聘西北大学兼职教授，以自己的亲身经历为师生做报告。2012年10月，西北大学迎来110周年校庆之际，闫章更受邀回母校参加庆祝活动，在校庆庆典上作为20世纪60年代毕业的校友代表发言，给师生作了题为《兵器试验与数学》的学术报告，并为数学学院赠送了他亲笔题写的书法作品。他通过报告向同学们介绍了自己常年来在兵器试验领域的研究，通过讲述7个故事告诉同学们数学方法的成功应用解决了兵器试验的几个重大难题，并希望同学们不要受社会上某些浮躁之风的影响，珍惜大学时光，刻苦学习，打好扎实的数学基础，为振兴中华做出自己的贡献。闫章更的报告语言亲切、深入浅出、引人入胜，为莘莘学子和青年教师上了生动的一课。

闫章更是中国国防科技工作者的杰出代表，更是西北大学的骄傲。2017年，闫章更获得了西北大学"玉兰奖章"。而"玉兰奖"，正是西北大学奖励杰出校友的最高奖项。

寄　语

数学学子的优势是底子厚，后劲大。祝愿母校数学系的学弟学妹走出校门进入岗位，能自信地发挥这一优势，砥砺前行。

薛天纬

薛天纬，男，1942年11月出生，陕西宜川人。1959年9月—1963年7月就读于西北大学中文系汉语言文学专业；1981年毕业于西北大学中文系，获文学硕士学位。本科毕业后由国家分配至新疆，在乌鲁木齐第一师范学校（现新疆师范大学）任教；1981年硕士毕业后重返新疆，在新疆师范大学任教，1992年获教授职称，1994年4月—2002年12月任新疆师范大学副校长，2009年12月退休。曾任西北大学新疆校友会会长、中国李白研究会会长、中国人民大学国学院特聘教授。曾获"全国优秀教师"称号。

研究方向为中国古代诗学及唐诗，尤重李白研究，系安旗教授主编《李白全集编年笺注》撰稿人之一，出版有《李白诗选》《唐代歌行论》等著作。独立完成国家社科基金课题2项，鉴定结果均为"优秀"。

寄 语

发扬傅庚生、安旗等先生的学术传统，把西北大学建设成唐诗研究的重镇与中心。

王军武

王军武，男，1946年4月出生，陕西长安人，国家一级编剧。1973年进入西北大学中文系汉语言文学专业学习，毕业后分配至陕西省群众艺术馆工作。1982年、1983年分别获得省直文化系统"优秀党员"与"模范党员"荣誉称号。1984年调入陕西省振兴秦腔指导委员会办公室，后任省振兴秦腔办公室主任。在振兴秦腔岗位上工作25年，为秦腔艺术传承和发展做出了突出贡献。

工作之余，创作秦腔、话剧、歌剧、电影等剧本60多部，上演、发表、出版剧本20多部。曾荣获中国秦腔节、陕西省艺术节优秀剧目大奖，创作一等奖等20多项奖项。代表作有《郭秀明》《鲁迅在西安》《刘志丹》《药王孙思邈》等。2006年组建陕西唐梨园秦腔影视剧院，创排了《爱情公证》《村官麻辣烫》等10余台剧目。

陕西有个"王振兴"

在中华人民共和国成立后半个多世纪中，西北大学为国家培养了一代又一代优秀学子，他们创造出一项又一项优秀成果，但像中文系1973级校友、曾任陕西省文化厅振兴秦腔办公室主任的王军武那样，几十年如一日，致力于振兴秦腔和戏剧创作，为此奉献了人生美好年华的，却为数不多。

从1968年到2009年，王军武创作、改编戏曲剧本60余部；在陕西省第三届艺术节上，25台剧（节）目中有4台秦腔剧，其中3台的剧本出自王军武之手；他合作创作的大型秦腔现代戏《郭秀明》连演200多场，在中央和地方电视台先后播放10多次。在陕西戏剧界，尤其是秦腔圈内，不少人都唤王军武的名字为"王振兴"。

情系秦腔四十载

王军武与秦腔结缘是从40多年前开始的。1968年，在友人启示下，他萌发了书写英雄刘胡兰和大寨人的创作欲望。这年寒假，22岁的王军武带着65元路费（这是他从自己民办教师每月5元钱津贴中，用了几年时间积攒下的），只身一人骑着自行车，迎着寒风，从长安县（现长安区）出发，前往刘胡兰的家乡山西省文水县云周西村和昔阳县大寨大队，寻访英雄们的足迹。他前后两次穿越黄河，在冷冬寒天奔波一个多月，忍饥受冻，顶风冒雪，甚至在渡洛河时，连4分钱的船票钱也无力支付。王军武坚强地熬了下来，并在一年后，创作完成秦腔现代戏《刘胡兰》。该戏由邻村业余剧团在1970年春节期间搬上舞台，一时间在当地产生了不小的反响。以此为开端，王军武把自己的人生追求紧紧地与戏曲、与秦腔联结在一起。

1973年9月，王军武进入西北大学中文系学习。大学毕业后，他被分配到省群众艺术馆工作，在此期间，他创作出大型秦腔历史剧《荆轲刺秦王》，成为他的代表作之一。

1983年，陕西省委提出了"振兴秦腔"的号召，次年，王军武被调往省振兴秦腔办公室工作。在这里，他如鱼得水，进入一个新天地。振兴秦腔，是一件前无古人的新鲜事，当时秦腔这个古老的剧种面临着演员青黄不接、剧目老化、观众流失、经费短缺等诸多难题。为解决这些问题，20年来王军武和同仁们筚路蓝缕，锲而不舍，不断探索。1984年10月，他们首先举办了秦腔青年演员调演，由此涌现出耿建华、丁良生、乔慷慨、任炳汉、李发牢、赵改琴、张宝玮、戴春荣等一大批观众认可的秦腔新秀。1985年，他们举办了5个秦腔实验剧团新剧目汇报演出，涌现出《千古一帝》和《卓文君》等优秀剧目，先后进京演出获得多项大奖，尤为可喜的是，这两出戏推出了李东桥、戴春荣两个"梅花奖"得主。1986年，秦腔发展战略研讨会成功举办，并结合秦腔音乐改革，举办了振兴秦腔音乐会。在此基础上，秦腔折子戏《楼台会》被作为示范推出，获得了较好的艺术效果。

王军武认为，振兴秦腔不只是一句口号，也不是一个人或几个人的事情，更需要广大群众支持、参与。普及秦腔、拓宽振兴秦腔的思路，成为王军武和他的同仁们一个时期工作的中心话题。西安、咸阳、兴平、泾阳、蓝田等地的群众秦腔演唱大赛，使他们跳出了专业院团的艺术圈子，为秦腔的振兴找到了一片更广阔的天地。

在继承与革新中振兴秦腔

1991年11月，振兴秦腔办公室举办全省首届群众秦腔演唱大赛，由此拉开了陕西省群众秦腔演唱活动的帷幕，三秦大地上的群众秦腔演唱活动自此蔚然成风，如火如荼，热潮一浪高过一浪。

随着现代生活节奏和娱乐形式，以及人们欣赏兴趣的变化，城市剧场的秦腔观众越来越稀少，许多剧团也因演出难以为继而解散。面对新的秦腔"危机"，王军武从调查研究入手，深入基层，和各方人士交谈，总结经验，找寻办法。

在《秦腔热后"冷"思考》一文中，王军武提出了振兴秦腔新思路。他把振兴秦腔分为三个阶段，即盲目阶段、回娘家阶段、自觉阶段；把秦腔分为三种类型和五个市场，即农村型、城市型、外向型和农村市场、城市市场、外国演出市场、国内旅游市场、音像市场。他还提出了分层次振兴的设想，即县剧团多排戏多演出，以满足基层广大观众的基本需求；地区市（中等城市）剧团以雅俗共赏，争取城乡青少年观众为主；省直、西安市的剧院团以适应旅游、外向型演出和承担国家重大赛事活动为主，出精品剧目和培养尖子人才，革新秦腔艺术。这些观点得到有关领导的重视和采纳。同时，王军武还进一步总结出"一手抓继承，一手抓革新；一手抓提高，一手抓普及；一手抓专业，一手抓业余；一手抓典型，一手抓精品"的方法，以及在戏剧队伍人才建设上提出"尊老、靠中、扶青、携幼"的梯次主张，都得到社会的认可。据此，王军武等人按照长计划、短安排，一年一度一个侧重点或一个突破点，积累式地把振兴秦腔活动当作工程（大厦）来搞，最后达到整体推进。他把此喻为"女娲炼石补天"。

20世纪90年代，秦腔创作和演出呈现出一派繁荣的景象。花脸、丑角、风格流派、新百名唱腔、武戏绝技、琴师鼓师乐手大赛等专题性调演和学术研讨会接连举办，还举办了中、青年演员折子戏、演唱大赛，尤其是2000年秋季举办的首届中国秦腔艺术节，汇聚了西北五省（区）二三十个剧团的精品剧目，一时轰动古城西安，出现了多年罕见的红火热闹场面。

为了适应信息社会、知识经济时代的到来，王军武在秦腔剧目创作、人才培养以及传播渠道等方面，都有新的举措，并初见成效：剧本创作上，重视培养优秀剧作家，出"精品"剧目，现代戏《迟开的玫瑰》在全国名噪一时；人才培养上，抓尖子演员，鼓励成名，先后为孙存蝶等人举办专场，促成李小锋拜叶少兰为师学艺，2001年，孙存蝶、李娟荣获全国戏剧"梅花奖"；在传播渠道上，把秦腔和现代传媒结合起来，制作出秦腔史上第一套CD、VCD光盘，以及杨凤兰的《王宝钏》、马友仙的《窦娥冤》等戏曲电视艺术片，多次在中央电视台和地方电视台播放，把古老秦腔用现代传媒手段，送到千家万户。"秦腔从网络走向世界"理论研讨会还邀请日本、美国的学者，共同进行学术研讨。

无愧美誉"王振兴"

王军武在振兴秦腔办公室一干就是 20 多年，正是凭着执着的追求、无私的奉献、宽厚的气度和敏锐的艺术感觉，他和同仁们支撑起振兴秦腔的一方天地，吸引和感召了一大批秦腔界、理论界人士。不论是名流大腕，还是末名小辈，或者民间艺人，王军武一视同仁，许多人都成了他的知心朋友。人们工作上、生活上有了难处，都愿意请王军武帮忙解决，许多人心中有不痛快的事，都愿意向他诉说。

在当今市场经济的大潮下，每个人都有自己的"生财之道"，王军武虽置身于演艺圈，却视名利为身外之物。他参与主办了青年演员大赛、丑角大赛、艺术节、秦腔节、演员个人演出专场等，在有些人看来都是难得的赚钱机会，但每次大赛和演出前都是王军武四处拉赞助，帮助别人成名，帮助别人解除经济上的困难，却从未给自己谋过一点儿私利。

工作之余，王军武潜心创作。大型秦腔现代戏《郭秀明》是他的代表作之一，这出戏完全是他以强烈的使命感在自觉状态下创作出来的。2001 年王军武利用"五一"长假，写出《郭秀明》剧本初稿，还在打印中，就被西安易俗社"相中"。经过近一个月的紧张排练，在纪念中国共产党成立 80 周年前夕正式公演，把"三个代表"重要思想践行者郭秀明的英雄形象，真实而又艺术地呈现在广大观众面前。从 2001 年 6 月下旬至今，这部戏在甘肃、宁夏及省内各地演出达 200 多场，中央电视台和省内电视台多次播放。易俗社的职工们目睹如此喜人的场面，感慨地说："'王振兴'的一部戏不但展示了郭秀明的共产党人品质，还解除了易俗社困窘的经济压力，救活了咱剧社的艺术生命。"在《郭秀明》演出百场时，群众自发地在易俗大剧院举行了祝贺演出成功大会，会场悬挂的一副对联最引人注目，上联是："青丝变白发化成佳作郭秀明"，下联是："为秦腔奉献无愧美誉王振兴"——人们不仅看到秦腔剧坛一棵艺术大树傲然屹立，更感叹王军武为振兴秦腔事业付出的艰辛和努力。

（梁星亮）

寄　语

感恩西大的老师、同学、校友、领导，给了我人生命运转折的契机和事业腾飞的平台，愿百年西大永远青春。

顾 樵

顾樵，男，1947年1月出生，陕西西安人。1977年就读于西北大学物理学系激光专业，毕业后留校任教；1989年毕业于西北大学现代物理研究所，获得理学博士学位；1991年晋升为西北大学副教授。1991年应国际著名生物物理学家、德国国际生物物理研究所所长 F. A. Popp 教授邀请，前往德国进行合作研究。现任德国国际量子生物学研究所首席科学家，在国内外30多所大学、研究所和其他学术单位担任客座教授。

长期致力于量子光学、生物光子学、电化学发光的研究、应用及产业化，共发表100多篇论文和7部专著。建立了生物光子辐射的量子理论，推导出一套描述生物光子动力学与稳态行为的参数，受到国际上的承认和重视，被冠名为"Gu Parameters"（"顾参数"）。基于这套参数的理论指导，研制出简单实用的生物光子探测仪，使生物光子学研究发展成为一项快速、灵敏的检测技术，能广泛应用于食品检验、医疗科技、环境监测、农业科学等领域。

从马路上的几何图到蜚声世界的"顾参数"

顾樵喜欢自比"游侠"——时刻准备着。作为德国国际量子生物学研究所首席科学家，顾樵多年前就因"顾参数"蜚声世界。如今虽已是古稀之年，他依然"时刻准备着"——时刻准备着祖国的召唤，时刻准备着将自己的毕生所学，悉数传授给中华学子……

"我走得很慢，但从不后退"

顾樵至今仍清楚地记得初中的那个夜晚。在那天的晚自修上，他一直在做一道几何证明题；到了熄灯时分，还是没有解出来。下了晚自修，走在回家的路上，顾樵一屁股坐在路沿儿上，就着昏黄的路灯，用粉笔在马路上画出几何图形继续求证。当初那个做不出题来誓不罢休的小小少年没有想到，这幅画在马路上的几何图，正是他开启科学航程、通向辉煌未来的起点！

在实行五分制的年代，顾樵几乎科科拿五分。然而到了1966年，高中毕业的顾樵却不能进入大学——高考被取消了。"我真的很想上大学，但没有这个机会。"1977年12月，高考恢复，30岁已经结婚生子的顾樵成了考场上年龄最大的考生。

虽然高考成绩在所在考区名列第二，可是由于"出身"问题，顾樵迟迟没有等到大学的录取通知书。几经周折，1978年3月，顾樵终于得到了在西北大学走读的资格。这成为他一生中最重要的转折点。求学期间，"大龄"学生顾樵每天都要先把两个孩子安顿好，再骑上自行车，一路飞奔到西北大学，和比自己小得多的同学一起上课，甚至还要接受比自己年轻的教师指导。到现在，还有比顾樵年轻的教师在赞叹他学术成就的时候，连连感慨："顾樵呀，他还是我的学生哩！"

毕业后，顾樵留在西北大学物理系任教。1985年，在侯伯宇教授的指导下攻读博士学位的顾樵一边做着指定的博士课题"二能级原子与单模辐射场相互作用的量子统计性质"，一边研究着另一个前沿交叉课题——生命系统的光子辐射。1989年，顾樵获得了博士学位，也基本完成了关于生命系统光子辐射的理论工作。当他在一个国际学术会议上宣读了自己的研究成果后，引起了广泛关注。1991年1月，顾樵应国际著名生物物理学家、德国国际生物物理研究所所长F. A. Popp教授邀请，前往德国进行合作研究。

甫一到达德国西部城市凯撒斯劳滕，顾樵就和德国同事开始了一场学术博弈。近两个月的时间里，顾樵一边讲解自己的论文，一边和大家讨论，同时德国同事还将顾樵的理论结果与他们的实验数据相比较。这场马拉松式的"学术博弈"最终证实，顾樵的理论结果与德国同事取得的200多个实验的数据符合度高达98%——证明顾樵提出的理论是一种高精度的分析方法，可以用于许多领域。不久后，Popp教授在一次大型学术会议上以该领域权威专家的身份，郑重宣布：顾樵理论表达式中的参数称为"Gu Parameters"（"顾参数"）。顾樵的论文《生物光子辐射的量子理论》后被收入该领域的经典著作《生物光子学研究及其应用的最新进展》（顾樵是三位编者之一）。在其后的几年中，美国、英国、瑞士、荷兰、意大利等国的研究组也开始陆续使用"顾参数"这个有力的工具。

"顾参数"蜚声世界。一篇登载在1999年1月14日出版的《光明日报》上的报道中写道"……在凯撒斯劳滕国际生物物理所任客座教授的顾樵博士关于生物分子延迟发光的报告，引起了大家的浓厚兴趣。他基于分子生物学的实验和量子光学的理论，建立了一套描述生物光子动力学的参数,极好地与实验吻合,被国际上称为'顾参数'。这一(套)参数可以广泛地用来研究生物样品,水质和各种液体在分子水平的变化,涉及食品新鲜度的测量、生物性能的研究、水污染的定量分析、环境污染的监测等。他的研究成果具有广泛的应用前景,代表了世界生物光子研究领域的先进水平。"

"一片冰心在玉壶"

在德国退休后,顾樵于2007年10月来到了深圳大学。"我真的很喜欢深大这个地方,深大对我很好,环境也不错。只要有时间就会来这里给学生上课。"2009年,顾樵荣获深圳大学优秀本科教学一等奖。他所在的电子学院给予他很高的教学评价:

顾樵教授是一位量子光学科学家及国际知名的生物光子学专家,是生物光子学中"顾参数"的提出者。顾教授研究量子理论近30年,出版3本专著,发表100多篇科研论文。藉此知识背景,他对自己所主讲的"量子力学"理解深刻,融会贯通,讲课重点突出、条理清楚、深入浅出、游刃有余。他能将课堂教学与科学前沿相结合、与国外的先进教材及授课方式相结合、与本专业的其他课程相结合。他善于将抽象的物理概念融于具体的实例之中,善于将苦涩的理科教学与形象的人文知识联系起来。自2007年10月在深大授课以来,他主讲高新技术讲座30多场(包括两个年度的诺贝尔物理学奖解读),每次都有新主题,这充分反映了顾樵教授渊博的知识领域和为人师表的大家风范。顾教授有高度的责任感,对教学工作非常热爱,潜心投入,一丝不苟;对学生非常喜欢,循循善诱,诲人不倦。学生评价:"说一句真心话,听顾老师的课是一种享受,他讲课太棒了!""在深大几年,没见过这样有水平的老师。"

除了在深圳大学授课,顾樵还利用业余时间撰写了4本专著:《数学物理方法》《量子力学Ⅰ》《量子力学Ⅱ》和《生物光子学》(均由科学出版社出版)。这些专著受到出版社和广大读者的高度评价。有读者评价《量子力学》(两册)"堪称奇书,逻辑严密,推导详尽,几乎关注到了每一个细节。但同时内容又相当丰富,且有相当的高度",对于初学者来说,是"最适合自学的教材"。

在顾樵眼里,科学和文学并没有截然的界限。理工科的学生既要培养创新的灵感和缜密的思维,也要接受人文精神的熏陶;文科的学生既要学好基础知识、培养形象思维,也要训练逻辑思维和动手能力。理科出身的顾樵,同样深深热爱着文科,小时候受钟情古汉语的父亲影响,接触了《史记》《资治通鉴》等中国经典著作,之后又阅读了许多外国名著,如《红与黑》《安娜·卡列尼娜》等。现在他仍然坚持每周去图书馆看文学类书籍。深厚的人文修养和广博的知识积累,让顾樵能将抽象枯燥的量子力学讲得活泼生动,更让他在学术道路上越走越稳。

"位卑未敢忘忧国"

海外游子心里最牵挂的还是祖国。"在国外,谁说中国的不是,就会跟谁急!"1998年,长江特大洪灾发生后,国务院邀请顾樵等十几名国外知名科研人员沿长江(从宜昌到重庆)勘察灾害发生的原因。在这次勘察过程中顾樵等人发现了许多环境问题,在重庆的会议上顾樵就这一问题发表了演讲:

"我们既为举世无双的三峡工程感到无比自豪,又为天灾造成的巨大破坏和严重的环境污染感到万分焦虑。……我们这些留学人员身不在高位,然而'位卑未敢忘忧国'。我们全体留学人员,愿为举世瞩目的三峡工程、为重庆市的环境保护工程贡献我们的力量和智慧。"

顾樵的演讲后来发表在1998年9月29日《人民日报(海外版)》。这是顾樵第一次受邀回国,此后他经常往返于中国与德国之间。1999年国庆节当天,顾樵作为国外留学人员代表被邀请到天安门城楼观看阅兵式。"当看到整齐的方阵走过天安门城楼时,我知道我们中国真的站起来了!"

"身在西域三十年,心怀东土常思恋。梦里不忘回乡路,落叶归根是长安。"远在德国,顾樵却时时挂心故土。2021年冬,西安肆虐的新冠肺炎疫情令他焦虑异常,彻夜难眠。他在微博中写道:

"八百里秦川的腹地长安,风调雨顺,人杰地灵。历史上13个朝代建都于此。这是生我养我的地方。离开故乡30年了,常思念母校西北大学,常怀念导师侯伯宇先生(校园里有他的塑像)。惊悉病毒肆虐,彻夜难眠。愿雄伟的西安四门畅通无阻,愿壮丽的长安八景光耀人间。……一日三次查看西安疫情,街道上空空如也,医院里夜夜繁忙。此刻,凌晨四点,异乡的'老秦人'心绪难安!烛光下,祈祷阴霾早日散去,晴空中,遥望故乡一片蓝天。"

(谢凌峰 陈凯敏 古燦书)

寄 语

任何前沿的科学知识,都可以在大学课本中找到它的源头。建议邀请海外资深教授,回母校给本科生讲基础课(比如物理学院的"量子力学""数学物理方法"等),这对于培养高质量的学生具有奠基性的意义。

王栓才

王栓才（曾用名王拴才），男，1947年10月出生，陕西大荔人。大学文化程度，研究员职称，1966年9月参加工作，1971年7月加入中国共产党。

1968年11月—1972年5月，在陕西渭南通用机械厂工作；1972年5月—1975年7月，在西北大学物理系半导体专业学习；1975年7月—1999年10月在西北大学工作，历任物理系教师、半导体专业党支部书记、系团总支书记、系党总支副书记、学校团委副书记、总务处副处长、总务长、副校长、党委常委；1999年10月调任西安美术学院党委书记；2010年10月在西安美术学院退休。

1989年被评为"全国优秀教育工作者"，1986年、1996年先后两次被评为"陕西省优秀共产党员"，2002年被评为"陕西省劳动模范"。从20世纪80年代初起10多次被评为学校、省科教系统、省高教系统先进模范人物。

办好人民满意的大学

1975年7月，王栓才从西北大学物理系毕业后留校工作。1981年，王栓才任物理系党总支副书记兼校团委副书记。他对工作认真负责，深入实际调查研究，及时掌握学生学习、思想的第一手材料，积极解决学生学习和生活等方面的困难和问题，引导帮助学生德智体全面发展。因工作成绩突出，1984年经各级考察、推荐，省委组织部研究确定王栓才为学校第三梯队人选（校级后备干部）。

知难而进　做好后勤保障工作

上个世纪80年代初，因物资供应、物价等问题导致高校后勤工作出现了许多困难和问题，尤以学生食堂问题较多。1984年，学校委派王栓才担任后勤处副处长，主管伙食工作。"民以食为天"，王栓才深知，学生食堂办不好，一定会影响教学秩序和校园的安定团结。他到任后认真调查研究，大胆改革，实行承包责任制，对饭菜的各项指标做出了明确的要求。在严格管理的同时，做好深入细致的思想教育工作。在大家共同努力下，食堂工作的面貌很快焕然一新，学生和教工对伙食工作的满意度越来越高。

1987年，王栓才担任西北大学总务长，1993年初任学校副校长，先后分管后勤、基建、财务、学生、人事、校办等10多个处室。那段时期正是学校规模不断扩大、发展较快的时期，也是后勤设施老化落后，满足不了发展需求，且办学经费严重不足，困难重重的时期。为了满足教学科研和师生员工日益增长的工作、生活需求，在学校统一领导和支持下，王栓才带领后勤基建等部门同志，知难而进，想方设法解决工作中的困难。他与财务部门的同志积极争取上级经费，从学校实际出发，开源节流，加强预算管理，完善民主理财，提高经费使用效益。在优先保证开展教学科研工作的同时，想方设法保证其他各项工作的正常进行。西大的财务工作多次受到上级主管部门的好评，财务处也被评为省财务管理先进单位。在学校各部门共同努力下，后勤保障工作为学校的发展建设做出了应有的贡献。老校区周边拆迁改造，全校水、电、暖、气增容、改造、建设工程等都按计划要求完成；桃园新区征地236亩，并完成了各项计划内的基建任务，达到了全面投入使用程度；新老校区修建教学、科研、办公、教工住宅、学生宿舍、体育场馆及各类生活用房数十万平方米，进一步改善了办学条件，缓解了教职工住房难的问题，保证了学校发展的基本需求。

为了进一步改进后勤保障工作，王栓才还设法为后勤各部门管理干部举办了行政管理专业证书班，并拿出自己荣获"全国优秀教育工作者"时得到的全部奖金为大家购买学习用具，鼓励大家努力学习，进一步提高了后勤干部的学历层次和管理水平。

在西北大学工作的24年里，王栓才几乎没有休过寒暑假、节假日。他工作兢兢业业，吃苦耐劳，被教职工们誉为"老黄牛"。虽然长期分管钱、财、物等工作，王栓才两袖清风，一尘不染，先后被学校评为"端正党风先进个人""党风廉政建设先进工作者"等。

抓改革促发展　用"事业"凝聚人心

1999年10月，王栓才调任西安美术学院党委书记。到任后，王栓才首先从提高院领导成员思想认识入手，借助"三讲"教育活动，组织学校党政领导认真剖析学校班子和领导个人思想工作中存在的问题，40多天内召开了10多次班子剖析会议。会下谈心，会上剖析，一次比一次诚恳，一次比一次深刻，大家互相帮助，互相理解，互相开展批评与自我批评，受到了深刻的教育。美院的"三讲"教育活动受到教育工委和省委的好评,成为省上"三讲"教育活动的先进典型。全省高校在西安美院召开经验交流会,中央"三讲"教育检查组两次到西安美院检查调研,对学校"三讲"教育活动取得的成果给予好评。针对剖析出的问题,王栓才又组织大家讨论制定出40多项整改措施,制定了校、系"党政领导班子议事规则"等一系列规章制度,进一步理顺了党政关系。

研究制定学校的发展规划,确定"创建一流美院"的奋斗目标;改革干部人事管理制度,处、科级干部实行聘任制,竞争上岗,定期述职,群众评议,优胜劣汰;改革人事制度,实行全员聘任,引进竞争激励机制,精简机构,压缩机关编制,将一切资源向教学科研第一线倾斜;引进高水平专业人才,把培养、推出"新人"作为人事工作的重点,进一步加强教学科研工作……随着改革的稳步推进,美院师生员工都把精力和关注点放在学校的发展建设上,全院上下一心,向一流美院的目标奋进。学院招生规模扩大了,办学条件改善了,教学、科研等各项工作也不断取得新的成绩。2003年,西安美术学院获批国家博士学位授予权单位及美术学博士点,学校的学科建设上了一个新的台阶,知名度也不断提高,从全国专业美术院校排名较后的位置,很快跃升为排名前三位。

为了进一步改善办学条件,王栓才和院行政领导互相配合,共同努力,在老校区征地近200亩,新建教学用房、教工住宅和学生宿舍10多万平方米;又在长安县规划新校区1518亩,并办理了征地前期相关手续。西安美术学院进入了快速发展的轨道。

加强党建工作　保证学校健康快速发展

根据学校工作中存在的实际问题,王栓才花大力气抓党建工作。进一步明确了党支部在各单位的地位和作用,明确了党员的义务和责任,严格坚持"三会一课"制度,实行组织生活纪实制,加强党员发展教育和入党积极分子的培养工作,充分发挥党支部的战斗堡垒作用和党员的模范带头作用。逐步形成了以党员为核心的骨干群体,保证了党的方针政策和学校的任务要求在基层单位的贯彻落实,保证了社会主义办学方向和人才培养质量。发展新党员人数成倍增加,申请入党的积极分子成倍甚至成10倍增加,青年教师中的党员比例也大幅度提高,党员结构明显改善。

针对民主政治建设方面存在的问题。王栓才与院领导班子开会研究后,首先完善落实了教代会制度,还制定了领导联系群众、尊重维护广大教职工民主权利等一系列规章制度。支持校工会充分发挥桥梁纽带和双维护作用,明确规定关系到教职工切身利益及学校发展建设的重要事项,都要经过教代会审议通过后才能决定,进一步密切了党群关系、干群关系,增强了学校领导的群众观念和教职工的主人翁意识,提高了广大教职工创建"一流美院"的积极性和自觉性,促进了和谐校园建设。王栓才被教育工委评为

"依靠广大教职工办学的优秀党政干部"。

王栓才是院党政领导班子合格的"班长"。他为人正派，敢担当，不揽权，严于律己，宽以待人，勤勤恳恳，为政清廉，处处起模范带头作用。他用事业和个人魅力凝聚了人心，促进了发展。在他带领下，院党政领导互相理解，互相支持，团结一致，为实现一流美院的目标努力奋斗。2007年，王栓才已到退休年龄，但是院领导和教职工都希望他暂不要退休，陪大家再工作一段时间。院长找教育工委、省委组织部、省上有关领导，代表大家反映意见，经省上研究同意，王栓才延迟退休。2010年，在王栓才的要求下，组织给已超期"服役"三年的他办理了退休手续。

（史军强）

寄 语

祝母校越办越好，在双一流建设中不断提升实力，凝聚特色，培养出更多优秀人才，为国家富强、民族复兴再立新功。母校加油！

杨喜庆

杨喜庆，男，1950年1月出生，河南邓州人。1998年9月在西北大学工商管理硕士（MBA）1998级4班学习，2003年12月毕业获得MBA硕士学历；2006年8月在西北大学国际商学院和法国保来迪亚博士学院合作举办的工商管理博士研究班（DBA）2006级1班学习，2012年9月获得法国保来迪亚大学工商管理博士学位。现任西安宏府集团董事长、正高级工程师。

创立了宏府集团，并将其发展成为总资产54亿元，集新材料科技产业、细胞科技、城市更新、资产运营、物业服务、现代科技农业等为一体的多元化企业集团。获得了首届全国"非公人士社会主义事业优秀建设者"、全国优秀建筑企业家、"改革开放40年陕西省优秀民营企业家"等荣誉称号。

与祖国共奋进　和时代同发展

"宏府集团最自豪的事，就是与改革开放同龄！"每次谈及自己的创业史、宏府的发展史，杨喜庆总会异常兴奋。

杨喜庆出生于一个贫困家庭，但艰苦的生活没有让杨喜庆消沉，反而塑造了他积极向上、努力拼搏、坚韧不拔的品行，在改革开放的大潮下，杨喜庆凭借着过人的魄力和眼光，开启了自己的创业史。40余年来，杨喜庆带领企业深耕不辍、砥砺奋进，在推动社会经济发展的进程中留下了"宏府"足迹。

创业探索　质量树口碑

1980年，改革春风吹古城。杨喜庆依托红庙坡街道党委和办事处的支持，组建了一个小小的建筑队。他东借西凑了1万元，租赁了一些施工设备，开始了他传奇而坎坷的创业征程。

回想起创业初期，杨喜庆说"真的很难"。建筑队刚起步，一开始只能接一些零星维缮工程，职工的吃饭问题都难以维持。他心急如焚，骑着一辆旧自行车穿行在西安市的大街小巷到处找活。不知在风雨中奔波了多久，杨喜庆终于接到了人生的第一个工程——陕西省医药公司综合化验楼。他从大建筑公司高薪挖来了技术骨干，自己吃住在工地亲自把关。有一次，工人把一段围墙砌歪了，杨喜庆来现场检查发现后，非常严肃地批评了工地负责人，要求立即推倒重建，确保质量达优，并在现场召开全员大会，再次强调工程质量管理目标及要求。正是这种严把质量关的作风，使陕西省医药公司综合化验楼实现了进度、质量"双优"，在社会各界树立了良好的口碑。

杨喜庆的建筑队自此在市场上有了声誉，施工项目逐渐多了起来。1986年西安市红庙坡建筑公司成立，杨喜庆提出了"全优良工程"的质量管理目标，在市场上牢牢站住了脚跟。1991年以来，他承建的西安市日化大豆开发实验厂住宅楼等多项工程，获得当时全国建筑行业最高荣誉——"全国样板工程奖"，轰动全国。杨喜庆被评为全国优秀建筑企业家、陕西省劳模、西安市劳模，他多次应邀到北京做专题事迹报告，工作事迹被拍成专题片在全国建筑行业播放。

城市更新　惠民促发展

1992年，邓小平同志南行并发表重要讲话。平地响春雷，杨喜庆又一次"嗅"到了市场机遇的气息，他从建筑业转行进入房地产业，成立了西安市宏府房地产开发有限责任公司。宏府大发展的序幕拉开了，杨喜庆起伏跌宕的人生之路也正式开启了。

"莲湖区白鹭湾低改项目"是全西安市首个低洼改造项目，初期测算显示完成居民安置后企业是略有盈余的。谁知动迁后拆迁居民从测算的900户左右激增到约2 500户，企业面临巨额亏损。突如其来的打击让杨喜庆大病一场，并落下了伴随一生的疼痛症。不仅如此，当时谣言四起，纷纷传言"杨喜庆跑路了"。面对困境，杨喜庆不忘企业的社会责任，以惊人的毅力，拖着病体躺在担架上和广大拆迁户见面，吃着止痛药坚持每天上班凝聚企业人心，又和政府、银行多次协调得到鼎力支持……最终把宏府从死亡线上拉了回来，也避免了白鹭湾低改项目烂尾的悲剧发生！白鹭湾小区历经无数艰难，最终圆满成功。所有拆迁群众均得到妥善安置，商品房项目也均售罄交房。原来危房遍地、污水横流的低洼棚户区，现在是街道宽敞、楼房鳞次栉比、绿草鲜花点缀的新型现代社区，成为明城墙景区内著名的宜居幸福社区。

"安得广厦千万间"是杨喜庆的宏愿，也是他奋斗的目标。为此，他积极响应党和政府的号召，先后投资260多亿元参与城市更新改造项目，建设了宏府嘉会广场、宏府大厦、宏府安定广场、宏府鹍翔九天、宏府麒麟山、宏府MOMΛ、郭南馨苑、宏府翰林山等多个城市综合体，累计改造建筑面积约450万平方米，回迁群众6 200余户共计1.86万多人，无偿提供约22万平方米用于城市道路改造以及城市设施配套。在西安市中心打造的"宏府商圈"，总投资30亿元，引进新世界百货、倍格硅巷等国内外知名品牌经营商，创造就业岗位约20 000个。

面对成绩，杨喜庆说："能够亲眼见证西安城市发展是一种荣幸，能够亲身参与西安城市更新工作更是一种荣耀，共同推动大西安建设是时代赋予我们的使命！"

转型创新　科技促发展

杨喜庆前进的脚步从不停歇。1997年，西安宏府集团成立，业务逐步向新材料科技产业、细胞科技、资产运营、物业服务、现代科技农业等领域及行业延伸，吹响了宏府向多元化发展进军的号角。

杨喜庆始终致力于科技创新和成果转化，与中国地质科学院郑州再生资源利用研究所、长安大学等科研院所，在生态环境保护、新型建筑材料、尾矿综合治理和资源化利用、标准编制、专利申报等方面开展"产学研"合作，建立了标准化实验室，组建了一支由国内知名专家领衔，以教授、博士生导师为中坚骨干力量的科研团队，研制推广新型、环保、节能建筑材料，获得国家发明专利3项，参与2项国家标准制定，填补该领域的技术空白，企业被认定为科技型中小企业；在项目建设中融入绿色科技基因，应用多重绿色科技系统，开启了西安城市绿色空间全产业链升级新里程；加强对外合作，创建了港澳台海外创新创业总部基地，为连接海内外、聚集陕西国际人才、促进合作商机搭建了良好的平台；与加拿大魁北克省木业协会企业战略合作，将木结构装备与建筑装备在节能环保上有机结合，为企业拓展海外合作交流积累了经验；在西安市北大街投资约1亿元，打造了西北最大、独具特色的众创空间、青年创业孵化标准化基地——倍格硅巷，提供约4 000多个就业岗位，为区域经济繁荣增添新活力。

杨喜庆所领导的西安宏府集团先后荣获中国诚信民营企业100强、国家AAA级重质量守信用企业、陕西省100强企业、陕西民营50强企业、城市建设杰出贡献企业等荣誉，获得多项国家专利。

党员风范　履职显担当

杨喜庆曾当选第十、十一届陕西省人大代表，第十一、十二、十三届西安市政协委员。任职期间，他深知重任在肩，使命神圣，决不能辜负党和人民的信任、重托。他每年都会抽出大量的时间走访调研，走访招标专家、非公企业家，慰问困难群众，积极宣传党和国家惠民政策，认真倾听群众呼声建议，积极为西安市的经济发展建言献策，先后提交了《关于加强医疗设备招标专家管理的建议》《关于加强民主监督职能提升政协履职能力的提案》等建议和提案，得到了有关部门的重视和落实；他积极参加省人大、市政协组织的活动，他在座谈会上所作的《非公有制企业要成为社会主义合格建设者》等发言颇受肯定，被收入相关文献。

杨喜庆高度重视党建工作。宏府集团于1993年成立党支部，2004年11月设立党总支，下辖5个党支部，始终践行"凝聚人心促和谐，服务企业促发展"的宗旨，坚定"党建+人才战略""党建+科技创新""党建+物业""党建+公益"的工作思路，创新丰富组织活动，把党的政治优势和党员的先锋模范作用转化为企业发展的助推力，实现了双促进。企业党组织被评为"非公企业四星级党组织"，并荣获"示范基层党总支"等称号。

作为有着36年党龄的老党员，杨喜庆时刻以党员标准要求自己。他始终坚持艰苦朴素的生活作风，一只仅1 000元的手机修了又修，一件毛衣一穿就是10多年……但是在社会公益事业上，他却那样大方和慷慨，被人们誉为公益使者。

40余年来，杨喜庆积极践行社会公益事业，勇担社会责任，组织开展捐资助学、敬老助残、重大灾害救助、助力疫情防控、重大疾病关爱等慈善活动；积极响应党和国家"精准扶贫""万企帮万村"的号召，组织开展产业扶贫、教育扶贫、消费扶贫、基础设施扶贫等公益项目，已累计向社会捐资捐物9 000余万元，取得了较好的社会成效。集团被评为全国"万企帮万村"精准扶贫行动先进民营企业，发起的陕西宏府慈善基金会被评为"AAAA"级社会组织。

寄　语

母校留给我巨大的精神财富，我概括为"博采众长，经世致用"。这八个字也成为我的座右铭。百年的母校郁郁葱葱令人景仰，宏府基业长青的梦想正在路上……

李军锋

李军锋，男，汉族，1951年7月出生，陕西高陵人，1974年11月加入中国共产党。

1971年3月—1973年9月在高陵县委整顿农村基层组织工作队工作。

1973年9月—1976年7月在西北大学生物系工业微生物专业学习。

1976年7月毕业留校，在马列教研室任教。

1976年12月—1978年12月在省教育厅举办的西北大学政教班脱产学习，学习结束后回西北大学经济学系。

1984年任西北大学经济学系党总支副书记。

1987年9月—1988年7月在北京语言学院学习外语。

1988年9月—1988年11月在北京师范大学学习外事知识。

1988年12月回西北大学经济管理学院工作，1989年3月主持经济管理学院党总支工作。

1989年10月到国家教育部国际合作司出国实习。

1990年10月—1994年4月在中华人民共和国驻瑞典大使馆教育处工作，历任二等秘书、一等秘书。

1994年4月回西北大学经济管理学院工作，7月任常务副院长。

1994年12月任西北大学党委宣传部部长，1995年2月任西北大学党委常委。

1995年9月任西北大学外事处（国际文化交流学院）处（院）长。

1995年12月当选为中共西北大学第九届委员会委员、常委、副书记。

1996年上半年在陕西省委党校学习，下半年在中央党校学习。

1998年10月任西北大学党委书记。

2004年10月调任陕西省委教育工委副书记、陕西省教育厅副厅长。

2011年1月当选为陕西省第十一届人民代表大会常务委员会委员。

2011年3月任陕西省人大常委会人事代表选举工作委员会主任。

2014年9月退休。

余华青

余华青，男，1952年出生于安徽省合肥市。1968年参加中国人民解放军。1975年毕业于南开大学哲学系。1978年考取西北大学历史系硕士研究生。1981年毕业后留校任教，历任讲师、副教授、教授，博士生导师。在校期间，先后担任校团委书记、校党委常委兼学生工作部（处）长、校党委副书记、副校长。自1993年起，享受国务院政府特殊津贴。1998年调离西北大学，历任陕西省社会科学院院长（党委书记）、陕西省文化厅厅长（党组书记）等职。2013年退休。

主要从事中国古代史的教学与研究。学术研究成果集中在两个专题领域。一是秦汉断代部门经济史研究，二是中国古代政治制度史研究。

前者的成果形式为系列论文。所撰有关秦汉时代的酿酒业、园圃业、畜牧业、林业、渔业、漆器业、舟车制造业等专题论文，先后在《历史研究》《中国史研究》等刊物上发表。此系列之论文，深化了既有的研究内容，拓展了独特的研究路径，获得了学界的重视和好评。其中《汉代酿酒业探讨》（载《历史研究》1980年第5期）一文，获陕西省哲学社会科学优秀成果一等奖（1982年）。

后者的代表作为学术专著。其中《中国宦官制度史》（上海人民出版社1993年出版，2006年修订再版）一书，对中国历史上的宦官制度着力进行了系统性、综合性、总结性的研究，系国内相关研究领域的集大成者和权威著作。获陕西省哲学社会科学优秀成果二等奖、陕西省历史学会优秀成果一等奖、陕西省教委人文社会科学优秀成果一等奖。《中国廉政制度史论》（人民出版社2007年出版，国家社会科学基金项目）一书，系国内首部系统深入研究中国传统廉政制度的学术专著。该书着力剖析了自古以来中国历代王朝传统廉政建设的时代背景、发展线索、基本方式、积极成果及命运悖论，尤其是就其基本经验和借鉴意义集中提出了一些有价值有启示的见解。该书出版后，受到了有关方面的重视。《中国纪检监察报》以《中国古代廉政建设的成败得失》为题，用4期、每期各半版的篇幅连载转刊了该书近三万字的绪论部分。

由于工作岗位的原因，在相关重大政治理论研究、经济社会发展战略研究等方面亦多有著述和建言。曾以专家的身份，主持或参加过多项重大项目的论证。曾当选中国共产党第十七次全国代表大会代表。曾长期担任中国秦汉史研究会副会长、陕西省哲学社会科学学会联合会副主席、陕西省决策咨询委员会委员等社会职务。

退休之后,开始创作以陕西关中为舞台的系列长篇小说。其中《周原》已出版(陕西人民出版社2021年6月),《蒲城旧事》即将出版。

寄 语

一代人有一代人的生活,一代人有一代人的作为,一代人有一代人的遗憾。新陈代谢,乃世间永恒的规律。未来在等待着未来的一代人。

惠泱河

惠泱河，男，1952年8月出生，陕西清涧人。1977年毕业于西北大学地理系（今城市与环境学院）并留校任教；随之先后在西北大学和成都科技大学（今四川大学）脱产进修。1977—2008年在西北大学工作，历任地理系副主任、教务处处长、副校长；2008—2013年担任西安石油大学党委书记，现退休。

二级教授，博士生导师，享受国务院政府特殊津贴专家，陕西省有突出贡献专家。兼任中国地理学会常务理事、陕西省地理学会理事长、陕西省高等教育学会副理事长、陕西省环境学会副理事长、全国高等学校教学研究会常务理事、教育部文化素质教学指导委员、教育部地理学教学指导委员会副主任、教育部本科教学工作评估专家委员会委员等职。

主要从事水资源与环境的教学和科研工作，先后讲授过"水文学""水资源评价与管理""区域水资源计算"等课程，指导博士、硕士研究生30多名。主持的教学改革成果"综合大学加强文化素质教育的改革与实践"获1999年陕西省政府教学成果特等奖、2001年国家级教学成果二等奖；"地方高校高质量基础性人才培养模式的探索与实践"获2005年陕西省政府教学成果特等奖、2005年国家级教学成果二等奖；"面向国民经济主战场的地理学人才培养与教学改革"获1999年陕西省政府教学成果一等奖。

先后主持承担了"鄂尔多斯盆地（陕西）地下水资源开发利用与环境保护研究""西安市水资源开发利用与经济发展协调研究"等国家、省级科技攻关项目、自然科学基金项目等16项，发表学术论文50多篇，出版《工程地质与水文地质》《城市规划》等专译著5部。在区域水资源问题研究、黄土高原水土流失及防治对策研究、区域可持续发展问题等区域科学和环境科学重要研究领域取得了一系列成果，其《二元模式下水资源承载力系统动态仿真模型研究》一文探讨了二元模式下水资源承载力的内涵，运用系统动力学方法研究水资源承载力，得到提高关中水资源承载力的满意方案，首次提出了自然和人工此消彼长二元动态水循环过程，引领了国内自然人工二元水循环研究的先河。

长期从事高等学校管理工作，在分管的工作领域均取得了突出的成绩。在西北大学工作期间,积极开展教育教学改革与建设、教学质量监控体系与保障体系建设,进行教学内容和课程体系改革,确立了在加强素质教育基础上实施专业教育的思想观念。2004年,在本科教学工作水平评估中,西北大学被评为优秀,得到了评估专家的充分肯定,在全国产生了较大影响。在研究生培养中提出"优化结构,强化管理,注重创新,提高质量"的工作思路,注重建立以科研训练为主线的培养模式,并在全国第十次学位点申报工作中取得圆满成功。在分管研究生教育工作期间,西北大学一级学科博士学位授权点达到10个,二级学科博士学位授权点达到84个,研究生年招生规模扩大至2 600多名。担任西安石油大学党委书记以来,积极开展党建工作,加强干部队伍管理,明确提出加强党委对学校文化建设的领导,是推进学校文化发展的根本保证。积极推进学校高水平大学建设,推动户县(现鄠邑区)新校区建设,为学校长远发展奠定了良好的基础。2011年学校党委荣获陕西省委"优秀基层组织"称号。

注重高等教育管理研究,在《中国高等教育》《中国高教研究》《光明日报》等发表《开展考试改革,构建综合性全程考试新模式》《划转地方行业特色高校发展战略思考》《以十八大精神为指导,全力推进大学文化建设》等高等教育管理研究论文20余篇。

寄 语

情系西大,同庆双甲。衷心祝愿母校华章永续,前景辉煌灿烂。

李雪梅

李雪梅，女，1952年12月出生，河南郑州人。1977年毕业于西北大学化学系高分子专业，并留校任教，1986年10月—1988年4月在美国明尼苏达州圣汤姆斯大学学习，获文学硕士学位。1990年任西北大学国际交流学院副院长，1993年调任西安市外办副主任，1995年调任西安市旅游局局长，2002年任西安市人民政府副市长，2005年任陕西省商务厅党组书记、厅长，2012年任陕西海外投资公司董事长，2016年至今担任西北大学陕西西部发展研究中心执行理事长。

负责西安旅游业工作期间，在市委、市政府的领导下，为西安旅游业的发展做了大量的工作。1997年作为主要牵头人之一组织起草，最后经西安市委通过，出台了《西安旅游业发展的决定》。以西安市委、市政府的名义发布《西安旅游业发展的决定》尚属首次，《西安旅游业发展的决定》发布后大大促进了西安旅游业的发展。通过加大对国内外市场的宣传力度，宣传西安历史文化、红色文化、生态文化，同时积极开展整顿旅游市场秩序、完善旅游设施等工作。经过6年努力，使西安旅游业得到了长足的发展。2000年旅游业被确立为西安的支柱产业。

在陕西省商务厅工作期间，主持商务厅全面工作，狠抓对外开放、招商引资和促进消费，紧紧围绕投资、消费和对外贸易开展工作：

通过引进外资和带领陕西企业开拓海外市场，一度在对外贸易中赢得了两个全国第一：一是陕西汽车集团有限责任公司的汽车出口额最高年度达6亿美元，二是陕西的苹果汁出口额最高年度达3亿美元。履职后仅用4年，实现了陕西省进出口总额翻番，达到100亿美元。

千方百计招商引资。前往全国各地积极推介陕西投资环境和招商项目，吸引投资者，同时制定了全省各市招商引资责任制考核，对优秀单位给予鼓励表彰，调动了全省各市的招商积极性。开创了粤港澳招商策略和央企招商策划的先河，引进了许多国际、国内知名企业，例如三星电子、荷兰壳牌等，为陕西的经济发展做出了贡献。

积极发展会展经济，拉动消费。每年举办各种展会，例如西洽会、工博会、车展、年货节等，同时加强批发市场、加油站、医药连锁、超市等商贸设施建设，完善了供应链的三级系统，保证城乡物流畅通。在李雪梅的积极促进和参与下，2014年中铁二十局拿下巴基斯坦修建高速公路的订单，价值13亿美元，迄今为止仍是陕西省最大的对外承包工程项目。

2016年起担任西北大学中国西部发展研究中心执行理事长，牵头组织专家小组开展了一系列研究工作，承担的主要研究课题和完成情况如下：

1.《陕西企业实施"一带一路"倡议的思考》，文章已在《西部论坛杂志》发表（2017年）。

2. 陕西纺织工业在哈萨克斯坦建设工业园的可行性研究，研究成果已被咸阳工业园采用（2018年）。

3. 世界饮品博览会永久会址在西安落地的可行性研究，此项研究得到时任西安市委书记王永康的高度重视，并作了批示（2019年）。

4. 建设"一带一路"枢纽经济聚集区的思路与对策，研究成果已作为送阅件报省委、省政府（2020年）。

5. 参与构建"服务型制造"、打造陕西现代产业链课题研究，此课题已送省政府相关部门参阅（2021年）。

寄 语

西北大学是我学习和工作19年的地方，是我学识和经验积淀的摇篮，师长和同学是我的良师益友。衷心希望母校鸿鹄展翅，永铸辉煌。

黄建新

黄建新,男,1954年6月出生于陕西西安。1977年进入西北大学中文系学习。国家一级导演,现就职中影集团。

导演《黑炮事件》《背靠背,脸对脸》《建国大业》《1921》等16部影片,数十次获奖。本人亦获金鸡奖最佳导演、华表奖最佳导演、中国电影导演协会杰出贡献导演、金鸡奖最佳编剧、华表奖最佳编剧、长春电影节最佳编剧、上海国际电影节最佳编剧等奖项。

监制《智取威虎山》《湄公河行动》《我和我的祖国》《长津湖》等60多部影片。

担任过诸多电影节评委以及长春电影节、丝路国际电影节、上海国际电影节评委会主席。

曾任中国电影家协会副主席、中国电影导演协会会长。现任北京市文联副主席、北京市电影家协会主席。2005年被国家人事部授予"国家有突出贡献电影艺术家"称号。

一个"第五代导演"的选择

编剧孙毅安第一次见到黄建新,是1987年春天,在西影厂的主创会上。当天的议题是表彰黄建新,他的导演处女作《黑炮事件》获得第六届金鸡奖的"最佳男主角"奖和"最佳故事片""最佳导演""最佳美术"的提名。

这时候,距离黄建新走进西北大学,刚好10年。在他心里,西北大学很神圣,因为,那里是他理想振翅飞扬的起点。

一位"更像社会学家"的第五代导演

黄建新1954年出生于西安。1970年,16岁的他应征入伍。电影圈里当过兵的人很多,比如陈凯歌、田壮壮、李少红、胡玫、冯小刚。

在空军做了6年地勤，黄建新一大爱好就是进图书馆看书。一日他偶尔翻到库里肖夫的《电影导演基础》，旋即被神奇的蒙太奇理论迷惑，对电影产生极大兴趣。1976年黄建新从部队复员，在西安卫生宣传馆从事摄影工作，1977年进入西北大学中文系学习。

在西北大学，郑定宇、王忠全老师发现了黄建新的爱好，毕业时推荐他去西安电影制片厂工作，就此改变了他的人生轨迹。在西影厂的几年里，好学的黄建新熟悉了电影制作的工艺流程。1985年自北京电影学院导演进修班结业回来，在吴天明厂长的支持和鼓励下，他导演了自己的处女作《黑炮事件》。

黄建新与同时期的一拨年轻导演被称为"第五代导演"。其中，黄建新一直是一个独特的存在。

同代的导演，如陈凯歌、张艺谋，大多擅长"宏大"和"寻根"，而黄建新的作品，则在拍城市，拍小人物，用黑色幽默刻画世俗生活，以此展现他对人、关系、权力、社会结构的洞察。

影评人梅雪风曾这样解读黄建新的独特性："从某种程度来说，张艺谋和陈凯歌都是寓言家，他们都追求那种高屋建瓴和一击即中的透彻感。相对而言，黄建新更像个社会学家，他关注体制内部的运行细节，他的电影有时候就像一种社会学的田野调查。"

在西影黄建新导演了9部影片。《黑炮事件》探索民族文化心理及政治模式对人的禁锢。《错位》把科幻元素布置在政治空间中，建立虚幻空间的包裹与被包裹的关系，表现权力造成的异化。它们与《轮回》并称为"先锋三部曲"。

英国知名电影学者汤尼·雷恩说："从最早的《黑炮事件》到紧随其后的《错位》，都是讽刺或基于荒诞基调的喜剧，这种特质在中国电影中已经缺失了近30年。"

黄建新做导演，总想给电影留下部分象征体系，把文学的修辞用在电影里。

1992年，黄建新从海外讲学一年多归国，发现社会发生了巨大的变化，传统价值观在每一个人身上出现撕裂和动摇。原因是什么？他苦苦思索，终于重新找到创作的切入点，将邓刚小说《左邻右舍》改编成电影《站直啰，别趴下》。

1993年，黄建新看到刘醒龙的小说《秋风醉了》，便和孙毅安合作，将小说改成《背靠背，脸对脸》。孙毅安记得，电影还未公映时，在市委礼堂给机关干部放映了一场，剧终时，礼堂的灯亮起，"300多名干部起立热烈鼓掌，掌声持续了很久很久"。

如今，《背靠背，脸对脸》豆瓣评分9.5，在国产电影中，只有陈凯歌执导的《霸王别姬》排在它前面。

接着，黄建新导演了叶广芩小说改编的电影《红灯停绿灯行》，这三部影片并称为"都市三部曲"。

转型监制　做中国电影的铺路石

到了 20 世纪 90 年代，中国电影在市场中逐渐失去了本土的观众，加上其他娱乐媒介的快速发展，电影院活不下去了。

1997 年黄建新从西影调到北京中国电影合拍公司工作，担任艺术总监，碰巧遇到正在为《杀死比尔》寻找中国合作的昆汀·塔伦蒂诺。第一次作为中方监制与好莱坞体系合作，黄建新接触到前所未见的计划性流程。这一点，黄建新至今印象至深。

2003 年，黄建新出任中国电影导演协会会长，两年后，他将自己极度个人化的"心理三部曲"的最后一部《求求你，表扬我》导演完成，转型电影监制，把工作重心从导演转移到了监制上。因为，"中国电影必须走上工业化的道路，找回自己的观众，不然就没了"。

当年，香港导演张之亮带着《墨攻》来了，中国内地、中国香港和韩国、日本共同投资，那是黄建新作为监制把控整体流程、完整实战操作的第一次。他把从《杀死比尔》学来的制片经验简化、中国化，设计了一整套报表控制系统，后来被很多制片公司采用。他也逐渐成为电影圈内的"金牌监制"，参与的作品包括《投名状》《木乃伊 3》《十月围城》《智取威虎山》《湄公河行动》《我和我的祖国》《我和我的父辈》以及《长津湖》等 60 多部。

对于这个选择，黄建新说："如果做监制能对中国电影的整体发展有帮助，我就去做，去做铺路石。"

同时，黄建新也重操旧业，导演了《建国大业》《建党伟业》《1921》这些迥异于他早期作品的主流大片。也正是从这 3 部作品开始，很多人认为黄建新的电影表达，发生了割裂。

影评人梅雪风评价："或许中外电影史上，再也找不到像他这样创作生涯完全分成冰与火两截的导演了。"但也有不少人认为黄建新始终未变。影评人赛人说，在黄建新的作品里，"大人物也好，小人物也罢，都得为符号所累，为历史所裹挟，为概念奔忙"。

赛人记得，10 多年前，他在中影看过一个近 3 小时版本的《建党伟业》，放映完，在场的人集体起立鼓掌 5 分钟。黄建新再拍《1921》，影片第一个镜头，陈独秀的脸隐在漆黑的阴影里，眉心前一根根栏杆——这个镜头就是黄建新的电影。

孙毅安也持有同样的观点："他们不懂黄建新。他的内心和你看到的不一样。他坐在你对面，你看到一个理性的、温和文弱的绅士，但他内心是很狂野的，深度思考，并且尖锐表达，他今天依然保持着这个特点。"他用"强悍"来形容黄建新，他见识过黄建新不可更改的意志，也许会换一个方式表达，但初衷不改。

为中国电影竭尽全力

有一句传播甚广的评语：时代有谢晋，谢晋无时代。"什么意思呢？导演分第四代、第五代、第六代，但谢晋是不分代的，他哪个年代都在拍片。"孙毅安进一步解释，"无论社会发展到什么程度，谢晋都能跟上这个时代。"

在孙毅安看来，黄建新也没有时代，"他一直在变化，每个时代他都能适应"。而对于黄建新当下的选择，无论是去做监制，还是执导主旋律大片，孙毅安的理解是："他会用他的力气去做一件事，使这件事比较美好，或者努力使它美好。"

40年电影历程，黄建新参与了70多部故事片的创作，不管是做编剧、导演还是监制，他都竭尽全力。

截至2022年3月，黄建新编剧和联合编剧的影片累计票房125.42亿元，黄建新担任监制和制片人操盘的影片票房成绩达208.18亿元。两项均排在当时中国电影专业成绩第一位。

黄建新制作的影片硕果累累，获得过国内外奖项近百次。他本人亦获金鸡奖最佳导演、华表奖最佳导演、北京大学生电影节最佳导演、华鼎奖最佳导演、中国电影导演协会杰出贡献导演，金鸡奖最佳编剧、华表奖最佳编剧、长春电影节最佳编剧、上海国际电影节最佳编剧等奖项。

黄建新担任过诸多国际电影节评委以及长春电影节、亚太电影节、丝路国际电影节、上海国际电影节评委会主席。他曾任中国电影家协会副主席，中国电影导演协会会长，现任北京市文联副主席、北京市电影家协会主席。1994年享受国务院政府特殊津贴，2005年被国家人事部授予"国家有突出贡献电影艺术家"称号。

是什么支撑着他随时代而变化，获得超长的创作期？黄建新归结了两点：一是爱电影，一是他们这代人少年时接受的集体主义教育。虽然"文革"十年放空，他们各自完成了自我更新，但当时代进入"稳定阶段"，最初受到的集体主义教育再度生效，因为他们知道"大多数人在想什么"。

曾有记者问黄建新，早年导演自我表达的成就感和监制《长津湖》这类"主流电影"带来的成就感，哪种分量更重一些？

黄建新说："早期电影的自我表达，觉得是责任，不吐不快。现在做监制，推动电影工业发展，使中国电影变大变强，依旧也会获得很大的成就感，不分彼此。"

从"先锋"到"主流"，从"导演"到"监制"，从自我表达到探路求新……如今，黄建新依旧孜孜不倦地为中国电影事业倾注着自己的心血与能量。在中国电影的这条路上，黄建新一直在变化，而始终不变的，是他那颗热爱电影、蓬勃跳动的"心"。

（任吾）

寄　语

西大蕴藏的精神，是我前行的心灵动力。在这里我被点燃理想，在这里我开始了人生转折，迈入电影的世界……西大对我而言，很神圣。

周明全

周明全，男，1954年11月出生于陕西省黄陵县。1976年毕业于西北大学数学系数字控制专业。毕业后留校工作，历任数学系计算机工厂支部书记、计算机科学系系主任、软件学院院长等职务，负责建设了西北大学可视化技术研究所、陕西省计算机软件工程研究中心、陕西省示范性软件学院。2005年4月，聘任为北京师范大学教授、博导，信息科学与技术学院院长，教育部虚拟现实应用工程研究中心主任，北京市文化遗产数字化保护重点实验室主任。

现任中国虚拟现实与可视化产业技术创新战略联盟理事长，中国计算机行业协会元宇宙技术分会副会长，教育部新工科信息联盟虚拟现实工作委员会主任。西北大学北京校友会常务副会长。

长期从事计算机科学领域的理论和应用工程的创新性研究，在文化遗产数字化保护、颅面形态信息学、虚拟现实等领域取得了国际先进水平的研究成果。作为第一完成人获得国家科学技术进步二等奖1项、中国专利优秀奖2项，省部级科技进步奖15项。被授予"全国优秀科技工作者""陕西省优秀留学回国人员""陕西省有突出贡献的专家"。于2015年、2017年两次入围中国工程院院士增选候选人名单。

让信息技术赋能文化传播

在近50年的学术生涯中，周明全不仅在计算机技术研发领域深耕，也不断交叉融合，将信息技术应用于石油物探、生物医学、文化考古、戏曲舞蹈艺术等领域。近年来，作为国内虚拟现实领域的开拓者和学术带头人之一，央视等多家媒体多次报道了周明全潜心科研、促进文化科技深度融合的事迹。

"西北大学是我扬帆远航的港湾"

在进入西北大学学习之前,周明全已经在水泥厂当了2年的工人。也正是因为这段在工厂劳动锻炼的经历,让周明全格外珍惜能在高等学府学习深造的机会。1973年,周明全成为西北大学数字控制专业的一名学生,满怀激情的他发奋苦读,希冀自己能够"到中流击水,浪遏飞舟",成就一番事业。

1976年,周明全毕业留校工作。20世纪70年代,西北大学积极在国内外开展交流合作。一时间,校园里群贤毕至,吴文俊、华罗庚、杨乐、杨芙清、徐家福、叶祖尧等大师的学术报告让周明全大开眼界,他和西北大学计算机系的郝克刚、周国栋、许华康、杨康善、刘德安、洪蓬等良师益友一起,为西北大学计算机学科的发展尽心竭力。

从1976到2005年,周明全在西大工作了30年。在这里,他和志同道合的爱人、同为西大计算机系的教师耿国华组成了幸福的家庭。作为校园里知名的"教授夫妻",耿国华与周明全携手奋进,在信息技术领域取得了突出的成就。2008年,耿国华获得了"国家教学名师"荣誉称号。

1996年,周明全负责建设了西北大学可视化技术研究所。1998年,西北大学第一个省级工程研究中心——陕西省计算机软件工程研究中心成立。2002年,周明全又负责创建了陕西省示范性软件学院,并获批建设了计算机科学与技术一级学科博士后流动站。2003年,在他和同事们的共同努力下,西北大学计算机学科在全国学科评估中,取得了排名第24名的好成绩,并得到了教育部对西北大学软件学院的多项支持。

"我的根在黄土地"

1992年,周明全被公派到法国留学。由于原来在国内进行计算机中文信息处理研究,周明全出国就报了研究方向——图像处理,被分配在法国卫生部下属的图像与信号处理实验室开展医学图像图形学研究。此时的周明全面临出国学习和学科交叉的双重挑战。那时的计算机图形学研究才起步,国内大型图形工作站稀缺。在法国的学习和研究,不仅为周明全奠定了计算机图像处理和三维图形计算的良好基础,更让他看到了中国在计算机技术上与国外存在的差距。

由于在医学图像领域的研究工作中取得了亮眼的成绩,在周明全即将结束一年的公派留学生活时,导师邀请他继续在法国开展研究工作。法国导师不仅将他工资翻番,实验室还将邀请夫人耿国华赴法学习。法国的自然风光非常美丽,周明全也很欣赏法国人浪漫的生活情调,但是他还是认为:"骨子里我还是非常传统的人。'父母在,不远游',

在法国留学是'走亲戚'。我的根在黄土地里，陕西才是我的家乡。"在完成了导师交给自己的研究工作后，周明全和夫人耿国华回到了祖国，回到了西北大学。"法国虽好，不是我家。"他要将最先进的技术带回"家"，发展西北大学计算机学科，服务中国信息建设之刚需。

一个偶然的机会，周明全得知作为国家"九五"攻关项目，"颅骨身份认证"正在由公安部面向全国招标。基于颅骨的面貌复原技术作为一项刑侦技术，已经有100多年的历史，现在要用计算机技术辅助完成认证。周明全结合计算机图形学的研究和自己在法国学到的医学图像处理知识，另辟蹊径地提出从三维医学可视化角度来处理这个问题。他带着项目标书，独自前往北京，与来自清华、北航、中科院等国内多家高校的一流学术团队一起参加竞标，并代表西北大学中标。

"基于颅骨的计算机面貌复原技术"研究成果最终得到了公安部领导、法医学和计算机科学专家的一致认可，并被列入"国家九五优秀项目成果展"，并先后获得了北京市科技进步奖、国家专利优秀奖。周明全撰写的《颅面形态信息学》作为"颅面形态信息学"领域的第一本专著获国家基金支持出版，由周明全参加制定的《法庭科学颅骨面貌复原技术规范》现已作为国家标准颁布，并在国内82项刑侦事项中得到应用。

在研究过程中，为了精准将颅骨数字化，需要借助激光进行扫描。可是当时国内没有生产此类设备，前往国外采购也困难重重。周明全带领团队不等不靠，迎难而上，在项目期间成功研制了具有自主版权的国内最早的三维激光扫描仪，填补了国内空白。在之后的研究中，周明全和团队还运用颅骨面貌复原技术，跨学科开展了古人面貌复原工作。他们将计算机技术应用于考古学，陆续完成了唐代公主、秦陵皇妃、秦始皇子孙的面貌复原，在国内首开数字化文化遗产保护先河。

"用科学技术为非物质文化遗产传承与发展赋能"

在解决了数字化实物建模和模型的智能处理问题瓶颈后，周明全将视线转向了素有"世界第八大奇迹"之称的秦始皇帝陵兵马俑。兵马俑出土时大多损坏严重，修复极其困难；而人工修复一旦出错，还会带来难以逆转的二次损害。周明全提出了文物虚拟修复方法，并提供了全新的计算机修复技术路径。从2000年起，周明全带领团队对数千个兵马俑碎片进行数字化采集、建模和处理，完成了一号坑和三号坑大场景数字化建模、秦陵全方位的航空数据建模工作。

相比于颅骨面貌修复，兵马俑的修复难在数量多，块头大，重逾百斤的碎片比比皆是，带来了数以万计的排列组合可能。面对必须要慎之又慎的极为复杂的"拼图游戏"，周明全提出了应基于文物碎片的纹理特征和边缘特征进行拼接。借助虚拟拼接修复技术，曾经威震八方的"秦代威武之师"终于在虚拟世界里得以重现。"有了虚拟修复样例，既可以指导现实的修复，也可以 3D 打印，完成兵马俑的数字化实体制作。"目前，由周明全和团队首创的虚拟修复技术已经为故宫博物院，陕西、河南、西藏等地方文物保护单位修复了 300 余件重要文物，开创了"文物虚拟修复"新的专业领域。"文物虚拟修复和数字化保护技术"也于 2009 年获得了国家科技进步二等奖。

周明全认为，科学技术也可以为非物质文化遗产传承与发展赋能。在正在进行的"非常秦腔"项目中，他带领团队运用全息成像、VR 和 AI 等技术建立全息舞台，实现虚拟场景、虚拟戏曲人物与真实人物的呈现与交互。"全息舞台剧场通过多通道融合、实时动作捕捉算法、实时角色植入 VR/AR、服饰映射方法等关键技术，达到舞台背景流媒体展现。"这种现代化、沉浸式、交互式表演让观众不仅能够感受到传统秦腔艺术朴实、粗犷的魅力，也能体验到先进技术赋予新媒体艺术的想象力。"我们还研制了车载全息移动剧场，这样偏远地区的人民群众也同样可以感受到现代与传统、技术与文化融合的魅力。"周明全说。

半个世纪里，周明全凭借着自己的智慧与勇气，不断探索交叉融合研究，走出了一条属于自己的学术之路。如今，年近古稀的他还在勤奋地工作，将 VR 技术、AI 技术用于更多的新的领域。

寄 语

有才可成事，有德方成业。

姚文琦

姚文琦，男，1954年12月出生，陕西华州人。1979年9月就读西北大学历史学系历史学专业，1983年7月毕业。供职于中共陕西省委党史资料征集研究委员会（后更名为党史研究室），先后任研究员、处长、副主任、巡视员。曾任中国中共党史人物研究会理事、陕西省中共党史学会会长、陕西省延安精神研究会副会长、国家出版基金专家组成员、军事科学院抗战史研究学术委员。

先后被聘为中国延安干部学院兼职教授，西北大学特聘教授。

多次被中共中央党史研究室、中共陕西省委、中共陕西省直机关工委评为先进工作者、优秀党员。2015年被中央党史研究室授予全国党史部门领军人物。

主持或参与编写多部著作，其中《陕甘边革命根据地》《西北革命根据地史》《中国共产党陕西历史（第一卷）》《中共陕西历史简明词典》《习仲勋传（下卷）》《陕西省志·中国共产党志》《陕甘宁边区史纲》《中共中央在延安十三年史》《丰碑》《中国共产党陕西简史》等获省部级奖励；另发表论文数十篇。

深耕党史终无悔　精研岁月兴味长

与姚文琦有过接触的人，都会觉得他是一位谦和的长者、风趣的智者、渊博的学者。这位中共陕西党史研究权威、全国党史部门党史研究领军人物虽已年近七旬，仍思维敏捷、精神焕发，举止谈笑间无不彰显着乐观而自信的人生态度。

勤勤恳恳的耕耘者

1979年，姚文琦从乡村"赤脚医生"岗位考入西北大学历史系学习，为其日后从事党史工作打下了坚实的史学基础。1983年7月，大学毕业后的姚文琦被分配到中共陕西省委党史资料征集研究委员会（1990年改为中共陕西省委党史研究室）工作。自此，他便与中共陕西历史研究结下了不解之缘。

初涉地方党史研究领域，姚文琦在干中学、学中干，甘坐"冷板凳"，逐步摸索出了治学的门道。"研究历史没有捷径，关键在积累丰富的资料。"当时爱人和孩子不在西安，这反倒给姚文琦提供了难得的学习环境。他吃住在办公室，不论白天黑夜，埋头阅读资料。发现有用的资料，就用笔记录下来，先后制作了几万张卡片。直到后来使用计算机以后，他仍然保持着收集资料这一习惯，将相关的文献分门别类地放入不同的文件夹，以便研究参考。

凭着扎实的理论功底和丰富的史料积累，姚文琦编辑、主持或参与主持专题资料丛书、著述等各类党史书籍、论文百余部（篇），在陕西党史研究领域取得了令人瞩目的成就。他主编的《中国共产党陕西历史（第一卷）》耗时10年，凝结了10多位党史研究者心血，2009年9月出版后被誉为陕西地方党史研究的"拓荒之作"。2016年6月，他和梁星亮教授主编的《中共中央在延安十三年史》由中央文献出版社出版，《新闻联播》《人民日报》和新华社均进行了报道，在社会各界产生了较大反响。此外，姚文琦参与主编、撰写的《陕甘边革命根据地》《西北革命根据地史》《习仲勋传（下卷）》《陕甘宁边区史纲》《陕西省志·中国共产党志》《丰碑》《中共陕西历史简明词典》等10部书稿和多篇论文获得省部级奖励。

在中共历史研究领域，姚文琦和他的团队以博采众长、精益求精的学术功力和负责担当、组织协调的领导能力，受到一致好评。2001年、2002年、2015年他被评为中共陕西省委、中共中央党史研究室先进工作者，被授予全国党史部门领军人物称号，先后受到胡锦涛、习近平等领导接见。

存真求实的探索者

"党史研究者要有明察秋毫的眼光、敢于挑战的勇气和刨根问底的精神。"在研究中，姚文琦始终坚持"存真求实、立准立好"的态度，以"韧"的钻研精神发现问题、分析问题。

姚文琦坚持掌握第一手资料，翻档案、查自传、走访当事人，用文献、回忆录、报刊资料、敌伪档案互相印证，反复核对、考证每一件事，努力做到存真求实。有时，甚至需要向权威发起"挑战"。在搜集有关直罗镇战役资料时，他发现东北军一零九师师长牛元峰的死亡另有真相。当时"活捉了敌酋牛师长"的说法在书刊、宣传中已经被广为采用，包括1981年版《毛泽东军事文集》收录《直罗镇战役同目前的形势与任务》一文时，也采用"被俘说"。通过查阅大量史料，姚文琦认为牛元峰是在战败后自戕。

他一面撰写《直罗镇战役中敌军师长牛元峰下落小考》（发表于《西北大学学报》）一文，一面就这一问题给中央有关方面写信，最终得到认可。1993年版《毛泽东军事文集》中，注明牛元峰已在直罗镇战役中毙命。他还考证了《西北工农革命军布告》的真伪，将人民军队设立"政治委员""子弟兵"提前到1928年5月。研究中姚文琦坚持实事求是，坚持真理，不畏"强权"，他经过20多年查证、调研搞清了中央多次发文平息的"西北革命军事委员会主席"任职问题。

姚文琦坚持科学、严谨规范地研究党史，不与历史虚无主义同流，宁可不写，也不错写一句。他退休后完成的《陕西革命旧址展示利用研究报告》，得到省政府领导的好评，批示有关部门落实；参与完成的《陕西长征国家文化公园建设保护规划》，得到省委、文化和旅游部的肯定。

"写文章，做学问，不要怕吃苦。"为了写好一篇文章，姚文琦常常是"食不甘味，寝难入眠"。甚至有时候已经躺下休息了，忽然想到一句话，他也要赶紧起床，用笔记录下来。在多年的研究中，每一篇有影响的文章都是姚文琦呕心沥血之作。在"山重水复疑无路"之际，只要迎难而上，穷追不舍，总会"柳暗花明又一村"。"汗水没有白流的，付出就有回报，一分耕耘就有一分收获。"姚文琦笑着道出自己成功的"秘诀"。

薪火传承的践行者

传承革命传统，弘扬革命精神，是一项继往开来、生生不息的事业。党史研究人员从事的是补精神之钙、固信仰之本的工作。多年来，姚文琦利用一切机会宣传党的革命传统和革命精神，介绍陕西革命先烈的历史，研究、弘扬延安精神。他认为，党史工作者不仅要给党和社会提供优秀党史读物，更要主动发声、正本清源、占领主阵地、传播正能量，宣传好党的历史。

近40年来，姚文琦先后参与审定党史书稿200多部，独立或者参与撰写、审定了延安革命纪念馆、陕甘边根据地照金纪念馆、西安事变纪念馆等10余家纪念场馆的陈列大纲，审看党史类题材影视剧上千集。在党史类宣传书刊、影视作品的审定中，他始终坚持"党史姓党"，坚持党性和科学性的统一，在尊重历史客观性的基础上，注重党性原则，体现党的意志，反映党的主张，决不允许有任何歪曲和丑化党的历史的错误存在。他先后担任中国延安干部学院、省委党校、延安干部学院、渭华干部学院、照金干部学院的外聘教授，讲授中共历史，史论结合，很受欢迎。

"党史工作无小事。一本书、一篇文章写错了，就可能以讹传讹，谬误流传，在社会上引起不好的反响。"审核每一部书稿或影视作品时，姚文琦都逐句推敲、一丝不苟，力求重要的史实和细节经得起历史的检验。经他审定的书稿、影视剧、布展大纲等，在史实和政治方面，从未出现过差错。

因为严谨敬业的治学态度和卓有成效的工作业绩，姚文琦赢得了各方面的肯定和组织的认可。2005年，姚文琦被任命为中共陕西省委党史研究室副主任，是研究室成立以来内部产生的第一位室领导；2014年，他晋升为巡视员，又是本单位第一位晋升的巡视员。

淡泊名利的奉献者

在名利和生活方面，姚文琦看得很淡。由于工作努力、成绩突出，姚文琦曾连续8年被评为优秀公务员，但他却把这看作是一种鞭策。他主编或参与主编的研究成果出版后，从不独占荣誉，付出辛劳的同志都会出现在成果中。在总结工作时，他总是说："我只是做了我应该做的，最终的成果都是大家共同努力的结果""不要只看到主编，应该看到编辑组所有成员的努力"。

在本职工作之外，姚文琦还曾兼任中国中共党史人物研究会理事、陕西省党史人物研究会副会长、陕西省中共党史学会会长、陕西省延安精神研究会副会长、国家出版基金专家组成员、军事科学院抗战史学术委员等社会职务。在党史学会的10余年间，他热心学会事务，经常组织开展各种学术活动，带领会员围绕重大课题开展研究，充分发挥会员在各个领域的专长，并在课题分配和成果评奖方面做到公平、公正、公开。同时，他十分注意搞好团结，充分尊重大家的劳动成果，尊重会员的学术观点，从不强求，会员们都服气他这个"带头人"。

"老牛亦解韶光贵，不待扬鞭自奋蹄。"许是受到党史研究工作使命与责任的驱使，尽管到了含饴弄孙、颐养天年的年龄，但姚文琦还是"停"不下来，仿佛有着用不尽的精力。退休后，他先是被返聘回"老东家"参与重大党史课题的研究，负责编写了百万字的《习仲勋年谱》，后又被母校西北大学特聘为教授，与校内教师一起成功申报了国家社科基金重点项目、重大项目。"如果身体条件允许，我还想继续在党史研究、宣传中做点事情。"姚文琦说。

（陈红）

寄　语

牢记公诚勤朴，赓续西大精神。

朱恪孝

朱恪孝，男，汉族，1955年1月出生，陕西大荔人，中共党员，研究员，博士生导师。1974年9月起在西北大学地质系区域地质调查及矿产普查专业学习。1977年毕业留校任教，历任地质系副主任、西北大学"211工程"办公室主任（正处）、校科研处处长。2000年任西北大学副校长，2006年任西北大学党委常委、副校长；2010年任西安美术学院党委委员、党委书记。政协陕西省第十一届常委，文化教育委员会副主任，教育界别主任。兼任教育部科技委学部委员，中国高校知识产权管理研究会副理事长，中国教育战略学会艺术教育专委会副理事长，陕西高校科研管理研究会理事长，西安市科协副主席等职。《艺术教育》《艺术管理》等杂志编委。先后主持多项研究课题，公开发表论著40余篇。

执着的追求

48年前，来自秦地东府大荔县的回乡知青朱恪孝背着简陋的行囊，来到他梦寐以求的大学殿堂，进入西安古城墙下的西北大学地质学系学习。时光如梭，他在这个校园里度过了36年时光，把人生中最美好的年华都献给亲爱的母校，献给他一生追求的教育事业。

"搞管理工作就是做为专家学者牵马坠镫的人"

1977年，朱恪孝毕业留校。在母校工作的30多年里，他先后担任西北大学地质学系副主任、校"211工程"办公室主任、科研处长、党委常委、副校长。"在母校争取国家基础科学研究与人才培养地质学基地点、抓'211工程'建设与学科建设工作、抓学校科研学科建设工作、抓学校省部共建工作等4项工作，使我终生难忘！"2010年6月，组织任命朱恪孝为西安美术学院党委书记，并担任十一届省政协常委、文化教育委员会副主任。在每一个岗位上，朱恪孝都兢兢业业，锐意创新，默默奉献。他最常说的一句话是："我们搞管理工作就是做为专家学者牵马坠镫的人。"

1992年，国家教委拟在全国选择一批基础学科较好的高校，建立国家基础科学研究与人才培养基地。面对这千载难逢的好机遇，学校决定要不失时机克服困难抓好学校第一个点的申报，特推荐地质学科参与这一重要项目的竞争，时任地质学系副主任的朱恪孝肩负起申报争取工作这一历史重任。他经过调研分析后认为，虽然竞争对手是综合实力雄厚的北大、南大、中国地大等部属院校，西大办学经费投入和硬件条件与这几所部委院校相比弱势，但是被誉为"中华石油英才之母""石油战线上的黄埔军校"的西大地质学系办学历史悠久、名师云集、人才辈出，在人才培养和科研实力方面有自己的特色和竞争力。

此时正值张国伟教授牵头申报的"八五"国家自然科学基金重大项目获得了批准立项，在国内地学界引起很大轰动；地质学科在含油气盆地地质、地层古生物研究方面也产生了一批有影响的成果。朱恪孝和系班子成员紧紧抓住难得的机遇，积极组织力量申报。其间他们不畏困难，多次据理力争。暑去寒来，朱恪孝等多次不辞辛苦奔波在申报旅途中，临近年关依然进京汇报工作，返家时已是除夕的深夜。在不懈努力下，西大地质学科终于获批为学校首个国家基础科学研究与人才培养基地，形成了与北大、南大三足鼎立的态势。西大地质学科自此进入了高质量发展的"快车道"。因为工作能力突出，朱恪孝随后被学校任命为"211工程"办公室首任主任。

即使过去了20多年，朱恪孝依然清楚地记得当年西北大学凭着一股百折不挠、不达目的誓不罢休的拼搏精神争取进入国家"211工程"时经历的艰辛。说起当初学校为什么确定由朱恪孝担任办公室主任时，年近85岁高龄、原西北大学常务副校长刘舜康深情地说："恪孝同志有思想、有追求，他身上有一股子顽强坚韧的老黄牛精神，他性格开朗，待人随和谦诚，说话办事果断点子多，并且沟通协调能力强，把这样重要的工作交给他学校领导放心！"

"有条件要进，没条件创造条件也要进入'211工程'！"西大人争取进入"211工程"的决心得到陕西省委、省政府的全力支持。白清才省长亲自来校考察后，决定首期投资3亿元给西大进行"211工程"建设。面对这笔史无前例的投资，工程规划怎么搞却无章可循，身为办公室主任的朱恪孝深感肩上担子沉重。他带领大家夜以继日地苦干两个多月，拿出了初步建设方案，并报省政府常务会议审议通过了《西北大学"九五""211工程"重点建设规划》。后在他主持10多年的项目建设工作中，校外校内常常会出现各种棘手的困难和问题，每次他都迎难而上。大家都说，哪里有困难哪里就有朱恪孝的身影。在西大人的眼中，他为人宽厚随和，事业心强，善于沟通协调，"想干事、能干事、也能干成事！"作为分管具体工作的校领导，朱恪孝率领大家出色完成了西大"211工程""十五""十一五"期间的规划与建设任务，全面促进了西大各项工作上了新台阶、新水平。

"科研工作者的贴心人"

1996年5月，朱恪孝调任科研处长，新的工作岗位等待他去不断开拓创新。他深知，一个学校的综合竞争力和知名度主要取决于科学研究水平和学科水平；高水平科研成果取决于能否承担国家级重大项目，取决于优秀的创新团队和科研管理人员的组织策划与协调能力。科研工作的重点是抓团队、抓项目、抓平台、抓成果，针对当时学校承担的国家级项目寥寥无几的状况，朱恪孝把策划和争取国家重大项目看作是重中之重，长年累月带领有关学科带头人奔波于北京各部委和全国有关企业间，费尽心思地去申请争取各类项目。在短短的几年内，全校的科研项目的数量和质量都有了较大幅度的提升，同时在学校重点科研基地零基础上开创性地相继获批建成11个省上和教育部重点实验室、工程技术中心。一次在京争取项目期间，他走着走着鞋底突然掉了，随行的同事们心疼地说，朱老师真是为争取项目把鞋底都跑掉了……"项目处长"在西北大学尽人皆知。

2000年朱恪孝出任西北大学副校长，分管"211工程"建设和科研等工作，全面推进学校科研及学科建设水平迈向更高的台阶是他新的追求和使命。随着由朱恪孝主持的西北大学第三次科研工作会议召开，学校科学研究和学科建设水平突飞猛进，先后在全国激烈的竞争中获批建立了大陆动力学国家重点实验室、国家微检测工程技术中心等多个国家级重点科研基地，促进了多个学科相继承担了国家"973计划"、"863计划"、国家支撑、国家自然、社科基金重大重点以及多个千万元以上的横向科研项目。一批科研创新团队不断涌现出来，一批重大基础研究成果和科技成果转化项目相继产生。在国家自然科学奖连续6年空缺的情况下，西大荣获了国家自然科学一等奖、二等奖。张国伟教授、舒德干教授相继入选中科院院士。年度科研经费从过去不足千万元增长到上亿元。

"西大真是太不容易了！凡事西大人需付出超出几倍的努力……"回忆往事，朱恪孝连连感慨。在争取"省部共建"院校的过程中，西大原本按条件存在一定差距，朱恪孝按照学校主要负责人的嘱咐，以执着的精神不言放弃，他精心策划，费尽周折，多次找到有关部门和领导坦陈己见，出谋献策，不仅取得了省上主要领导的支持，而且取得了教育部主要领导的共识，最终促成了这件令西大人至今仍引以为荣的大事。西大人都说，能成为"省部共建"学校，朱恪孝立下了汗马功劳。

没有人知道，那个时候一心扑在工作上的朱恪孝，晚上还要去医院护理身患绝症、已经动了三次手术的妻子。当朱恪孝前往南京中科院地质古生物所协调舒德干教授国家自然科学一等奖申报工作时，他的父亲突然病故。接到噩耗后，他强忍心中的悲痛坚持到会议结束，才连夜返回老家料理丧事。后来知道了事情原委的舒德干教授大为动容："朱校长真是科研工作者的贴心人。遇上这样的好领导是我们的福气。"

"能为教育事业发展做出贡献是我执着的追求"

一次朱恪孝到教育部汇报工作，主管"211工程"和科技工作的赵沁平副部长听完工作汇报后，对他说："老朱，你们西大的'211工程'建设成果及学科水平等各项指标超过了7所'985'大学，教育部内部开会让大家讨论'西大现象'，准备总结推广你们西大的经验。"

2010年6月，朱恪孝出任西安美术学院党委书记，离开了熟悉的西大校园。职务变了，岗位变了，工作环境变了，可是他为教育事业发展殚精竭虑的工作态度没有变。在抓好党建工作的同时，朱恪孝把学院学科建设和科研创作作为学校再上台阶的重要工作。在他的提议下，学院成立了院长兼任主任的院学科办，连续多次召开院各个层面学科建设专题讨论会，进一步理清了学院要稳定本科教育、发展研究生教育、做大做强艺术设计学科、提升艺术理论学科、做精做尖美术（绘画）学科的办学思路。

抓住2011年国家把艺术学升为国家第13个学科门类的契机，朱恪孝亲自带领班子成员奔赴各地找专家介绍学校学科优势，赶赴北京到管理部门协调关系寻求支持，最终一举成功争取到美术学、艺术设计学、艺术学理论3个一级学科博士点，在艺术教育界引起了不小的轰动。为了提升学科实力，朱恪孝主导召开了学院第一次科研工作会议，在会议上他提出美术院校科研工作要坚持艺术和人文结合、艺术要和科技结合、艺术要和经济结合的工作思路。

随着对科研工作政策调控力度的加大，西安美院很快扭转了项目寥寥无几、只有少数人搞科研的局面。现在学院争取到的省级和国家级各类项目愈来愈多，新的成果不断涌现。学校学科建设水平处在全国八大美院前列，学校被列为省上重点建设的10所院校。在第四轮全国学科评估中，美术学被评为A。

回忆起在高等教育岗位上奋斗过的40余个春秋，已经两鬓斑白的朱恪孝甚感欣慰："能为母校和教育事业发展做点贡献是我的初衷，也是我平生执着的追求。"在繁忙的工作之余,他还不断研究高等教育管理理论,相继发表了 40 余篇论文,培养了 18 名硕士、博士研究生。

退休后的朱恪孝仍兼任陕西省宋庆龄基金会副主席、中国教育战略学会艺术教育专委会副理事长等多个全国性学术组织和社会公益职务,忙得不亦乐乎。面对朋友们不解的目光,他笑着说:"能为教育事业继续干点事儿,心里舒坦……"

(程洋)

寄　语

双甲风雨历沧桑,滋兰树蕙续华章;公诚勤朴薪火传,葱茏嘉树誉宇环。

白阿莹

白阿莹，男，1955年4月出生，陕西铜川人。1971年12月在秦川机械厂参加工作，历任厂团委书记，党委副书记、副厂长；1988年9月—1990年7月，在西北大学中文系汉语言文学专业学习。1996年5月—2011年1月，历任陕西省国防科工委副主任、省委宣传部常务副部长、省国资委主任；2011年1月—2018年8月，历任省人大常委会副主任、副省长、省总工会主席。现任省决策咨询委员会副主任、黄帝陵基金会理事长。

追梦的人

1971年，当年轻的白阿莹进入秦川机械厂成为一名普通的车间工人时，他没想到，之后的几十年他将和企业结下不解之缘；他更没想到，一个关于文学的梦想造就了另一个自己——作家阿莹。

从工人岗位到领导岗位，白阿莹将内心对三秦人民的敬畏尊崇之心化作为他们办实事的精神动力。从领导阿莹到作家阿莹，他将普通人的情怀与奉献付诸笔端，凝聚成一部又一部文学作品，呈现在世人眼前。

梦想开始的地方

秦川机械厂，是白阿莹工作经历的起点，也是他文学梦想的开端。

从宣传干事、党办秘书到团委书记、办公室主任再到担任副厂长，20多年间，青年工人白阿莹凭借着吃苦耐劳的韧劲和一丝不苟的态度，认真履行着每一个岗位的职责，在与工人们的朝夕相处中，成长为深受工人信任和喜爱的优秀年轻干部。

工作之余，白阿莹阅读了大量的世界文学名著。契诃夫、高尔基、托尔斯泰、普希金等文学大师的著作，不仅引发他对文学创作的憧憬和向往，更成为多年后他写作散文集《俄罗斯日记》的重要动因。这里的生活，更凝聚起白阿莹心中深深的军工情结，成就了一部将军工人形象搬上舞台并荣获田汉戏剧奖的话剧《秦岭深处》和首次深刻揭示新中国军事工业发展史的长篇小说《长安》。

这一切改变的发生，都源于一次相遇——青年阿莹与一位青年作家的相遇。那位青年作家的创作激情和成功范例带给白阿莹心灵的震颤。于是，他也拿起笔，书写着生活，书写着生活在他身边的人们。

找到了梦想的方向，还要为梦想插上可以翱翔的翅膀。抱着提升自己专业素养和创作水平的目的，白阿莹前往西北大学汉语言文学专业进行了系统学习。之后，他再度前往西安交通大学管理工程专业深造，为日后从事文学创作和行政管理工作打下了坚实的基础。

1979年，白阿莹的处女作短篇小说《心事》被一家面向青年的刊物登载，深受鼓舞的他更加沉浸在文学世界中。1983年，当受邀参加陕西省青年创作会议时，众多名家关于文学、关于信念的发言，让白阿莹对文学创作、对人生有了更深刻的思考。此后，他笔耕不辍，于1989年出版了首部短篇小说集《惶惑》。

繁忙的工作间隙，他创作了报告文学《中国9910行动》、散文集《俄罗斯日记》《旅途慌忙》、歌剧《米脂婆姨绥德汉》等。其中荣获国家文华大奖特别奖、优秀编剧奖和曹禺戏剧文学奖等奖项的歌剧《米脂婆姨绥德汉》，作为展示中华民族艺术风采的经典之作，至今活跃在舞台上，成为国内外观众了解陕西文化和陕北风情的艺术之窗。他还创作完成散文集《大秦之道》《饺子啊饺子》、评论集《长安笔墨》、话剧《秦岭深处》、长篇小说《长安》等，并用一个又一个国家级奖项证明着自己毫不逊色于行政工作能力的文学才华。

梦想与工作的对话

从军工厂出发走上从政之路，内心的军工情结让白阿莹怀着高度的历史责任感和爱国主义情怀，而对文学的热爱使他处理任何问题时始终充满人文关怀，这正是为政以德的最好滋润。

2007年，白阿莹刚刚调任省国资委主任不久，一道多年都未解决的难题摆在了他的面前：全国国有企业改革已经进入尾声之时，陕西尚有118家国有企业亟待政策性破产，而这118家企业的背后还牵涉着31.7万名等待安置的职工。

为了保住饭碗和全家人的生计，职工们一次次地去上级部门维权。国务院主管部门严厉指出"陕西的国有企业改革严重滞后"。面对这样的现状，省上下达了工作要求：4年内必须完成"和谐破产"。

看着这些为工厂、为国家建设付出了年华与心血的人们，白阿莹痛心不已。如若按照以往做法，买断工龄，关门走人，把职工推到社会上去，那将成为影响社会稳定的巨大隐患，何况每个职工身后都维系着一个家庭。怎么办？

几番思索下，白阿莹依据军工企业破产的经验，提出了"破产不破生产力、破产不搞关门走人"的工作思路，精心筹划、用活机制，硬是在两年半时间内，按照破产程序完成了这项几乎不可能完成的任务。

随后，陕西快速涌现出多家全国优势企业，并在世界500强企业中拥有了席位。而比这些更令白阿莹欣慰的是，30多万名职工被妥善安置，30多万个家庭的生计获得了保障，118家破产企业没有一家出现动荡或反复。

2013年，白阿莹担任主管文化工作的副省长时，以重点文化项目为抓手、促进文化产业发展的战略被提上日程。究竟该怎样利用陕西丰富的文化资源，促进文化产业发展，以最大程度地满足人民群众的文化需求？他提出了一项覆盖全省各地市的重点工程——"30个重大文化项目"。

在瓢泼大雨中，白阿莹踩着一尺多深的泥浆，深一脚浅一脚地视察文安驿；顾不上换下湿淋淋的衣服和满是泥泞的鞋子，他又奔赴鲁艺旧址。在大太阳地里，白阿莹徒步几公里调研西安汉长安城遗址，驱车几百公里前往统万城遗址……他深入推动项目带动战略，按照唯一性、至高性、标志性的原则实施"30个重大文化项目"，总计撬动投资上千亿元，为陕西构筑起布局合理、优势明显的文旅产业新格局。

梦想留下的印迹

"我的创作都跟工作有关，是对工作的思考和认识。"白阿莹总是这样介绍自己的创作。在出色完成每一份工作的同时，他喜欢将自己对工作的思考与感悟流淌在笔端，创作出了众多不同题材、不同体裁的文学作品。

记录改革开放带给经济社会种种变革的短篇小说集《惶惑》，讴歌为祖国国防建设埋头苦干的军工人、荣获徐迟报告文学奖的《中国9910行动》，为宣传文化陕西品牌临危受命创作的歌剧《米脂婆姨绥德汉》，慨叹陕西丰厚独特文化资源的散文集《大秦之道》，受邀创作的展现唐长安风采的秦腔剧《李白在长安》……不同的工作经历给了白阿莹丰富的创作素材，在他的作品中可以清晰地看到他的职业视野。

"我总是想写，因为在我的周围，生活着一群群令我钟爱和敬佩的人们！他们在我困难的时候，常常给我以勇气；在我顺利的时候，又常常告诫我以哲理。他们那豁达的、质朴的、毫不掩饰的喜怒哀乐；他们那坦诚的、深邃的对人生和生命的见地；他们用全身心演出的那一幕幕动人心魄、生动无比的活剧，常常激励我拿起笔来。"1989年，第一部作品集《惶惑》出版的时候，白阿莹在后记中倾诉着自己的文学初心。

2019年，《惶惑》再版，白阿莹在再版后记中坦言："30年风雨兼程，变化可谓翻天覆地，但我也时有纳闷，有一样东西似乎在我心中没有变，那就是我对文学的热爱。感觉正是文学信念的支撑，使我几十年来内心保持了一片宁静，也得以在烦琐与焦虑时心生灵犀，伴随我度过惶惑迎接明媚。"

或许对于旁人来说，创作最需要灵感和积淀，而对于白阿莹来说，创作最需要时间。繁忙的行政工作让他没有整块的时间可以创作，所以他形成了一个习惯：随身携带的公文包中总是装着纸笔，只要有20分钟的空闲就拿出来写上几笔。正是这样的坚持和积累，才有了一部部彰显着个人风格的作品，也有了一个领导阿莹之外的作家阿莹。

2021年，白阿莹的长篇小说《长安》问世。作为国内首部军工题材长篇小说，《长安》不仅入选中宣部2021年主题出版重点出版物选题，还荣登中国小说学会2021年金榜，更获得了众多评论家的肯定与好评。《长安》先后修改10余次，修改稿摞在墙边已有一人高。拿到样书时，白阿莹不禁感叹道："正是文学之梦的始终烛照，让我在纷繁的前行中得以宁静，得以反思，得以找到心灵的书屋。"这部被称为"中国社会主义重工业的'创业史'"，揭示了新中国第一代军工企业艰辛的建设历程和军工人精神品质的作品，亦是源于他内心深处对军工人的崇敬和爱戴，得益于他在军工企业的生活工作经历。他期望读者朋友能够从主人公身上找到今日中国崛起的秘密！

将文学梦想化作细腻温情的工作力折射进现实，几十年来，白阿莹奋斗着、记录着、抒写着……回首间，那一串串晶莹绚丽的印迹正通往梦想开始的地方。

寄 语

母校是铸梦的地方，老师给梦想插上翅膀。

党圣元

党圣元，男，汉族，1955年9月出生，陕西榆林人，中共党员。1978年7月毕业于西北大学中文系；1986年毕业于中国社会科学院研究生院文学系，获文学硕士学位。毕业后在中国社会科学院文学研究所从事专业研究工作，曾任中国社会科学院文学研究所研究员，中国社会科学院研究生院文学系教授、博士研究生指导教师，文学所副所长兼中国社会科学院研究生院文学系主任，中国社会科学院外国文学研究所党委书记兼副所长、研究员，《文学评论》副主编。现任中国社会科学院大学特聘教授、陕西师范大学人文社会科学高等研究院特聘研究员，西北大学中国文化研究中心研究员，兼任全国马列文论研究会会长、中国古代文学理论学会副会长、中国太湖世界文化论坛副主席，国家社科基金学科规划评审组评审专家、国家出版基金评委等。2008年享受国务院政府特殊津贴，同年获得中华人民共和国教育部、国务院学位委员会颁发的"全国优秀博士学位论文指导教师"荣誉证书。

党圣元是我国著名的文学理论家，在中国古代文论、马克思主义文艺理论批评、中国古代文学等研究领域具有重要学术影响和引领作用。主持、承担和参与过"中古文学理论文献整理与研究""中华优秀传统文化创新转化与新时代中国特色社会主义文化建设研究"和"中华思想通史"子项目"文艺思想编"等国家社科基金重大项目、重点项目、中国社会科学院重大项目、中宣部委托项目、马工程重点教材、教育部重点研究基地重大项目的研究和撰写。目前，担任国家社科基金重大项目"中国古代文体观念文献整理与研究"首席专家，主持该项目在研工作。1985年至今，党圣元在《中国社会科学》《文学评论》《文艺研究》《文学遗产》等刊物发表学术论文150余篇，在《求是》《人民日报》《光明日报》《经济日报》《中国社会科学报》等报刊发表理论文章30余篇，出版学术著作10余种，主编学术论著10余种。参与撰写的《华夏审美风尚史》获第五届国家图书奖和中国社会科学院第四届优秀科研成果追加奖，论文《中国古代文论的范畴和体系》获第三届中国社会科学院优秀科研成果论文奖三等奖，论文《传统文化的精神审美》获中国社会科学院第一届青年优秀成果奖，又曾有多篇学术论文获中国社会科学院文学所、外文所优秀科研成果一等奖,主编的《中国现代文化世家丛书》(两辑,共 8 种)获中华优秀出版物图书提名奖、2012—2013 年河南省优秀图书一等奖。

党圣元在所从事的研究领域具有较高的学术造诣和理论水平,始终坚持正确的学术导向,具有鲜明的社会责任心和人文情怀。他在中国古代文论研究方面秉持自己所提出的"大文论""国学视野""文化通识""当代选择"等学术理念与方法,对中国传统文学理论批评史进行深入的研究,体现出专业精深度和学术原创性。在马克思主义文论研究方面,注重经典马克思主义作家文艺论著元典精神阐发和中国化马克思主义文论话语体系与核心价值构建的探讨,对如何科学地处理好马克思主义元典精神与以儒家为核心的中华优秀传统文化的关系和会通方式提出了自己独到的见解。倡导以习近平文艺讲话精神引领和推进当代中国马克思主义文论研究,提出建构中华优秀传统文化传承创新体系的构想,产生了广泛的学术影响。在中国当代文艺理论批评方面,他具有敏锐的理论眼光和思想深度,对于当下文学理论批评方面重要理论问题和文艺思潮现象的研究和辨析,以马克思主义辩证唯物主义和历史唯物主义为指导,坚持正确的学术导向,旗帜鲜明地反对和批判历史虚无主义和去意识形态化,秉持主导多样、综合创新的学术理念,所发表和出版的一系列论文、著作,贴近现实,紧密联系当下的文艺创作和理论批评中的突出现象,在理论上具有正本清源、激浊扬清的意义。

寄 语

母校永远是学子的精神家园,我深深地感怀着母校对自己的培养教育,在此谨录刘勰《文心雕龙·风骨》篇末之语与西北大学文学院的学子们共勉:"情与气偕,辞共体并。文明以健,珪璋乃聘。蔚彼风力,严此骨鲠。才锋峻立,符采克炳。"

延艺云

延艺云,男,1956年出生于陕西省西安市,陕西绥德人。1982年毕业于西北大学历史系,获历史学学士学位。毕业后留校任教,师从著名学者彭树智教授,讲授《世界现代史》《苏联史》《世界档案史》等课程,历任西北大学历史系助教、讲师、副教授、教授。1993年获国务院突出贡献荣誉。1996年调任陕西电视台副台长,主管文艺工作;2000年7月调任陕西省广播电影电视局副局长、党组成员,主管陕西省广播电影电视系统宣传工作;2001年11月调任西安电影制片厂厂长兼党委书记(正厅级);2003年11月3日转任西部电影集团管委会主任兼党委书记;2013年任陕西省新闻出版广电局巡视员。2015年调入西安财经学院,任文学院教授。曾任陕西省政协委员、省文联副主席、省电影家协会主席、中国电影家协会常务理事、中国史学理论学会理事、中国档案教育委员会委员、中国世界现代史学会会员、中国苏联东欧研究会原会员等。1999年加入中国作家协会。

先后出版《欧洲抵抗运动》《世界档案》《世界通史》(合著)等近20部著作,发表《苏联领导体制演变论》《试论李森科伪科学案》等百余篇学术论文。

20世纪90年代初,延艺云创作的长篇电视剧《半边楼》播出后在国内引起强烈反响。1993年,延艺云获"飞天奖"最佳编剧奖,《半边楼》获全国电视剧"飞天奖"长篇一等奖、中国"五个一工程"奖、大西北电视剧特等奖。在多年的影视创作生涯中,延艺云还先后成功地创作了众多在全国有影响的电视剧《遭遇昨天》《王宝钏》《新霸王花》《风墙》《心灵的瞳孔》《永远的初恋》《一介书生》等和电影《阿妹的诺言》《高粱花子》《5·12:汶川不相信眼泪》等作品。其中,《永远的初恋》获中国"五个一工程"提名奖(1995年),《遭遇昨天》获陕西省"五个一工程"奖(1995年),《心灵的瞳孔》获全国电视剧"飞天奖"中篇三等奖、"大西北电视剧天马奖"特等奖(1998年),《阿妹的诺言》被列入十七大献礼片(2007年),《高粱花子》于2013年在中央电视台六套黄金档播出,并获陕西省政府奖励。

先后出品《天地英雄》《美丽的大脚》《阿妹的诺言》《汶川不相信眼泪》等数十部电影,出品《龙年档案》《铿锵玫瑰》《西安事变》《地下交通站》《保卫延安》等百余部集电视剧。其中，电影《天地英雄》获第十届"华表奖"优秀故事片奖、最佳技术奖、最佳导演提名奖、最佳男演员提名奖，电影《美丽的大脚》获"金鸡奖"七项提名和四项大奖。2004年，延艺云获中国政府"华表奖"（电影）最佳出品人提名奖。

监制（含艺术总监）、策划（含总策划）电影《南泥湾》《健忘村》《新步步惊心》《六弄咖啡馆》《图兰朵》，电视剧《少帅》《那年青春我们正好》《人民的名义》《那年花开月正圆》等。

寄　语

壁立万仞仰望星空，丹心励耘海纳百川。

跨越秦汉拥抱五洲，栉风沐雨春华秋实。

——恭题母校西北大学百廿华诞

李映方

李映方，男，1956年10月出生，陕西西安市长安区人。1982年毕业于西北大学物理系激光专业，获理学学士学位。1973年12月在榆林市定边县参加工作，1977年7月加入中国共产党，1982年1月毕业后留校任教，历任物理系党总支副书记、物理系副主任，学生工作部（处）副部（处）长，人事处处长。1998年晋升为研究员。2001年11月任西北大学党委常委、副书记，先后兼任校学术委员会副主任、教学委员会副主任、学位委员会主席团成员、职称评审委员会副主任等职，曾任全国高校思想政治教育研究会理事、陕西省高校思想政治教育研究会副理事长、陕西省高级专家学会理事等社会兼职。2013年5月任西安音乐学院党委书记，2016年11月退休。2017年至今受聘担任西安培华学院校长。

长期从事高等学校管理工作和思想政治工作，在思想政治教育和人才队伍建设、人力资源开发方面有丰富的工作经验，在分管的各工作领域均取得突出的成绩。

致力于高等教育管理、思想政治教育领域研究。先后主持教育部哲学社会科学研究重大课题，陕西省社会科学基金项目和陕西省教改项目、陕西省委教育工委研究项目。主编《马克思主义理论教育新论》《走出困惑——大学生素质教育研究》《多学科视野的马克思主义中国化研究》《马克思主义理论研究与教育艺术》《邓小平和他的时代》《历史的丰碑——改革开放30年》《九十年的奋斗与启示》等10余部著作，在各类刊物上发表理论研究文章10余篇。

先后获"陕西省高等学校优秀思想政治工作者""陕西省高校系统优秀共产党员""陕西省教育系统稳定安全工作先进个人"等荣誉称号。研究成果《多学科视野的马克思主义中国化研究》获陕西省哲学社会科学研究优秀成果三等奖、陕西高等学校人文社会科学研究优秀成果二等奖；教学成果《马克思主义理论教育的创新模式》获陕西省政府高等教育教学成果二等奖、陕西高校教学成果一等奖；研究论文《高校辅导员队伍专业化、职业化建设研究》获全国高等学校思想政治教育优秀论文三等奖。

寄 语

衷心祝愿母校从深厚的历史经验中汲取前行和发展的动力,继承前志,开拓创新,再结硕果,成为我国教育事业中一棵不老的参天大树。

孟庆任

孟庆任，男，1957年7月出生，北京人，二级研究员，博士生导师。1978—1982年，在西北大学地质学系学习，获学士学位；1982—1987年，在长安大学学习，获硕士学位并留校任教；1988—1989年，在英国帝国理工学院地质系做访问学者；1991—1994年，在西北大学地质学系学习，获博士学位；1995—1999年，在中国科学院地球物理研究所工作，博士后、副研究员；2000年至今，在中国科学院地质与地球物理研究所工作，研究员。2015年起担任中国科学院大学地球与行星科学学院教授。2021年入选中国科学院院士增选初步候选人名单。

攀登何惧山千仞　点滴收获勤中求

地球在太阳系中不是最大的一颗行星，但是在人类面前却显得如此巨大。作为研究地球的地质学家，在面对如此庞大的研究对象时，孟庆任用"平凡但是很有趣"几个字来形容他的研究工作。

谈起近半个世纪的研究工作，孟庆任说："从来没有令人羡慕的高光时刻，仅仅是在点滴积累的基础上获得了一个个认识上的突破。"在一次次豁然开朗之后，他最终收获了事业上的满足和喜悦。

阴差阳错与地学不期而遇

孟庆任是"文革"后第一批（1977级）录取的大学生。在十年"文革"运动中，孟庆任上山下乡接受再教育。因为能用土方给猪治病和认真养鸭种菜，他成为一名优秀的知识青年。在农村干各种农活，对这位十六七岁的城镇少年来说，没有觉得苦、脏、累，反而感觉简单、新鲜甚至有趣。然而，对前途的迷茫和担忧，却结结实实压在他的心上。

高考的恢复给了孟庆任一个美好的重启机会。1977 年就像一道曙光，照进了孟庆任的生活，重新燃起了他对未来的向往。拿起久违的书本，他夜以继日地复习，去争取这难得的机会。孟庆任清楚地记得，当时他填写的报考志愿是南方一所大学的天文学专业，却阴差阳错地被西北大学地质学系录取。从"天上"到了"地上"，孟庆任并不懊悔，因为那时他就知道著名地质学家李四光的事迹，觉得当一名地质学家是一件非常光荣的事。

四年大学生活对于 1977 级大学生来说总是那么短暂。同学们对知识的追求到了如饥似渴的地步，对老师所讲授的每一堂课都虔诚聆听，仔细梳理。每晚教室里总是坐满了学生，不到熄灯那一刻绝对舍不得离开。西北大学是综合院校，虽然学习很紧张，但校园里总是有着让人感觉舒适的氛围。"宽松而活跃的气氛舒缓了学习带来的紧张感，这也可能是坐落在历史悠久的名城中综合院校的特点吧。"回忆起大学时光，孟庆任仍然留恋不已。在西大就读期间，除了专业知识的积淀，他的英语更是有了长足的进步，为以后报考研究生和留学出访打下了良好的基础。

踏出国门　开阔眼界

在地质学系学习时，孟庆任对大地构造学产生了浓厚兴趣。从西大毕业后，他报考了西安地质学院张伯声院士的硕士研究生。当时硕士研究生的数量很少，而他是 1982 年西安地质学院招收的第一位硕士研究生。孟庆任记得当时还有人专门到学校来"参观"包括他在内的仅有的 3 名研究生——"想看看研究生到底长得啥样？"

"稀罕的硕士生"毕业后顺理成章地留校任教。"讲真话，当时我对怎么做研究还是一头雾水。"恰逢受"中英友好奖学金"资助，孟庆任去英国帝国理工大学做访问学者，"想看看发达国家在地学领域的研究状况，多学习学习"。在英国一年多的时间里，孟庆任把工作和学习安排得很紧，并经常兼职负责地质系图书馆的夜间阅读室——不仅每次可获得 5 英镑报酬，还可安静阅读。看到那么多原版专业书籍和杂志，他爱不释手，不记得自己在一年多的时间里阅读了多少书籍和论文。孟庆任觉得学习是一件令人兴奋的事，他就像一块海绵掉进了知识的海洋，拼命地吸收。当时一个从挪威来的博士室友说："Meng，you are a studying guy。"

回国时，孟庆任没买当时国内还非常稀罕的家用电器，而是带回了几箱复印的专业资料。20 世纪 80 年代末，中国还是比较穷，没有像样的专业地质鞋。与帝国理工大学地质系师生一起出野外时，孟庆任穿的是从国内带去的球鞋，显得格格不入。当时在英国买一双专业地质鞋要 90 英镑，在一个中国大学教师眼里实在是贵得离谱。不得已，他在英国跳蚤市场花了不到10英镑买了一双二手警察皮鞋，结实又实用。但是在复印专业资料上孟庆任却不吝花费，他对知识的渴望始终大于对物质的追求。

从英国访学归来，孟庆任对地质研究已经摸出点门道来了，但觉得需要更加深入一步。1991年，他重返母校西北大学，报考了张国伟教授的博士生。在导师的悉心指导下，孟庆任对秦岭造山带演化进行研究，逐渐突破了思维的局限性。秦岭造山带变形十分复杂，早期地质记录已支离破碎，要研究秦岭造山带演化，着实要下很多功夫。孟庆任不知在秦岭山脉中穿梭过多少次，夏天头顶草帽，在烈日下观察和记录各种地质现象；冬天寒风刺骨，只能啃着干饼子喝凉水。深山里找不到宾馆，经常投宿在农家。有次出野外，他们需要在一户农家住一段时间，一日三餐吃农家饭。第一顿饭是竹笋炒鸡蛋，大家高兴坏了，觉得实在美味，而且平时根本都吃不上竹笋这种鲜美食材。但是其后每天每顿都是竹笋炒鸡蛋，最终美味也变得难以下咽。地质工作在许多人眼里是艰苦的，但是对干一行爱一行的孟庆任来说，却是充满了生机和乐趣。那些旁人眼中的"苦"，都是他记忆深处最为有趣的经历，也为以后研究工作打下了坚实的基础。

在西北大学读博的3年里，除了自身的努力，"张国伟教授对我的帮助和指导很大。"在当时科研经费紧张的情况下，张国伟教授给孟庆任买最好的装备，在研究方法和思路上给予悉心引导，告诉他不能局限于单纯研究秦岭，而是要把秦岭造山带与相邻地区的地质构造进行对比研究，甚至要进行全球性对比分析，把各种相关地质过程看成一个完整系统，才能深化研究工作。通过反复训练，转换思维，孟庆任豁然开朗。

坚持不懈　努力攀登

在研究工作中，孟庆任深知学科交叉的重要性。要深入研究沉积盆地和大地构造，除了掌握构造地质和沉积学专业知识外，地球物理知识必不可少。孟庆任博士毕业后申请进入中国科学院地球物理研究所博士后科研流动站工作，学习相关地球物理学知识，并于出站后留所工作。1999年，中国科学院地球物理研究所和地质研究所两所合并，成立了地质与地球物理研究所，他一直在此工作至今。在几十年的工作中，孟庆任始终与国内外相关专业人员密切合作，积极开展不同专业间的交流。孟庆任负责多项国家基金委重点基金项目和科技部国家重点研发计划项目的课题，在研究过程中将沉积学与构造地质学密切结合，在盆地属性时空转换、地壳深部对浅部盆地的控制以及洋陆统一背景下大陆盆地动力学过程等方面做出了突出贡献。通过对秦岭—大别造山带内部及周缘盆地演化的研究，重建了华北与华南地块陆内持续斜向汇聚过程，创新性提出盆地属性时空转换的学术思想；研究了早白垩世中亚造山带东部小型伸展盆地群，对比美国西部盆岭省构造特征，将地壳深部过程与浅部盆地发展相结合，深化了大陆宽裂谷理论；对东北亚中生代大洋与大陆构造格局和相互作用开展了挑战性研究，提出了大陆裂谷演化与大洋板块俯冲相互作用的新模型。孟庆任发表论文 127 篇，他引 9 600 多次。2016—2020 年连续五年入选"爱思唯尔中国高被引学者"；作为主要完成人 2014 年获得"中国科学院杰出科技成就奖"。2021 年入选中国科学院院士增选初步候选人名单。

40 多年的科研工作带给孟庆任最深刻的感悟和体会是：尽管现在测试技术大幅提高，解决了很多科研难题，但是基础地质研究离不开野外观察这个根本。从中国的崇山峻岭到美国西部山脉、地中海东缘小亚细亚高原，再到南太平洋的新喀里多尼亚岛，孟庆任每年都会进行数月的野外科考，足迹遍及山川、高原、戈壁、荒漠和岛屿。

时刻追踪相关研究领域的最新进展，对研究工作仔细分析和推敲，孟庆任的工作生活简单、平淡而又丰富。地球总是有探索不完的奥秘，在用努力、坚持和勤奋践行着母校"公诚勤朴"校训的同时，他的思想也不知不觉地在这看似平淡的积累中得到一次又一次的升华。

寄　语

树立正确目标，保持乐观心态，坚持不懈、脚踏实地，认真对待自己的学业或者事业，终究会收获满足和幸福。

张 炜

张炜，1957年9月出生，博士、教授，曾任陕西省教育厅副厅长，西北大学党委书记，陕西省委科技工委书记、省科技厅厅长，国家国防科技工业局司长、党组成员，北京理工大学党委书记，2016年至今任西北工业大学党委书记。

王忠民

王忠民,男,1957年10月出生,陕西蒲城人。1982年毕业于西北大学经济学系,获经济学学士学位;1985年毕业于西北大学经济管理学院,获经济学硕士学位;1988年毕业于中国社会科学院研究生院经济学专业,获经济学博士学位;1991—1993年在英国基尔大学开展博士后研究工作。1975年参加工作,1985—1999年在西北大学工作,历任经济管理学院副院长,教授、博士生导师,副校长、校党委常委、校长,1993年被国务院学位委员会批准为博士生导师;1999年任陕西省政府党组成员、秘书长,省政府办公厅党组书记、主任;2002年任陕西省安康市委书记;2004—2017年任全国社会保障基金理事会党组成员、副理事长。

主要从事宏观经济学、投资实务、国民收入、产业组织、资本市场、基础设施、数字化变革、金融科技发展及政策等领域的研究。担任第九届全国政协委员,第十七、十八届中央纪律检查委员会委员。国家中青年突出贡献专家、全国"百千万人才工程"专家、享受国务院政府特殊津贴专家。

从致知力行到踵事增华

1993年,王忠民被国务院学位委员会批准为博士生指导教师,当时正担任西北大学经济管理学院副院长的他,成为"中国经济学界最年轻的博士生导师"。

王忠民长期致力于经济学研究,是在全国较早研究"寻租与中国经济运行""垄断竞争性目标市场结构""国有资产隐形流失""资产评估市场化和赞助的规范运行模式"等问题的学者,他关于大双轨制、社会保障制度、主导产业的选择、收入分配矛盾的缓解等观点,都产生了一定的影响。1991年,王忠民的论文《对国有资产隐性流失的透视》被《新华文摘》(1991年9月)作为经济类首篇文章全文转载,在经济学界引起了强烈的反响。

狮象搏兔　皆用全力

刚上小学三年级，就赶上"十年浩劫"，到处都在停课闹革命，王忠民于是一路开开心心地玩到高中毕业。1975年，王忠民进入黄河工程机械厂，当了一名钳工。一年春节里，闲来无事的王忠民挨家挨户地看门口贴着的对联，突然发现里边有很多字自己都不认识，"这让我产生了危机感。"从此他开始有意识地到处找书看。渐渐地，书本为王忠民打开了一个崭新的世界。

1978年，正当王忠民紧张地备战高考的时候，父亲却因患脑血栓住进了医院。他立刻放下课本，赶往北京照顾父亲。就在这样艰难的情况下，王忠民依旧坚持参加了高考，终于金榜题名，被西北大学经济学系录取。

西北大学的校园里，有优秀的老师、好学的同学，更有优良的学习环境。王忠民格外珍惜这难得的学习机会，他如饥似渴地汲取知识，不放过任何对自己有所裨益的书籍。当时国家曾一度允许在校生报考研究生，王忠民得知这个消息后异常兴奋，他不但坚持每天提前预习课程内容，且下狠心苦学外语，甚至到了废寝忘食的地步。虽然这个制度只执行一年就取消了，但是它对王忠民的影响却是巨大的："我的英语水平有了很大的提高，更重要的是，我学会了自学，而不是亦步亦趋地跟在老师后边学习。"

1982年，王忠民考上了西北大学经济学系，师从著名经济学家何炼成教授攻读硕士学位。西大七年里，王忠民快速积累知识，为日后开展学术研究打下了深厚的基础。1986年，他进入中国社会科学院，在我国第一代经济学家杨坚白先生的指导下攻读博士学位。读博期间，王忠民深入研究了当时国内收入分配问题，在产业组织和收入分配研究方面形成了有代表性的观点，并产生了一定的影响。1991年10月，王忠民赴英国基尔大学开展博士后研究，这段异国学习、研究的经历让他对现代经济学有了更为深刻的把握。回国后，王忠民从讲师破格晋升为教授。1993年，年仅36岁的王忠民经国务院学位委员会批准，成为我国经济学界最年轻的博士生导师。

"成功等于天才加勤奋"，王忠民治学的严谨和勤奋，在西北大学是有目共睹的。从1985年4月《读书》杂志发表了他的处女作《生产力——经济学之皇冠》起，在不到10年的时间里，王忠民已先后有2本专著、5部译著问世，在国内外报刊上发表学术论文150余篇，共计250万余字。当学校为他申报博士生导师时，王忠民拿来的论文材料和获奖证书装满了一个大旅行包！许多老教授感慨地说："王忠民的论文，不仅数量多，而且从质量上来说，一篇顶得上有些人的十篇、百篇。"

杏坛执教　科教报国

在英国开展博士后研究期间，王忠民以中国经济现象作为研究重点，发表的论文引起了同行专家学者的好评，剑桥大学出版社约请他将《我国目前收入分配问题研究》一书译成英文，纳入"当代中国研究丛书"出版。

1993年，王忠民谢绝英方的挽留，放弃优厚的待遇，携妻女返回了祖国。他说："我是研究中国经济问题的，我的研究对象是中国，我的服务对象是中国，我的学术根据地也是中国。"回到西北大学后，王忠民积极开展对赞助经济学、拍卖经济学和民营经济学的研究。这些都是当时中国经济发展中出现的新课题，国内尚无人涉足。其中研究课题"赞助经济学"还获得了"留学回国人员科研资助费"，这是中国经济学领域最高级别的课题研究基金。

王忠民常说："理论是灰色的，思想之树长青。"作为经济学家，他有着敏锐的洞察力和严密的逻辑思维能力，始终关注并积极参与社会经济活动。在西北大学执教期间，王忠民长期讲授《西方经济学》《经济社会学》《中国现实经济问题透视与分析》等课程，并以强烈的使命感，将中国现实经济问题的理论研究、实证分析和对策建议作为研究方向。他对中国当前的收入分配、国有资产经营改革的研究和通货膨胀、双轨制等专题进行了深入探索，提出了许多具有建设性的独到见解。在对产业组织的研究中，王忠民首次提出了垄断竞争性市场结构应为我国市场结构变革的目标模式，同时最早提出"双轨收入分配理论"，开我国收入分配研究的先河。更值得一提的是，早在1991年，王忠民就根据大量的实证和分析，提议把"国有资产隐形流失"这一在当时并未受到重视的问题提到重要议程上来，并提出了许多可行性建议。时至今日，国有资产隐形流失的问题已经受到社会各界的普遍关注，而他当年提出的可行性政策建议，很多已经被有关部门采纳并加以推广。王忠民从来不囿于学术象牙塔内，他注重理论研究，更关注中国经济社会中的现实问题，所提出的许多政策性建议都被政府和企业采纳。

1997年，王忠民出任西北大学党委常委、校长。这一年，他40岁，是当时中国最年轻的大学校长；

1999年，王忠民调任陕西省政府党组成员、秘书长，省政府办公厅党组书记、主任；

2002年，王忠民任陕西省安康市委书记；

2004年，王忠民出任全国社会保障基金理事会党组成员、副理事长。

肩托新星　反哺母校

从学界到政界再到投资与资产管理，一次次的华丽转身后，王忠民的身份数次更迭。虽然离开西北大学多年，但是母校在他心里依然比什么都重要。

只要是母校发出邀请，王忠民一定会回来为师生举办讲座。他善于将高深的经济理论与鲜活的社会经济现象紧密结合，语言风趣，逻辑严密，深受师生们欢迎。一位听过王忠民学术报告的学生说："我以前认为：成功的85%来自为人处世，15%来自专业知识，因此多致力于人际学、关系学等。现在我认为两者的比重应该倒过来。"

2015年，陕西省人民政府研究院、陕西日报社和西北大学联合主办"首届陕西发展高层次论坛"，王忠民应邀参加，并在论坛上围绕"运用现代交易费用理论，促进生产要素自由流动以改善营商环境"的主题做了深刻细致的发言，提出要创造更好的营商环境，着力减少各生产要素的交易费用，并使其交易费用无限趋近于零，才能吸引各方投资。

2018年，王忠民受邀返校参加"梦回长安——百万校友回归"西北大学专场活动，以及"校友之家"揭牌、企业家校友座谈会等系列活动。活动期间，王忠民被聘任为陕西西北大学朱雀教育发展基金会名誉理事长。

在讲话中，王忠民深情回忆了自己在西北大学学习、工作多年，受惠于学校良好的学习、工作和生活氛围的经历。他说，校友要以实际行动为母校增光添彩，更要关心关注母校；"校友之家"应打造成具有社会声誉和影响力的优质校友交流平台，积淀着西大底蕴、凝练着西大精神，助力学校与校友共同发展。围绕人才培养、创业导师的责任、学科建设等方面话题，王忠民为母校提出了很好的建议。"国家逐渐形成了开放的大学教育体系和多维的经济体系，拓宽了我们的思维，给予了我们更多的可能性和庞大的发展空间。"作为陕西西北大学朱雀教育发展基金会名誉理事长，王忠民希望通过设立基金的方式推动学校建设，把基金的收益用于学校教育发展、用于孵化学生的创业项目，把企业家校友、创新创业教育、教育基金等有效链接在一起，为西大的创新人才培养做出贡献。"建设、拓展、成长，数字化教育和科研的双一流大学，西北大学当仁不让、勇于争先！"王忠民的发言，说出了广大校友的心声。

"西安是西北大学能够存续长流、发展壮大的宝地，西北大学和西安共生长、共发展，一市一校是一个生态中密不可分的两极。作为20多年前的西大老校长、西安的市民，我由衷地希望两者之间越来越密切，在未来20年、200年……西北大学和西安共繁荣、共成长。"

寄 语

有同学自四方来,不亦乐乎!学而致用之,不亦说乎!守正出奇,升维发展,不亦君子乎!

崔智林

崔智林,男,1958年2月出生,陕西府谷人,中共党员。1981年毕业于西北大学地质学系,获理学学士学位;1984年毕业于西北大学地层与古生物专业,获得理学硕士学位;2002年毕业于中国科学院南京地质古生物研究所,获理学博士学位。

1984年硕士研究生毕业后留校任教,历任西北大学地质学系副主任、教务处长、党委委员、教授、博士生导师;2006年调任西安邮电学院(现西安邮电大学)党委委员、副校长,2011年调任延安大学校长、党委副书记,2015年1月调任西安邮电大学校长、党委副书记,2015年9月任西安邮电大学党委书记,2018年退休。曾兼任陕西高教学会副理事长、全国高等教育学会理事、第十一届国家特约教育督导员、教育部高等学校地质类专业教学指导委员会委员等职,曾担任陕西省第十二届人大代表。

从事古生物地层学的教学与科研工作,先后承担各级各类科研项目30余项,发表科研论文80余篇,合作出版科研专著、教材、文集多部,获省科技进步奖2项、省教学成果奖5项、国家教学成果奖2项。

永远离不开最钟爱的校园

从求学到工作,崔智林在西北大学的校园里度过了近30年的时光。在这里,他从一位青涩的学子,成长为教授、博士生导师,并承担着重要的教学管理工作。回忆往昔,崔智林无限感慨:"西北大学培养了我、教育了我,也成就了我,对我人生和成长影响至深。西大的'公诚勤朴'校训永远感召着我,指引着我。可以说,假如当年没有考上西北大学,我个人的历史可能要重写。"

"西北大学是我梦想启航的地方"

1977年,年仅20岁的崔智林得到了一个重大的消息:由于"文化大革命"的冲击而中断了 10 年的中国高考制度得以恢复，国家将以统一考试、择优录取的方式选拔人才上大学，工人、农民、知识青年、复员军人、干部和应届高中毕业生都可以报名参加高考。

崔智林欣喜若狂，能够上大学是他一直以来的梦想，现在，他终于可以凭借着自己的努力来实现这个梦想了。经过一个多月夜以继日地复习备考，崔智林终于如愿考上了西北大学地质学系。

1978 年春天，崔智林走进了西北大学的校园。和校园里其他的"幸运儿"一样，他格外珍惜这来之不易的学习机会。每天早上，同学们都会在六点准时起床，在路灯下朗读英语。"大家都捧着书本舍不得松手，哪怕是在餐厅排队打饭，甚至是上厕所时也手不离书。"回忆本科四年在西北大学求学的时光，崔智林无限感慨。强烈的历史责任感让同学们在那些激情燃烧的岁月里争分夺秒、废寝忘食地刻苦学习，"一心想为民族振兴、国家的现代化建设贡献力量"。

本科学习期间，崔智林秉持着刻苦认真、孜孜以求的学习态度，取得了优异的学习成绩。因为对科学研究有着浓厚的兴趣，本科毕业后，崔智林同年考上西北大学地层与古生物专业硕士研究生，师从霍世诚教授。霍世诚教授是我国著名古生物学家，是西北大学地质学系古生物学科的带头人，在古无脊椎动物研究领域颇有建树，在寒武纪高肌虫、笔石等研究方向取得开创性成就。在先生的悉心指导下，崔智林开启了自己的科学研究之路。

1984 年，崔智林硕士研究生毕业后留校任教。一直从事古生物地层学的教学与科研工作，在微体古生物学、古生态学、地层古生物学、岩相古地理学等领域深入探索。为了能够更好地完成教学和科研任务，1997 年，崔智林前往中国科学院南京地质古生物研究所攻读博士学位。他投师著名古生物学家陈均远教授，从事晚古生代遗迹化石与古生态环境和沉积环境研究，顺利毕业并获得了理学博士学位。多年来，崔智林先后承担教育部人文社科基金、国家自然科学基金、中科院开放实验室基金、陕西省科学基金、陕西省教育科研、陕西社科联基金、西北大学重点攻关项目，以及横向科研合作项目等科研项目 30 余项，其中主持 20 余项。在《中国高等教育》《中国大学教学》《古生物学报》《微体古生物学报》《科学通报》《地质学报》《地质论评》《光明日报》《西北大学学报》等重要期刊上共发表科研论文 70 余篇，合作出版科研专著 1 部，合作编写出版教材 1 部，编辑出版文集 1 部，完成项目研究报告 20 余份。凭借出色的工作、优秀的成绩，崔智林一路从讲师职称顺利晋升为教授、博士生导师。

深耕西大　成就梦想

从求学到任教，崔智林在西北大学的校园里生活了近 30 年。作为一名教师，他深刻体会到教师责任重大、使命光荣："高校是立德树人育才的地方，关乎国家前途和民族未来。"而科学研究更是来不得半点虚假，需要有"板凳一坐十年冷"的韧劲和"咬定青山不放松"的执着。在长期的教学和科研磨炼中，崔智林养成了一丝不苟刻苦钻研的敬业精神，他在中国寒武纪高肌虫研究、秦岭古生代放射虫、沉积环境与古生态研究，以及地质创新人才培养模式研究等领域取得的成果至今仍有较大影响。

在西北大学工作期间，崔智林在完成教学科研任务的同时，还做了大量的管理工作。他先后担任地质学系副主任、教务处长，并作为教育部本科教学工作水平评估专家先后参加了10余所院校的本科教学工作水平评估工作。

在西北大学学习工作的时间里，崔智林深切感受到这所百年学府博大包容、朴实无华、追求卓越的优秀品格，并对她怀着深厚的感情。"一天是西大人，一生都是西大人。"在崔智林看来，西大人爱西大是发自内心深处的，并且会把这种爱转化到日常工作和个人事业奋斗中，而不是仅仅停留在口头上。

崔智林在西北大学的校园里看到过许多专家教授为科学事业和教育事业奉献一生甚至生命的动人故事，更看到过无数普通教职员工爱岗敬业、可敬可佩的故事。"2005年，为了迎接教育部本科教学工作水平评估，学校做了充分的动员和准备工作，全校上下积极行动，在'我为西大做贡献'的精神感召下，人人自觉响应，个个争先奉献。"崔智林还记得，那一年里，学校组织部和学科办公室两位参加工作时间不长的年轻同志自愿参加了学校的准备和接待工作，他们任劳任怨、夜以继日地工作，出色完成了任务。事后人们才知道，为了完成工作任务，他们都主动推迟了半年婚期。"正是由于西大人的共同努力，当年西大才在评估中获得'优秀'。"崔智林感慨地说。

"这样的事其实在西大日常工作和生活中很常见。"在崔智林看来，广大教职工甘于奉献的精神才是西北大学赓续发展最宝贵的办学优势。作为西大人，他爱西大，爱到深处难免会求全责备，甚至会抱怨上几句，但是牢骚发完，他必然会以加倍的热情和干劲，投入到学校的工作中去。

调离西北大学后，崔智林却觉得自己对西大的感情越发浓烈。在任何时候，任何场合，他都会不由自主地为西大发声，为西大尽力。

为中国高等教育事业奋斗终生

2006年，崔智林被组织上调离西北大学，先后任西安邮电学院党委委员、副校长，延安大学校长、党委副书记。2015年又调回到西安邮电大学，历任校长、党委副书记，党委书记。

在近 38 年的教学、科研和管理工作中，崔智林始终牢记高等学校在建设中国特色社会主义事业中的特殊使命和重要地位，按照信念坚定、勤政务实、敢于担当、清正廉洁的标准要求自己，把成为社会主义政治家、教育家作为自己的人生奋斗目标，无论是在教学科研岗位上，还是在管理岗位上一贯尽心尽责、勇于创新，在工作中总能找到突破口，为学校的发展打开新局面。

延安大学是中国共产党办的第一所综合性大学，培养出了许多杰出的校友，对中国高等教育做出了重要贡献。为了彻底改善延安大学办学条件，崔智林抓住延安新城建设机会，与延安市经过充分协商论证，开启了延大新校区建设。在西安邮电大学工作期间，为了进一步彰显学校办学特色，他推动陕西省政府与国家邮政总局共同建设了西安邮电大学现代邮政学院和现代邮政研究院。

在不同的工作岗位和工作环境中，崔智林始终坚持谦虚低调做人、认真高效做事，深得广大师生的信任和爱戴。无论是德高望重的老教授，还是新近参加工作的青年教师、正在求学的学生，遇到了难题和烦心事，都愿意来向崔智林倾诉，寻求帮助，而他也总是想尽办法，为师生们排忧解难，为大家创造更好的学习、工作和生活条件。崔智林为本科生教授过多门课程，指导了近 30 名研究生。他尊重每一位学生，与他们平等相待，既在学业上严格要求，又在生活中关心关爱，甚至经常自掏腰包，为学生提供经济帮助。最让崔智林欣慰的是，他指导培养过的学生中，很多人已经成为单位或部门的业务骨干或领导，在离开学校多年后，依然对母校有着深厚的情感。

自从走进西北大学的校园，崔智林就再也没有离开过自己钟爱的高校。无论是在西北大学、西安邮电大学还是延安大学，无论是作为一名普通的青年教师还是成为一所高校的管理者，崔智林始终牢记自己教书育人、立德树人的使命。怀着对学生高度的责任感，对教育事业强烈的事业心，在近 40 载岁月中，崔智林把自己最美好的年华、激情和才干，都奉献给了无比热爱的中国高等教育事业。

寄　语

西北大学是我们共同的精神家园，作为西大人，我们有责任把西大守护好、呵护好、建设好。希望西大早日建设成世界一流大学，为中华民族伟大复兴再立新功。

宋纪蓉

宋纪蓉，女，1958年出生，山东菏泽人。1982年毕业于西北大学化学系，获理学学士学位；1992年至1993年在英国Staffordshire大学研修，1997年毕业于南京理工大学应用化学专业，获工学博士学位，同年进入西北大学化学博士后科研流动站。1982年毕业留校任教，历任西北大学教授、博士生导师，化工学院院长、研究生处处长、校长助理，西北大学学术委员会委员、西北大学学位委员会副主席；2006年调任故宫博物院文保科技部主任、研究员；2010年任故宫博物院副院长、学术委员会副主任。担任十三届全国政协常委、民盟中央常委，享受国务院政府特殊津贴，国家百千万人才工程人选。

先后主持完成国家自然科学基金、科技部国家星火计划、教育部骨干教师资助计划、中国博士后基金等10余项科研项目。获陕西省科技进步一等奖、教育部科学技术二等奖等6项省部级奖。指导硕士、博士研究生30多位，在国内外学术期刊发表论文200余篇，其中100余篇被SCI、EI收录。在故宫博物院创建文物医院，完成故宫博物院博士后科研工作站建设。

由学致术　学术相通

"文化遗产是人类极其珍贵不可再生的文化财富，是一个国家、一个民族历史与文化传承的重要载体和实证，是国家、民族发展的重要历史见证和社会文明进步的重要标志。"2022年全国两会召开期间，全国政协常委、故宫文物医院院长宋纪蓉在接受专访时表示，"一定要把它们保护好，只有保护好，才能合理利用！"

16年前，宋纪蓉从西北大学来到故宫博物院，先后担任故宫博物院文保科技部主任、副院长。在故宫的红墙黄瓦间，她将现代科技与传统技艺相结合，创建了全球第一所文物医院——故宫文物医院。

把握时代机遇

瘦削的脸庞上,深邃的双眸炯炯有神,坐在高中教室里,少女宋纪蓉的目光总会不由得投向画像中的居里夫人——这位伟大的学者一生追寻真理、崇尚科学的精神深深震撼着她。她暗下决心,一定要考大学,学化学,成为一名出色的化学家。1978年,勤奋聪颖的宋纪蓉如愿考入西北大学,在化学系学习。

1982年,宋纪蓉毕业留校任教,成为西北大学化工学院的一名青年教师。"时代给了我最好的机遇,改革开放和母校的培养,才成就了今天的我。"

青年时代的宋纪蓉有着一颗好强的、从不服输的心。在课堂上带领学生们共同领略、认识化学的神奇的同时,她也从来没有放松过对自己的要求。1994年,已经晋升为副教授的宋纪蓉告别丈夫和女儿,只身前往南京理工大学攻读博士学位。1997年,她又进入西北大学化学博士后科研流动站。读博期间,宋纪蓉运用多种先进的实验和理论方法对NTO金属配合物进行了系统深入的研究,首次采用缓慢蒸发法和蒸汽扩散法制备出12种NTO金属配合物的单晶,在NTO金属配合物的合成、单晶制备、晶体结构、热分析机理、热力学参数测定和量子化学计算等多方面研究中填补了国内外空白,被同行专家评价为开创了NTO金属配合物微观层次的系统研究。

在西北大学,宋纪蓉从一名青年教师成长为教授、博士生导师,先后主持完成了国家自然科学基金、科技部国家星火计划等10余项科研项目,发表论文200余篇,其中100余篇被SCI、EI收录,培养硕士、博士研究生共计30多人。在潜心科研教学的同时,她心系学校发展,承担了大量的管理工作,先后担任化工学院院长、研究生处处长、校长助理,为西北大学化学工程学科、学校的学科建设与发展倾尽心力。

创建文物医院

2006年,宋纪蓉调任故宫博物院文保科技部主任。

人到中年,却进入了一个全新的领域,宋纪蓉却很坦然:"从事文物保护工作的人士,很多都是学化学的。我的同班同学毕业后就有进入秦始皇兵马俑博物馆、碑林博物馆的,就是搞文物保护。"她相信在这个新的岗位上,自己丰富的化学知识一样可以有用武之地。

故宫的许多文物经过漫长岁月,由于自身的老化、环境的影响以及人为的因素,亟待保护修复。以科学家的严谨和敏锐,宋纪蓉注意到,虽然故宫里有身怀绝技的修复师一直在修复文物,但是文物修复前的状况,选择的修复材料,修复的工艺、技法,包括修复过程和修复后文物的状况等,都没有留下详细的文字记载。这对于文物的历史、文化、艺术、科学信息的记录,文物保护修复技艺的传承,不能不说是一个遗憾。进入故宫博物院工作后,宋纪蓉做的第一件事,就是用科学的思维和方法建立文物修复档案制度。

经过调查、研究,反复切磋、修改、斟酌,宋纪蓉和文保科技部的同事们构建了一套比较完整的、科学化、规范化的文物修复档案体系。该体系的建立,有助于文物保护修复工作更加科学化、规范化,同时也为文物的研究、保管、利用与再修复提供了重要的依据,为非物质文化遗产的传承奠定基础。在宋纪蓉的努力下,2008年以来,故宫博物院成功获批古书画装裱修复、青铜器修复及复制、古书画临摹技艺、古钟表修复等多项国家级非物质文化遗产。

"如果将文物修复看作是给文物'看病',手艺超群的修复师就是经验丰富的大夫。想要修复好文物仅仅靠经验是不够的,还要借助现代科技的支持。"参照医院的模式,宋纪蓉率先提出了"文物医院"的概念。在她的积极推动下,2016年底,全球第一家文物医院——故宫文物医院落成。

1.3万平方米的故宫文物医院有25个分析检测室和16个保护修复室,是国内面积最大、功能门类最完备、科研设施最齐全、专业人员数量最多的文物科技保护机构。近170名文物医生中,相当一部分拥有硕士、博士头衔。

如今,故宫每年都有几百件文物送到文物医院,在运用现代的分析仪器设备为文物"体检"后,得出诊断报告,制定出最小干预的文物保护方案,才能开始修复。宋纪蓉把化学实验室的规章制度引进了文物医院:"修复时动过哪些'手术'、用过什么材料、出院后应该如何收藏等等,都要一一记录下来。未来我们会为故宫每一件文物都在文物医院建立电子病历。"

心系母校　薪火相承

"化学是一门实验学科,也是一门应用科学,只有把所学到的化学知识应用到实际中去,才能最大化地实现它的价值。"宋纪蓉与同事们一起建立了文物医院,将科学技术与传统技艺相结合,使文物保护修复科学化。故宫文物医院在国际文物保护修复领域得到了广泛的认可,宋纪蓉多次参加国际学术会议,并当选为国际文物修护学会理事。

故宫文物医院建立起来了,文物保护修复人才短缺的问题显得更为迫切。宋纪蓉认为,故宫博物院应该与一些高校联合建立文物医学院,培养更多实用型的、符合文物保护修复需要的文物医生。"经过几代人的努力,中国的文化遗产一定能够得到更好的保护。"

在为文物修复保护人才短缺而忧心时，宋纪蓉想到了自己的母校。

1956年，西北大学继北京大学之后，成为全国第二家正式设立了考古学专业的高校。1989年，西北大学设立全国首个文物保护技术专业，2008年率先开设文化遗产管理方向，是中国文物事业人才培养和科学研究的重要力量。宋纪蓉在故宫博物院工作后，多次返回西大，向师生介绍传统的文物修复技艺以及现代科学技术手段在文保中的应用。

2016年，在宋纪蓉的推动下，故宫博物院与西北大学联合成立"故宫学院（西安）"。"故宫学院（西安）"整合资源，将人才培养与文物保护工作相结合，形成具有时代特色的新成果，为文化强国、文化强省做出了积极贡献。

2017年10月，故宫博物院与西北大学签订"一带一路"合作协议。合作内容涵盖了文物修复与保护、珍宝陈列与展示、学术研究与交流、文化传承与传播、社会教育与服务等领域，充分发挥了西北大学在人文社会科学领域的深厚积淀和学科优势。

2018年10月，故宫博物院、敦煌研究院、陕西省文物局与西北大学共同建设的"西北大学文物保护修复学院"成立。"学院将充分利用四方共建单位的文物保护修复专业技术资源，创新研究型文物修复人才培养模式，为国家文物保护修复事业提供人才支撑。"在宋纪蓉看来，西北大学文物保护修复学院的成立是一个全新的起点，对推动中国文物保护事业的发展具有极其重要的意义和作用，而她自己，也会继续为将西北大学文物保护修复学院建设成为世界一流、理念先进、聚拢人才的高地拼尽全力。

（熊晓芬）

寄　语

期盼西北大学文物保护修复学院建成世界第一所文物医学院，培养更多的文物医生，建设更多的文物医院。

翟刚毅

翟刚毅，男，1958年8月出生，陕西西安人，中共党员。1982年毕业于西北大学地质学专业，获理学学士学位；1991年9月，毕业于中国地质大学（北京）矿产普查与勘探专业，获理学硕士学位，2002年1月毕业于同校同专业，获理学博士学位。曾先后任中国地质调查局基础调查部副主任、中国地质调查局油气资源调查中心副主任，中国地质学会非常规油气地质专业委员会秘书长。现为中国地质调查局油气资源调查中心教授级高级工程师、二级教授。西北大学地质学系兼职教授。

作为中国地质调查局油气资源调查中心首席科学家，翟刚毅创新复杂构造区海相页岩气富集成藏理论与模式，创新提出逆断向斜控藏、古隆起边缘控藏理论及三位一体页岩气富集成藏理论认识。发表论文30余篇，出版著作11部，获国家发明专利和实用新型5项。获国家科技进步奖特等奖1项，省部级特等奖1项、一等奖2项、二等奖3项。享受国务院政府特殊津贴的有突出贡献专家，获得第15次"李四光地质科学奖"野外奖。

野外是最好的实验室

作为恢复高考后西北大学地质学系的首届毕业生，翟刚毅毕业40年来，长期在秦巴山区、青藏高原、武陵山区等艰苦地区从事野外地质调查和科研工作，具有丰富的理论知识和扎实的野外功底。早在20世纪80年代，翟刚毅基于在西北大学地质学系学习掌握的深厚的地质知识，凭借着严谨的科学态度，精细测制了柞水石瓮子—镇安古道岭泥盆系剖面，发现了一套从河口湾—潮坪—台缘礁—深水陆棚相沉积体系和典型沉积学标志，并获批为陕西省第1号自然遗迹保护点。现该剖面已成为西北大学地质学系野外教学实习基地，也是翟刚毅心系母校、传承梦想的基地。

勇于探索　让页岩气不再是四川盆地"特产"

进入21世纪以来，随着水平井大规模压裂技术的成功应用，世界页岩气工业获得快速发展。我国从2004年开始学习国际先进经验，并且在四川盆地稳定构造区志留系取得突破。而盆外复杂构造区广泛分布的志留系，被业界普遍认为没有前景。"如果说页岩气只存在于四川盆地这样的地质构造中，别的地方都没有的话，那我国的页岩气前景相当不乐观。"翟刚毅认为，进行页岩气勘探开发必须跳出四川盆地，放眼全国。

作为中国地质调查局南方页岩气基础调查工程首席科学家，翟刚毅带领团队聚焦盆外复杂构造区志留系页岩气富集成藏机理，从野外地质调查做起，多次率队赴贵州、湖南、湖北、广西、云南等地开展野外调查。

得益于西北大学张国伟院士构造地质学亲传，翟刚毅带领团队在深入研究武陵山构造带构造样式和演化历史基础上，提出"逆断向斜封堵"页岩气成藏模式，认为具有逆断层封堵的残留向斜下盘具有良好的页岩气保存条件。他总结提出了"深水陆棚相页岩、稳定构造保存、地层超压"的三位一体的页岩气高产富集理论。在很多人不看好地震预测地层压力的情况下，作为工程总指挥，翟刚毅大胆尝试，果断决策，在贵州正安地区安场向斜西侧压力高异常区，部署实施安页1井。该井在二叠系栖霞组、志留系石牛栏组和龙马溪组、奥陶系宝塔组，获得"四层楼"天然气重大突破。其中石牛栏组直井压裂获10万方/日稳产高产气流，为中华人民共和国成立60年来四川盆地之外油气调查重大突破，该区块现已成为盆外复杂构造区唯一开发的页岩气田。

安页1井油气调查的重大突破被何继善、康玉柱等7位院士称作是"历史性""里程碑式的"，认为其"对于南方复杂地质构造区和贵州省油气勘查是开天辟地的，圆了中国地质工作者和贵州人民60多年的油气梦。"时任国务院副总理张高丽对该成果给予了重要批示。

不断创新　实现古老层系油气勘查重大突破

除志留系之外，我国寒武系、震旦系富有机质页岩厚度大、分布广，但由于时代老、热演化程度过高，石油公司10多口钻井均未获得突破。如何"高中找低"是实现震旦系和寒武系等古老层系页岩气突破的"卡脖子"问题。作为国家科技重大专项《页岩气资源评价方法与勘查技术攻关》项目负责人，翟刚毅带领团队，从区域构造演化史、页岩埋藏史和生烃史入手，围绕如何"高中找低、强中找弱"，创新提出了"古老隆起边缘"页岩气控藏模式。认为古老隆起边缘斜坡带埋藏浅、深埋时间短、构造稳定、热演化程度相对较低，具备良好的页岩气成藏地质条件。据此，他带领团队优选鄂西黄陵背斜和神农架、陕西汉南古陆等寒武系、震旦系页岩气勘探有利区，指导页岩气地质调查项目实施了一批钻井，取得页岩气重大突破。

在此理论指导下，作为总指挥，翟刚毅在黄陵背斜南翼部署实施鄂阳页1井，获得寒武系牛蹄塘组和震旦系陡山沱组页岩气重大发现。作为鄂阳页1HF井、鄂阳页2HF井水平井钻探及压裂试气现场总指挥，他带领团队创新"低压、低温、高钙、水平应力差异大"的储层改造新方法，在寒武系牛蹄塘组获得页岩气最高产量17.14万方/日，稳定产量7.83万方/日，计算无阻流量28.84万方/日。在震旦系陡山沱组获得5.85万方/日稳定高产工业气流，实现了盆外复杂构造区低压页岩气储层产能重大突破。

童晓光院士等专家对这一重大突破给予了高度评价，认为其"开辟了盆外复杂构造区页岩气勘探开发的新区、新层系。探索形成的低压、低温复杂储层的压裂改造技术体系，填补了国内低压页岩气试采工艺的空白。首次在低压复杂构造区实现了高产工业气流，该成果具有重要的创新性、开拓性、引领性和示范性，对支撑长江经济带页岩气能源基地建设具有重大意义。"

砥砺深耕　探索我国特点页岩气富集成藏理论

不同于美国稳定的地盾构造背景，我国地质构造演化复杂、富有机质泥页岩类型多样，不适用北美页岩油气成藏理论。2016—2020年，翟刚毅主持国家重大科技专项《页岩气资源评价方法与勘查技术攻关》项目，聚焦影响盆外复杂构造区页岩气勘查突破关键难题，从页岩气形成富集"源—成—藏"三要素深入研究出发，提出了"岩相控碳、成岩控烃、构造控藏"复杂构造区页岩气富集成藏理论，建立了"七岩相、四演化、七构造"页岩气富集成藏模式，指导南方页岩气调查在黔北正安、鄂西宜昌、陕南汉中、鄂西建始、皖南宁国等25个新区，震旦系陡山沱组、寒武系牛蹄塘组、志留系龙马溪组和石牛栏组、二叠系大隆组、龙潭组和孤峰组等10个层组获得页岩气、油气重要发现。

针对我国南方页岩沉积类型多、构造活动强烈、页岩气形成富集条件差异性大，以及勘探程度差异性大等特点，翟刚毅提出了成因分类、勘探程度分级的差异化资源评价方法与参数优选原则思想，探索建立了"地质—技术—环境—经济"四位一体的页岩气评价方法体系，以及以含气性为主要素及其相关要素耦合的资源评价参数体系，组织完成全国8个层系页岩气资源潜力评价，优选评价了一批重要的页岩气远景区，为页岩气勘探开发提供了重要的科学资料。

注重实践　创新地质调查方法体系

2002—2010年，翟刚毅负责全国区调工作，带领组织全国30多支区调队伍，历时7年，完成了青藏高原空白区120万平方千米1∶25万区调填图，取得一系列地层、构造、古生物原创发现，发现和厘定了20条蛇绿混杂岩带，发现600多处矿点，为后期冈底斯及班公怒江带多金属成矿带的发现奠定了基础。填补了我国中比例尺区域地质调查的空白，被认为是中国地质历史的里程碑。在担任"青藏高原地质理论创新与找矿重大突破"项目办主任期间，他组织开展了横穿高原玛曲—昌都、格尔木—日喀则、聂拉木—荣玛地质大剖面研究，建立了青藏高原地质构造格架和地层系统；组织完成了首份青藏高原大地构造、地质、岩浆岩和13个时代的岩相古地理图，为青藏找矿突破奠定了坚实基础。

聚焦我国城市化快速发展的国土空间利用与地质环境问题，2004—2010年，翟刚毅负责组织上海、北京、天津、广州、杭州、南京等6个城市地质调查试点，突破以往单一的以工程地质和地下水资源为主的城市地质调查，从大气圈、生物圈、水圈和岩石圈相互作用，深部与表层地质作用耦合以及人类活动叠加影响出发，融合地质学、环境科学、城市规划学、建筑学和信息科学等多学科，聚焦生态环境保护、减灾防灾和国土空间格局优化三个重点，建立了多参数城市三维地质调查体系。

该项目系统查明了6大城市工程地质、水文地质、环境地质和地下空间资源状况，创新建立了城市的地质信息管理服务系统和三维可视化数字模型，实现了城市多专业、多元、异构综合信息的一体化组织管理和可视化决策服务，在城市建设、规划和应急抢险中发挥了重要作用，带动并指导了全国30多个城市地质调查工作开展。

从探解地质构造，到编写地质图，翟刚毅的地质人生开启于野外，扎根于野外，"科研人员要将论文写在祖国大地上，这就是我们的真实写照。"虽已经年过六旬，他依然带领团队踏遍山河，继续行进在科学报国的征程上。

寄　语

肇始陕京大学堂，抗战联合度沧桑。"二一一"，"双一流"，公诚勤朴树校风。恢复高考惠开放，泥腿少年有学上。新时代，新征程，西大扬帆建新功。

刘买利

刘买利，男，1958年12月出生，陕西蓝田人。1982年毕业于西北大学化学系分析化学专业，获理学学士学位；1996年毕业于英国伦敦大学Birkbeck学院化学系，获理学博士学位。1982年8月—1993年9月，在西北大学分析测试研究中心工作，历任研究实习员、助理研究员、副教授，其间曾担任西北大学分析测试研究中心副主任；1993年9月至1996年9月，在英国伦敦大学Birkbeck学院化学系攻读博士学位；1996年10月，在中国科学院武汉物理与数学研究所进行博士后研究工作；1998年5月，博士后出站留所工作，入选中科院"百人计划"，同时被聘任为研究员。现任中国科学院精密测量科学与技术创新研究院研究员、院士，国家大型科学仪器中心武汉核磁共振中心主任。

长期从事生物核磁共振波谱分析技术、方法与应用研究。基于多级激发和分时演化的思想，建立的水共振信号的消除方法已成为生物NMR研究的经典方法；利用自旋交换机制，解决了共振频率与水相近的生物分子信号被同时抑制的问题；提出并建立了基于扩散-弛豫加权理论，编辑和简化高度重叠的生物核磁共振谱的方法；在促进生物NMR波谱分析学科和队伍建设，以及NMR谱仪研制中发挥了核心作用。2021年4月被中华全国总工会授予"全国五一劳动奖章"。2021年，当选中国科学院院士。

永远向母校致敬

1978年，刘买利成为恢复高考后第二批考入西北大学的幸运者。在金秋时节，他离开家乡蓝田县，走下"白鹿原"，走进古城西安，开始了向往已久的大学生活。"在我出生前一个月，蓝田县被划归西安市，3年后被划归渭南地区；在我大学毕业一年多后，蓝田又被划归西安市。"说起蓝田与西安的这段归属上的"渊源"，刘买利笑了，"说起来，我是离开家乡又没离开家乡的求学者。"

西北大学1978级化学系共有91位学生，分为化学和分析化学两个专业，编成甲、乙、丙三个班。四年级时，结合专业调整，又被分为有机化学、无机化学、物理化学和分析化学四个班。刘买利先在甲班，后进入分析化学班学习。在刘买利的记忆中，当时化学系学生的化学基础课与生物系的学生一起上，属超大班；物理系学生的数学课与数学系的学生一起上。刘买利的同班同学中，4个化学专业的都有；而他的同课同学，则遍布化学系和生物系。"这可能就是'变'与'不变'的统一。可见学校对学生的基础课要求非常高，我们是受益者。"

在西北大学太白校区里，刘买利度过了4年难忘的时光。紧邻化学楼的紫藤园，记录下了刘买利和同学们晨起朗朗的读书声，更留下了他们辛勤的汗水和纯真的笑语。"老师们一点一滴地把系统的化学基础知识和实验技能传授给我们，而他们的言传身教，更使我们立志成为有益于国家建设、有益于科教事业、满怀抱负的青年人和有担当的一代。"刘买利至今仍清楚地记得，陈佩珩教授在毕业典礼上勉励大家——不期望你们把所学的一字不忘地记着，需要时知道到哪里去找就足够了；到新岗位后，你们要定好位，从底层一步一步往前走。"这，让我永远受益。"刘买利深情地说。

大学毕业后，刘买利留校，在西北大学分析测试研究中心工作。西北大学分析测试研究中心成立于1978年，当时大学和社会上的研究机构中普遍建立"分析测试中心"，但是叫"分析测试研究中心"的却不多见。刘买利认为，在"分析测试研究中心"中加上"研究"二字，正是体现了学校的远见卓识。当时中心主任由杜文虎教授担任，邢如龙任支部书记，作为校园里"龙虎"名人的麾下，刘买利首先学会的是，不能完全依赖"先进"仪器，一定要自己动手。1993年4月，刘买利担任了分析测试研究中心副主任，他的管理能力得到了很大的锻炼和提升，为以后担任国家重点实验室主任和中科院研究所所长积累了宝贵的经验。

"西北大学对青年教师的培养是全方位的，我是受益者之一。"说起在西北大学工作的经历，刘买利深有感触。学校注重青年教师综合能力的培养和锻炼，特别鼓励教师之间跨系、跨部门进行合作。在学校工作期间，刘买利参与了物理系何大韧教授主持的金刚石薄膜课题组的研究，与王望弟、姚合宝等成为同室研究伙伴。学校为青年教师举办了英语提高班，更让他有机会与来自不同系、教研室的老师成为"同学"："还有机会接触来自世界各地、不同学科背景的来校合作交流的优秀学者。长知识了！"

1987年，西北大学分析测试研究中心使用世界银行贷款增添了一批大型仪器，具备了较完善的理化测试能力。1989年，学校购买了一台AC-80核磁共振谱仪，安置在分析测试研究中心，刘买利随之转为开展核磁共振研究。1990年，刘买利公派赴英国进修时，杜伦大学（Durham University）的固体核磁共振著名专家 Harris 教授和维康研究所（Wellcome Research Laboratories）的 Lindon 教授都向他发出了邀请。刘买利最终选择了前往 Lindon 教授的实验室工作，正是因为西北大学有一台液体核磁共振谱仪。

在 Lindon 教授的实验室进修一年，刘买利收获颇丰。在按期回校工作两年之后，他再次获准赴伦敦，在 Lindon 教授的指导下攻读博士学位。伦敦大学 Birkbeck 学院的 Nicholson 教授也担任了刘买利的导师，"Nicholson 和 Lindon 教授最早提出'代谢组学'的概念，他们的学识和远见使我受益。"在两位教授的精心指导下，刘买利顺利完成了博士论文，并建立了最高量子滤波的核磁共振方法。

1996 年 10 月初，刘买利学成归国。当时中国科学院武汉物理与数学研究所（后与中国科学院测量与地球物理研究所融合组建为中国科学院精密测量科学与技术创新研究院）拥有波谱与原子分子物理国家重点实验室，已经对核磁共振研究产生了浓厚兴趣的刘买利不禁心向往之。在西北大学的大力支持下，他前往武汉，师从叶朝辉先生开展博士后研究工作。

1998 年 5 月，刘买利博士后出站留所工作，入选中科院"百人计划"，同时被聘任为研究员、博士生导师。在其后的多年里，他长期从事生物核磁共振（NMR）理论及实验方法的研究，先后获国家杰出青年科学基金，基金委创新群体、重大和重点项目，科技部重点研发计划项目等的支持；并先后担任波谱与原子分子物理国家重点实验主任、中国科学院武汉物理与数学研究所所长，以及基金委科学部咨询专家、重点研发计划核心专家组成员等。

刘买利聚焦生物核磁共振（NMR）波谱分析化学技术、方法和应用研究，取得了一系列创造性成果：针对复杂生物样品溶剂（水）共振信号干扰、组分 NMR 信号重叠等基础问题；基于多级激发和分时演化的思想，建立的水共振信号的消除方法已成为生物 NMR 研究的经典方法；利用自旋交换机制，解决了共振频率与水相近的生物分子信号被同时抑制的问题；提出并建立了基于扩散-弛豫加权理论，编辑和简化高度重叠的生物核磁共振谱的方法；在促进生物 NMR 波谱分析学科和队伍建设，以及 NMR 谱仪研制中发挥了核心作用。同时还积极推进生物核磁共振波谱分析学科建设、队伍建设和平台建设，两度获得国家基金委创新研究群体的支持，武汉核磁共振中心已经成为我国标志性的国家大型科学仪器中心之一，为我国波谱分析学科的发展做出了重要贡献。多年来，刘买利发表论文 280 余篇，获授权发明专利 50 余件，曾获"全国五一劳动奖章"、湖北省自然科学一等奖（R1）和科技发明一等奖（R2）等荣誉。2021 年，刘买利当选中国科学院院士。

"这些成绩的取得,首先得益于我在母校经受的全面教育,得益于成长过程中前辈们的辛勤培育。"回望曾经在西北大学校园里度过的青春岁月,刘买利衷心感谢母校对自己的培养和支持,他真诚勉励在校学习的西大学子:"我相信你们能成功,而且比我们做得更好!"

寄 语

对学弟学妹们,我想说,让我们一起,学好基础,练好技能,树立信心,勇于创新,成为让父母骄傲、母校自豪、祖国信赖,事业有成的西大学子。

罗晓容

罗晓容，男，1959年出生，四川成都人，博士，研究员。1982年毕业于西北大学地质学系石油地质学专业，获学士学位，后继续在校攻读硕士研究生学位，并于1984年获得工科硕士学位。毕业留校任教后赴法国深造，于1994年获法国蒙波利埃第二大学理科博士学位。1996年归国后进入中国科学院地质与地球物理研究所工作，任研究员。现任西北大学地质学系特聘教授，并任中国地质学会油气地质专业委员会委员、中国石油学会油气地质专业委员会委员、油气运移学组组长。

罗晓容致力于油气运聚成藏动力学研究，从实例解剖到模型建立，再到物理模拟实验和数值模拟分析，在盆地流体压力形成机制和演化过程、输导层非均质性表征与运移轨迹追踪、油气聚集规律与预测方法等方面开展了系统工作，创建了油气运移定量动力学研究理论与方法，取得了系列的创新成果，应用于油气资源评价和油气藏预测，在我国各大盆地多个探区指导勘探获得新发现，推动发现新储量。在相关方向共发表专著4部，科学论文178篇，其中SCI论文66篇（第一作者22篇，通讯作者14篇）、EI论文65篇。获得国家科技进步奖二等奖2项（2013年，排名第三；2016年，排名第三）。

主要学术成就：

1. 将多相渗流理论引入油气运移研究，认识了运移路径形成及其中油气连续运移的微观机理，厘定了运移路径非均匀性特征及形成的动力条件，揭示输导层物质组成和孔渗物性非均质性普遍具有结构特征，油气在其中运移和聚集的方式与传统认识大不相同：近烃源洼陷和斜坡上油气可以大面积滞留、甜点式聚集，是资源潜力巨大的勘探新领域，也为常规油气与非常规油气的动力学统一性奠定了基础。

2. 提出地层压力异常形成—消散统一的动力学概念模型，明确了超压形成、维持与消散耦合的地质过程，推导出盆地尺度二维两相、二维侧向挤压应力作用及断裂连通等复杂地质条件下的多相渗流方程，建立了通用的地下流体势场定量分析方法；系统解析了沉积盆地中异常流体压力形成和消散的机理、过程和影响因素。

3. 针对运移研究中定性分析为主、难以实际应用难题，提出地下油气运移实为无数物理过程叠加复合所构成的地质过程的观点，建立了既适于微观机理分析又可在盆地尺度应用的运移数值模拟方法，推导出盆地尺度油气运移动力方程，实现了对复杂油气运聚成藏过程的定量化研究，为破解长期制约油气藏定量评价和预测的难题提供了有效可行的方法。

4. 针对叠合盆地中复杂油气运聚成藏过程，提出了"单期单源分析、按序复合叠加"的成藏分析方法，将复杂含油气系统划分为一系列时—空范围确定的简单油气运聚单元，分别定量分析、按时序复合叠加，认识复杂油气运聚成藏过程。建立了输导系统中不同类型输导体的渗流参数统一和量化表征，形成了实用的油气运聚定量分析方法流程，形成了全过程物质平衡定量分析的资源评价和勘探目标预测方法。

5. 所提出的油气运移新理论认识及定量化技术方法在中国渤海湾、鄂尔多斯、塔里木、柴达木等多个盆地推广应用，评价油气资源、预测勘探目标，对发现新储量发挥了重要作用，取得明显成效，获得业界的认可和好评。

寄　语

忠于心、勇于行、能于事，公诚勤朴，功成自然。祝愿母校胸怀全国，放眼世界，展望未来。

冯 仑

冯仑,男,1959年7月出生,陕西西安人,中共党员。1982年毕业于西北大学经济系,获经济学学士学位;1984年毕业于中央党校,获法学硕士学位;2003年毕业于中国社科院研究生院,获法学博士学位。1984—1991年,先后在中央党校、中央宣传部、国家体改委、海南省改革发展研究所任职;1991年创业投资成立万通集团,任董事长;参与创建中国民生银行并任董事;1999年联合万科、建业等公司发起成立中国城市房地产开发商策略联盟(中城联盟),为第二任轮值主席,后担任全国工商联住宅产业商会轮值主席。被选为阿拉善SEE第四任会长,并发起和创办爱佑慈善基金会等23家公益机构。2015年起任御风集团董事长,投资于大健康不动产及财经新媒体"冯仑风马牛"等。

编译《狂飙突进——马克思的心路历程》《中国国情报告》《野蛮生长》《理想丰满》《行在宽处》《岁月凶猛》等著作,策划拍摄专题片《居住改变中国》。

毕业四十年,奋斗永向前

谈起在企业经营和从事公益事业当中的切实感受,冯仑非常感慨:"如果说改革开放几十年有一个烙印,这些事已经深刻地烙在我的身上,我也将为它继续前行下去,直到永远。"

书生抱负

40年之后,冯仑还清楚记得第一天上大学的情景:"1978年2月,春节过后的一天,云低气晦,太阳无力但有些温度,我张望着走进西北大学。在报到的地方,我见到很多'来路非常奇怪'的同学:有十八九岁和我一样大的,也有30多岁甚至带着孩子的;有来自农村穿着黑棉袄的,也有穿着军装的……和这样一群个性迥异的人一起报到,并且即将要成为同学,我感觉到有些紧张,有些新奇,也有些期待。就这样,我开始了"文革"后第一届(1977级)的大学生活。天慢慢暖和起来,人们的心思也逐渐苏醒。"

1978年年底,中共中央在北京召开了十一届三中全会,新时代就这样不知不觉地开始了。20岁,冯仑光荣加入中国共产党,很快成为班上的党支部委员。春天里,同学们也变得活跃起来,积极思考,随之出现了一批一批的小团体。中文系办了文学刊物《希望》,冯仑所在的经济系也印刻了一本小杂志,叫作《经济初学》。那两年,知识青年回城让城市的就业压力非常大,冯仑尝试用经济学的知识,用非传统的方法寻求解决这个问题的方法。

1982年大学毕业,冯仑考上了中央党校的研究生。他不安于只在书斋里看书、研究和思考,更希望与现实中的变化有所联系,党校一毕业就主动要求带职下放,去最底层的生活当中体验中国国情。于是他到了武汉搪瓷厂做党办副主任,之后又去了武汉市经委,在综合处任副处长。冯仑开始积极关注、研究和参与经济改革。海南建省,他在海南担任改革发展研究所常务副所长。

创业先锋

20世纪90年代初,冯仑离开了体制,想找到一个新的发展方向。1991年,冯仑和朋友们一起,创办了自己的公司。公司起初叫"海南农业高技术投资联合开发总公司",简称"农高投",后来发起设立万通集团。"万通"在中文里有"万事亨通"的意思,英文词组合van-tone有"先锋""前卫"的含义。当时,他们的平均年龄不到26岁。

做生意初期,没有自己的资本金,一切都靠借款。于是发动所有人出去借钱,从3万、5万、7万、10万、15万、20万元,一直借到500万、1800万元,直到做完第一个项目——海口的"九都别墅",才开始赚钱。

1992年,公司成立一周年。冯仑等人把公司的创立日,即9月13日确定为"反省日"。从那时候到现在将近30年的时间,冯仑每年都在反省。第一个"反省日"是1992年9月13日,冯仑等六人和所有的员工一起开了两天会。大家讨论了当时可能遇到的所有问题,并记录了下来,由冯仑和王功权执笔,写成了一篇文章《披荆斩棘,共赴未来》。通过反省,企业文化、使命、价值观被浓缩成一句话:"以天下为己任,以企业为本位,创造财富,完善自我",后来又浓缩成四个字:守正出奇。

1993年后,冯仑如饥似渴地研究《公司法》,逐渐把他们的江湖组织向公司靠拢,就是把朋友、哥们变成股东关系,大哥变成董事长;内部的成员不是江湖上的"马仔",

而是员工。1996年冯仑参加了中欧商学院的第一期董事培训班，发现《公司法》中规定的董事会，居然有这么复杂的一套游戏规则。从那时到现在，冯仑一直是专业的董事长，没做过一天总经理，算是一个在职时间最长的董事长。

冯仑的公司发展至今，从房地产开发，到大健康不动产，一直受到市场欢迎和客户好评。他最自豪的项目至少有三个：一个是"台北2011"，这是在台北淡水地区建造的高端别墅，是100年以来大陆在台湾的第一个房地产项目，卖得非常好。另一个是在北京后海建造的单体四合院，2 800平方米，几个亿的收入。还有一个是在美国纽约重建的世贸中心里做了几层楼的"中国中心"，坚持了16年终于完成了。

冯仑在回忆40年经历时表示："我相信，一大批企业家群体的出现，加上市场经济制度体系的完善，一定能推动中国经济持续增长。"

公益标兵

2004年初的一天，冯仑的一位专门做投资的朋友王兵来找他："国家已经公布了《基金会管理条例》，我们是不是能够一起来做？比如每个人拿100万元，共同发起一个基金会。"这就是现在广为人知的爱佑华夏基金会的缘起。

冯仑等人共同投入到最初的公益慈善事业当中。爱佑初期，他们不懂得怎么去做，只是觉得这件事情很重要，必须要去做。这之后不久，在刘晓光的倡导下，他们和近百位企业家又一起发起了中国最大的民间环保机构：阿拉善SEE生态协会（以下简称阿拉善）。

第一次创办一个生态协会，也是一个挑战。冯仑、王石等企业家在阿拉善的组织下，认认真真地到美国、英国等地考察，学习公益基金的设立、运营、募款的规则。之后李连杰创办了壹基金，在他的倡导下，冯仑和马化腾、王石等企业家先后加入，逐步把这个最初的救灾组织从一个私募的民间组织改制成国内第一家民间发起的公募基金会。

四川"5·12"大地震后，为了解决救灾的问题，冯仑和大家又到日本学习如何抗震救灾。从那以后，只要企业发展到相对稳定的阶段，一大批企业家都会积极做公益，而且不仅仅是捐一点钱，更多的是捐10亿，甚至是上百亿。更为重要的是，这些捐款都落在了基金会等专业机构当中。从爱佑华夏到现在，几乎每天有两个基金会创立，到目前为止有全国已有7 000多家公益组织。

冯仑一口气参加了许多公益组织的创立和运营。除了爱佑华夏、壹基金和阿拉善，他和一些朋友先后创办了故宫文化基金会、万通公益基金会、红树林基金会等等，到2020年已有23个之多。

现在，每年民营企业贡献给社会的慈善基金已经超过1 000亿元人民币，被公益机构雇佣的人数超过了千万人。这是值得骄傲的一个进步，也是1978年改革开放以前所想不到的。过去人们是通过单位、组织得到照顾，现在单位和组织的边界被打开，人与人之间的流动增加，不仅有社会整体福利的照顾，又出现了这七八千个慈善基金运营1 000亿元的资金和1 000万人的互相照顾，从而有效解决社会进步当中暂时出现的困难和亟待解决的问题。

现在爱佑华夏这一个基金会一年能够帮助20 000例患先天性心脏病的贫困儿童。当这个工作持续进行下去，它也许会成为全球最大的心脏病基金会。以阿拉善为例，它是全国最大的民间环保机构，有1 000位企业家为这个环保机构工作。他们关注的环保议题除了阿拉善的治沙，还有深圳的红树林、湖北武汉的江豚、陕西的秦岭、重庆的长江，以及三江源、淮河、滇池的保护。这是一个极其让人兴奋的改革过程，也是改革的一个成果。

寄　语

千年立杏，百年树人。西北大学走过百年，恰双甲子校庆之际，希望母校在中华民族的伟大复兴征程中勇于担当、诲人不倦，革故鼎新、源远流长。

简劲宏

简劲宏，男，1959年8月出生，广东佛山人。1982年毕业于西北大学数学专业，获理学学士学位。1984年任教于深圳大学，曾任上海天极盛宅置业公司总经理、海南天极置业公司总经理、美国梦幻乐园（上海、武汉公司）总经理、上海国际汽车城置业有限公司总经理、上海家化置业有限公司董事长、上海家化富欣房地产公司总经理、上海陕西商会名誉会长。

现任上海西华外籍人员子女学校董事长、西北大学第三届理事会副理事长、西北大学校友总会第五届理事会副理事长、西北大学上海校友会会长、陕西省楠竹教育基金会理事长、上海交通大学中国CEO俱乐部副会长、上海高级金融学院校友会理事、上海西安商会名誉会长等。

永远怀着一颗赤子之心

作为中国改革开放后最早一批房地产企业家，简劲宏投身国内外房地产商业投资和开发管理20余年，在广州、上海、西安等地开发建设各类商业、住宅、别墅等项目数十个，以超前理念和创新模式引领地产行业的发展，为地区经济和企业民生做出了突出贡献。多年来，在为事业打拼的同时，他热心公益，投身教育，彰显了新时代企业家的担当和情怀。

一天西大人　一生西大情

1978年，简劲宏走进了西北大学的校园，成为数学系的一名新生。西北大学数学学科肇始于1923年，著名数学家熊庆来教授创设的数学系是学校历史最为悠久的系科之一。大学四年，简劲宏格外珍惜来之不易的学习时光，在老师们的悉心指导下，他和同学们一起发奋苦读，立志要为建设祖国贡献力量。

在收获知识的同时,简劲宏将西北大学的精神特质深深融进了自己的血脉:"母校坐落在古城西安,西北人特有的朴实、厚道、勤谨,学校'团结、进取、民主、奉献'的校风对我们都有很大的影响。"毕业后,他曾任教于深圳大学,并在多年辗转商海后投身房地产业,在多家公司担任董事长、总经理。不论身在何处,不论从事何种工作,更不论身份地位发生了怎样的变化,简劲宏对母校的眷眷深情,从来未曾改变。在事业取得成功之后,他义无反顾地投身公益教育事业,回报社会,反哺母校。

"一天西大人,一生西大情。"虽然已经离校多年,母校的校园永远是一片让简劲宏魂牵梦萦的热土。"能在西北大学数学系求学,我感到骄傲和自豪。虽然已经远离了数学学科领域,但我时刻关注着西北大学数学学院的发展,希望能尽绵薄之力支持和帮助母校。"

"雏既壮而能飞兮,乃衔食而反哺。"2009年至今,简劲宏引领西北大学上海校友会,关心支持母校发展,积极参与各类有助于母校发展的活动,建言献策促进多项重大项目落地,并投入大量资金和精力。在简劲宏的带领下,西北大学上海校友会服务上海地区2 000多位校友,组织开展行业交流、生活分享等各类创新、温暖的团体活动,上海地区校友会成为国内组织工作活跃、优秀的校友会,同时促进了西北大学的发展。

2012年,西北大学迎来110周年华诞。担任西北大学上海校友会会长的简劲宏与百名上海校友一起,将世界著名雕塑大师、画家和环境艺术家德拉戈·马林·薛林纳创作的大型雕塑作品《他与她》捐赠给学校,作为送给母校110周年校庆贺礼。10月15日,受陕西省楠竹教育基金会特别邀请,国内著名摇滚歌手许巍携乐队在西北大学举办大型公益演唱会,将校庆活动推向了一个高潮。

绿叶对根的情意

对于西北大学数学系2009级本科生张晶来说,简劲宏关心教育和爱校荣校的情怀,就是自己学习的榜样。

2002年,简劲宏出资30万元人民币,在西北大学设立了"简劲宏奖励基金",用以奖励数学系品学兼优的学生。20年来,已有近百名学生受到奖励和资助。

2008年,简劲宏发起设立陕西省楠竹教育基金会,并出任基金会理事长。"基金会成立的初衷和目的,就是为了促进中国教育事业的发展,表彰在科学研究方面做出杰出贡献的青年学者。"陕西省楠竹教育基金会先后设立了华夏数学奖项目、楠竹西部高校宏志助学项目、楠竹科学大讲堂项目和楠竹中学生数学竞赛资优项目。其中华夏数学奖旨在表彰在数学科学研究方面做出杰出贡献的青年数学家;楠竹西部高校宏志助学项目资助品学兼优且家庭收入低微或因其他情况导致家庭困难,难以支付学费、生活费的在读全日制本科生和非在职研究生;楠竹科学大讲堂是以专题讲座为主要形式的学术研讨型项目,目的在于营造浓厚的科学氛围,了解国内外的最新学术动态,加强学术交流。基金会还开展了西部地区中学生数学竞赛优秀者奖励计划,设立了"楠竹中学生数学竞赛优秀者奖励基金",奖励对象为在全国高中数学竞赛中取得突出成绩的西部中学生。

自2003年起,首都师范大学、西北大学、华中师范大学、兰州大学、湘潭大学、华南师范大学、武汉大学、南京师范大学和中山大学等9所大学联合主办"非线性偏微分方程暑期讲习班",至今已举办了7届。讲习班学员均为来自国内各高校和研究所的青年教师和研究生,已有多位知名专家、学者应邀作前沿学术报告。为了促进偏微分方程界的学术交流与合作,提高国内研究生和青年教师的科研能力,陕西楠竹教育基金会创建"非线性偏微分方程暑期讲习班资助项目",自2010年起,每年拨专款奖励在暑期讲习班中成绩优异的学员。

2019年,西北大学数学学院设立楠竹"讲席教授"岗位,为培养提高学院教师的教学水平和科研质量添砖加瓦。

2020年,基金会捐赠50万元人民币建设西北大学数学学院楠竹教育报告厅。

2021年,基金会捐赠20万元人民币在西北大学数学学院设立《纯粹数学与应用数学》期刊楠竹奖励计划项目。

……

陕西省楠竹教育基金会调动了学生的学习积极性,提高了教师科研项目的数量和质量,有力支持了西北大学和数学学院各项事业的发展。

能够时常回到母校看看,简劲宏觉得很幸福。最令他感到愉快的,是和仍在校就读的大学生们一起座谈。简劲宏在座谈中鼓励同学们要努力学习,和他们分享自己的创业经历,倾诉爱校荣校之情。母校之于学子,犹如树根之于绿叶。无论走了多远,简劲宏永远在心底存着对母校的牵挂。

热心教育　大爱无疆

教育是立国之本,也是树人之基,简劲宏积极投身公益教育事业。他先后设立西北大学简劲宏奖励基金、陕西省楠竹教育基金会、上海西华国际学校简劲宏奖学金、美国石溪大学大数据硕士项目西北大学奖学金、哥伦比亚大学教师学院楠竹教育奖学金……多年来,简劲宏投入资金累计达1 000多万元人民币,设立教育基金会、各类奖助学金项目。他尽己所能扶持教育事业,资助各类专家、青年学者,助力品学兼优、家庭贫困的学生;为西部高校如西北大学等知名院校和组织,给予重点项目的资金和社会资源的支持。

在关注国内教育的同时,简劲宏还把目光投向了海外。他捐赠100万元人民币,设立美国石溪大学大数据硕士项目西北大学奖学金,用于资助优秀本科生赴美攻读技术管理硕士(大数据方向),推动在大数据领域的人才培养,为科技前沿领域储备人才。哥伦比亚大学教师学院楠竹教育奖学金则用于奖励中国籍优秀海外学子,鼓励和支持莘莘学子远渡重洋求学。

简劲宏创办了上海西华外籍人员子女学校(原上海西华国际学校)、青岛西华宝贝幼儿园、柬埔寨简劲宏社区学校。其中上海西华外籍人员子女学校创办于2004年,是由教育部批复的K12教育机构,学校招收来自世界各地50多个国家和地区的近千名学生,被誉为"小联合国"。上海西华外籍人员子女学校是亚太地区唯一的全IB课程教学的学校,采用多语种教学,开设一定数量的中文课程。学校开办近15年,促进人才的全面发展与各国文化交流,已有众多毕业生成功申请进入世界各地知名大学深造。

2011年,简劲宏捐资40万元人民币,公益支持陕西富平县原美原公社党里大队贺西小队铺设水泥路面,安装了太阳能路灯。贺西小队是简劲宏青年时代插队的地方,他永远也忘不了父老乡亲对自己的关心和照顾。热心公益,回馈社会,简劲宏一直在路上。2010年,他启动云南省西双版纳州傣医大专班学生实习培训项目,资助品学兼优、家庭贫困的学生完成学业;2011年,他对贵州省习水县周家口九年制学校及桃林乡中学进行公益性资助;2019年,他捐赠给陕西省安康市汉滨区紫荆镇九年制学校价值数万元人民币的图书、衣物及生活物资;2021年末,简劲宏个人向西安市红十字会捐赠5万元人民币,为抗击新冠肺炎疫情贡献自己的力量……一桩桩回馈社会、助贫纾困的大爱之举,映照出简劲宏的赤子情怀。

作为一名优秀的企业家,简劲宏具有强烈的家国情怀。多年来,他积极探索创新融合中西的教育新模式,资助、支持和培养拥有国际视野的优秀学子。在人生征途上,简劲宏时时不忘对他人施以援手,解困纾难。在尽心竭力回馈社会、回报母校的同时,他用自己的行动,谱写了热心公益的赞歌,而他朴实诚挚的人生轨迹,更是对母校"公诚勤朴"校训的最佳诠释。

寄 语

每个人心中都有梦想,任凭花开花落,云卷云舒,只有坚持本心,从容面对人生,才能拨云见日,花开怒放!

屈建军

屈建军，男，1959年8月出生，陕西高陵人。1982年毕业于西北大学地理系（现城市与环境学院），获学士学位；1998—2003年，在中国科学院研究生院自然地理专业攻读研究生，获博士学位。现任职中国科学院西北生态环境资源研究院，研究员（二级），博士生导师。

主要从事风沙防治工程、风沙物理和风沙地貌研究。合作撰写学术专著8部，发表学术论文259篇，公布和授权发明专利69项，先后获国家技术发明奖1项（排名4）、国家科技进步奖二等奖1项（排名2）、省部级奖一等奖2项（排名1）。

1995年获中国地质学会第五届青年地质科技奖——银锤奖，2015年获得"全国优秀科技工作者"和甘肃省"优秀专家"等荣誉称号，享受国务院政府特殊津贴，2017年当选"九三楷模"，2017年获人社部、国家绿化委、国家林业和草原局全国防沙治沙标兵荣誉称号，2021年获第二届中国科学院"科苑名匠"称号（10人/届）。

一位学者的赤子丹心

夕阳西下，毛乌素沙漠在落日的余晖下闪着金边。30多年前，屈建军第一眼看到沙漠，便觉得遇上了此生的情人。当了6年中专老师的他重新当起了学生，求学考研，把研究沙漠、治理沙漠变成自己一生的课题。

一刮风就上沙山的"疯子"

1989年12月，刚到中科院兰州沙漠研究所一年的屈建军，跟随老师到敦煌治沙。当时，敦煌莫高窟已被联合国教科文组织评为世界文化遗产两年了，但是仍然深受风沙威胁。天一刮风，沙子就从窟顶往下浇，多得像瀑布一样，严重影响洞窟安全，威胁洞内的珍贵壁画和彩塑。防沙墙、防沙沟、防沙栅栏、草方格、碎石压沙等传统治理方式试了个遍，沙子还是哗哗地往下掉。屈建军急了。过去1 600多年的漫漫岁月，莫高窟一直未被沙丘掩埋。难道如今，真的要迎来可能不复存在的事实？

从此，当地人发现，有个人就像疯了一样，一刮风就上沙山，风越大，他待的时间越长。"他们不明白，风是治沙的钥匙。莫高窟基本没有气象资料，风沙运动不清楚。好不容易来场风，我得上去观测，风不等人。"屈建军说。

夏顶酷暑，冬抗严寒。功夫不负有心人，第二年春天，经常上沙山的"疯子"留意到在一团干枯的沙拐草旁边，有三个积沙带。这说明当地有三种风向，受此启发，屈建军观察到附近有座金字塔形的沙丘，经测量，地面植被的三个堆积体恰好对应了沙丘的三个面。紧接着，屈建军又做了实验室风洞验证，在风洞里让东风、南风和西北风交替吹，形成了同样的金字塔形沙丘。

一个世界性难题——莫高窟的风沙运动规律和危害方式被解开。莫高窟有救了。1991年，根据这三组风向，屈建军在莫高窟东部约1 000米处建了"A"字形挡风带，建成后，莫高窟的沙量就少了60%~70%。20余年来，屈建军逐渐将挡风带发展成"六位一体"的综合防护体系，综合体系在空间上由阻沙区、固沙区和输沙区组成，包含机械、生物、化学三种措施。

现在，吹向莫高窟的沙已减少90%，"基本上把莫高窟的沙子防住了"。2008年，美国《科学》杂志前来采访，经美国几位院士审核后，刊登了屈建军的敦煌治沙术。一位同行开玩笑地对屈建军说："你把莫高窟的沙防住了，你看莫高窟都不找你了。"

吹开逼近月牙泉的沙丘

莫高窟的问题解决了，接下来是要解救敦煌另一颗陷入危机的明珠——月牙泉。自汉朝以来，月牙泉身陷流沙而不被掩埋，没有水位下降或干涸的"沙泉共生"奇景吸引着世人。古代人迷信地说，月牙泉有自然庇佑，两侧沙丘的沙白天滑下来，晚上吹上去。

然而，从20世纪90年代末起，月牙泉进入北丘南移、南丘北移的状态，到2007年，沙丘距泉水的距离已退缩了8~10米。月牙泉即将面临被吞没状态，命运危在旦夕。

在两侧沙丘上，屈建军从丘顶到坡底放上30多个风向、风速仪。测量结果显示，风口风速8米/秒，吹到月牙泉风速已经降为不到3米/秒，150米的距离降速非常大。原因何在？经过一番勘查，屈建军在月牙泉上风向的东北方发现一片房屋和树林，高达20米。原来，正是它们挡住了月牙泉的主要风向东北风。2010年，砍树拆屋，风力立即显著增大，将沙丘吹向两侧，几年间被风沙掩埋的测量木桩也重见天日。

有人对屈建军说，莫高窟、月牙泉多亏了你。但屈建军却说"自己沾了敦煌的光"

——是敦煌的名气让他的研究受到了更多人的关注，那片土地所给他提供的，远远大于他回馈那片土地的。

科研人说假话，国家就没希望了

作为科研工作者，屈建军是出了名的坚持"原则"。2014年4月，敦煌当地政府规划在东北方向上新建敦煌文化产业园项目，拨给屈建军80万元，希望他拿出一份支持兴建的可行性报告。然而，评审会上，屈建军毫不客气地说："绝对不能再建，现在建筑就到此为止了，没批的就不要再批，没盖的就不要再盖了。"

"做科研要有良心，一个科研工作者如果说假话，这个国家就没希望了。"屈建军说。他对学生的首要要求，也是"不能作假"，包括室内实验的数据和野外实验的数据，都必须真实。在屈建军看来，这涉及科学诚信，因为记录和实际有差距，可能暗含新问题。当年，正是靠真实、详细的科研记录，屈建军才发现了戈壁沙地独特的风沙运动规律。

屈建军鼓励学生到第一线去，告诫他们"把文章写在大地上"。他要求学生用亲眼看到、观察到的数据，通过理论联系实际，最终得到的结论。一段时期，莫高窟顶建有多条林带，全部引大泉河水灌溉。虽然灌溉方案在制定前也进行过论证，认为滴灌对莫高窟影响不大，但屈建军认为根据物质不灭能量守恒定律，灌溉水分一部分蒸发、一部分被吸收，一定还有一部分水积留下来，增加了区域湿度。莫高窟千年不灭，得天独厚的条件是干燥。虽然目前不能断定湿度增大一定是由灌溉引起，但屈建军觉得，对湿度的控制，宁可信其有，不可信其无，一旦水分渗漏，抢救都来不及。

他想出用"示踪"的方法检验林带下方的水有没有渗到莫高窟，即查验两地水分的DNA是否相同。不过这需要四五年的时间，所以保险的方法是，将20世纪五六十年代种植的高大乔木防护林砍掉一些，换成耐旱灌木，将灌溉植被改成非灌溉条件的植被。

沙漠是一生无悔的选择

作为一名学者，屈建军心中装着的是国家，挂着的是学生，念着的是沙漠，唯一没有的，是他自己。至今，屈建军睡觉需要戴着呼吸机，如果没有呼吸机，他睡觉时常觉得突然没气了（呼吸暂停）。

这是拜野外考察车祸所"赐"。30余年的沙漠生涯，屈建军曾遭遇两次严重车祸。一次是1998年，在腾格里沙漠考察鸣沙，当时天下着雨，他乘坐的车和前面车相撞，造成骨折，手臂里多了一块钢板；一次是2000年，在巴丹吉林沙漠，翻了车，伤到了颈部，从此戴上了呼吸机。

沙漠带来的欢乐与苦楚，早已深深浅浅揉进屈建军的血液生命里。他不在意金钱，对物质没追求。屈建军最佩服鲁迅先生。因为鲁迅做人有铮铮傲骨，却又能为百姓"俯首甘为孺子牛"。他还佩服钱学森、邓稼先等老一辈科学家，敬佩他们胸怀天下心装国家的精神。屈建军给自己微信取名"戈壁砾"，他的QQ签名是"我望不到山顶，只知道有山顶，然而我还是要攀登"——这是他内心的写照。

如今，已过花甲的屈建军有了更多紧迫感。酒泉卫星发射基地铁路地段有百余千米处于风沙带，严重地段80多千米，屈建军揪心于上面运载发射卫星等先进设备，下面沙害难治的局面，惭愧不已；兰新铁路建设在哈密附近要通过"百里风区"，最大风力能达到60米/秒，自1961年至1982年，大风吹翻列车达10次之多，这里的防风攻关也牵动着屈建军的心；他还想出几本书，编几套教材，给学生铺更好的科研平台……任务繁重，而时间太紧。

但是，30年前初见沙漠时的以心相许，至今没有改变。越接近沙漠，越了解沙漠，屈建军越觉得沙漠的可爱。如果让他重新选择一次，他依然无悔。

（梁宝峰）

寄　语

衷心感谢母校对我的培养，校训就是我的座右铭。公诚勤朴永远铭记于心，时刻以此为准绳要求自己。

赵 荣

赵荣，男，1959年9月出生，陕西礼泉人。1978年就读于西北大学历史学系考古学专业；1986年毕业于西北大学地理系历史地理学专业，获理学硕士学位；1992年毕业于北京大学地理系人文地理学专业，获理学博士学位。同年回西北大学地理系任教，1993年破格晋升副教授，1995年破格晋升为教授，2000年遴选为博士生导师。先后任城市与资源学系（现城市与环境学院）主任、国际文化交流学院院长、国际交流与合作处处长。2004年任渭南师范学院副院长。2005年6月至2018年3月，先后任陕西省文物局党组副书记、副局长、党组书记、局长。2018年5月至今，任陕西省人民政府参事室参事、陕西省文物局专家学术委员会主任、西北大学"赵荣考古学家工作室"首席科学家、陕西省丝绸之路考古中心主任、丝绸之路考古合作研究中心（西北大学）主任。

为学守本心　桃李秀成荫

赵荣学养深厚，兼修考古、历史地理、人文地理、区域经济诸学科，累计出版著作14部，发表论文80余篇，获学术奖14次，包括省部级成果一等奖、二等奖等。作为我国培养的第一位以地理学史和文化地理学为研究方向的博士，赵荣著有《中国古代地理学》《地理学思想史纲》《中国地理学史：清代》等著作，不仅就中国古代地理学史研究中的许多问题提出了新见解，而且对古代地理学研究形成了自己的学术体系，受到学界与社会广泛关注和好评。其中《中国古代地理学》1991年由山东教育出版社出版后，至今30年间，先后由北京商务印书馆、台湾商务印书馆、香港商务印书馆、中国国际广播出版社等多家出版社多次出版。所著《陕西文化景观研究》《文化的地理分布》《西北地区城市发展研究》《丝绸之路的起点——西安》，主编《陕西省历史地图集》《陕西省志·文物志》《考古陕西丛书》《文物陕西丛书》《陕西第三次文物普查丛书》《人文陕西》等，均填补了相关学科空白，影响广泛。

以文启智　人才教育重应用

赵荣在担任西北大学城市与资源学系（现城市与环境学院）主任期间，重视地理学的社会应用和高层次特色人才培养，因应时代潮流，在全国高校地理学科较早开展了面向国民经济主战场的专业结构调整与教育教学改革，在原有3个本科专业的基础上，组建新增了城市规划和环境工程专业。由他负责的《西北大学面向国民经济主战场的地理学人才培养与教学改革研究》获1999年陕西省政府优秀教学成果一等奖。在研究生培养方面，赵荣强调"注重学术追求，规范教育，科学表达"，参与组织的《全面提高研究生培养质量的探索与实践研究》建立了研究生教育"道德素养＋创新能力＋交流能力"的综合培养模式，2001年获陕西省政府优秀教学成果二等奖。赵荣是西北大学人文地理学博士点申报的学科带头人，在人文地理学专业建设方面，他主编的高校教材《人文地理学》(第2版)，注重文化、经济、社会等要素的空间发展变化，特色鲜明，实用性强，是普通高等教育"十五"国家级规划重点教材，入选教育部首批百门精品教材（一类），并获教育部优秀教材一等奖，从2006年至今发行17年，已刊印34次，印数30万册以上，惠及全国高校地理学等相关学科的本科教育。

数十年来，赵荣任教西北大学，兼聘于浙江大学、西安建筑科技大学、西北工业大学等高校，在旅游地理、文化遗产管理、区域经济等学科方向先后培养硕士、博士研究生40余名，许多学生已成长为陕西乃至全国文物保护领域的骨干人才或高校的知名教授。2021年，学生们在看望赵荣时，深情地为恩师奉上诗作：

> 禹贡河山在，胸中气象新。
> 九州观史迹，百代觅余音。
> 为政感风云，为学守本心。
> 道传天地外，桃李秀成荫。

学以致用　遗产保护开新篇

20世纪90年代，文物遗址保护与城市建设、遗址保护区社会经济发展的矛盾日益激化。身处古都西安，作为拥有考古、历史地理、人文地理多学科背景的研究人员，赵荣将自己的研究方向定位为：以文物为对象的旅游地理——文物保护与利用——文化与区域发展。在旅游规划研究中，他提出注重景观文脉整合的思路；在大遗址保护研究中，他提出通过对保护区产业结构调整，解决遗址保护困境的思路。相关研究成果受到社会各界及学术界的重视，新华社1998年10月25日还以题为《中国学者提出遗址保护新思路》向海内外发了通稿。2003年，赵荣承担教育部人文社科基地重大项目《西部资源与西部经济发展研究——文物大遗址的保护与利用》，带领研究团队完成了若干高质量论文和专题报告。在多年大遗址保护的研究与实践中，赵荣提出大遗址保护的"四个结合"和"五种模式"的陕西做法。即："大遗址保护与当地经济社会发展相结合""与当地群众生活水平提高相结合""与当地城乡基本建设相结合""与当地环境改善相结合"，以及在资本运作方面的国家公园模式、集团运作模式、市民公园模式、民营建设模式、退耕还林模式。针对性地推动了秦始皇陵、汉长安城、汉阳陵、大明宫、殷墟等大遗址的有效保护，特别是有力地推动了陕西"丝绸之路"跨国申遗，2014年，陕西7处遗迹入选"丝绸之路：长安—天山廊道路网"。这些大遗址保护工作的理念和成绩得到中省、学界和社会各方的关注认可和肯定，也成为中国文化遗产保护遵循的基本理念。2013年，赵荣将他指导的西北大学相关研究生论文，主编成《中国大遗址保护博士论丛》（9册），内容涉及大遗址保护与区域经济发展、大遗址保护外部性治理、文化遗产地管理对策、文化线路保护管理、大遗址保护利用制度研究、文化遗产展示体系等，其成果系统表达了我国在大遗址保护和地方经济社会协调发展方面做出的探索和贡献。

赵荣在任职陕西省文物局期间，致力于考古研究、博物馆建设、文物保护利用与社会协调发展。2005年提出了"保护遗产，传承文明，发展文化"的工作方针，以及"考古发掘是基础，科技保护是核心，展示利用是手段，服务社会是目的"的工作原则。先后扩充了陕西省考古研究院，调整组建了陕西省文化遗产研究院、陕西省文物保护研究院，促成了《陕西省文物保护条例》等文保法规颁布，组织推动"丝绸之路"跨国"申遗"，完成了陕西长城遗产调查、全省第三次不可移动文物和第一次可移动文物普查，创立了陕西高校文保科技创新联盟、博物馆教育联盟，促成了一批博物馆建成开放，启动了陕西考古博物馆建设。2007年主导的陕西省内博物馆向学生免费开放，开创了全国综合博物馆免费开放的先河。

不忘初心　母校发展尽绵力

2003年，赵荣离开西北大学前往陕西渭南师范学院任职，2005年至2018年在陕西省文物局担任主要领导13年。虽然离开了西北大学，赵荣对母校的关注、支持从未中断，特别在文化遗产学院的学科建设、人才培养、科学研究等方面给予大力支持。赵荣

2005 年创立并担任西北大学"文化遗产保护规划中心"主任,2006 年推动陕西省文物局和西北大学联合成立我国首家"文化遗产学院"和"陕西省文物干部教育培训中心",有效整合了文化遗产保护学科教学和科研资源,为西北大学考古学一流学科的建设发展奠定了良好的基础。

赵荣长期关心西北大学文化遗产数字化研究,支持开展以兵马俑修复为特色的数字化创新,他担任文化遗产数字化国家地方联合工程研究中心学术委员会副主任,积极协调推动研究。2018 年,赵荣受聘为"西北大学赵荣考古学家工作室"首席科学家,又先后担任省校共建陕西省丝绸之路考古研究中心主任、丝绸之路考古合作研究中心(中国西北大学)主任。他积极推动考古学科创新和交叉融合发展,组织文化遗产学院青年教师撰写系列学术著作《考古中国史》和《文化遗产管理》系列教材,为"双一流"学科建设出人才、出成果尽心尽力。在丝绸之路考古合作研究中心建设过程中,赵荣秉承着创新、合作理念,努力开展中亚考古,推动境外合作,致力于将中心建设成为具有国际化视野的国家级平台,彰显西大特色,助力"一带一路"国家战略。

寄　语

　　学海无涯　用心用功　做一个有思想的人
　　生命有限　尽情尽力　做一个有担当的人

任海云

任海云，女，1961年2月出生，河北邯郸人。1982年毕业于西北大学生物系植物生理学专业，获理学学士学位，在校期间曾多次荣获西北大学"三好学生"及"三好学生标兵"称号。现任北京师范大学生命科学学院教授，北京师范大学生物学学科学术与学位委员会主任，细胞增殖及调控教育部重点实验室副主任，北师大珠海校区生物科技研究中心主任。

从教30多年来，一直坚守在教学和科研工作第一线，取得了优异成绩。主持的《细胞生物学》本科课程，荣获首批国家级一流课程（2020年）；作为副主编参编的国家级规划教材《植物学》荣获全国优秀教材奖（2021年）；2021年荣获广东省"南粤优秀教师"称号。

致力于细胞生物学领域的研究工作，主持国家级科研项目10余项，获国家杰出青年科学基金，取得了系列创新性科研成果，作为通讯作者在国际知名学术刊物发表论文60余篇，荣获2013年教育部高等学校科学研究优秀成果自然科学一等奖及2014年第五届中国侨界创新成果贡献奖。

现任国务院学位委员会学科评议组成员，同时还积极参与学术团体工作。现任中国细胞生物学学会副理事长、中国植物生理与分子生物学学会女科学家分会副会长、中国植物学会细胞生物学专业委员会副主任、北京细胞生物学会副理事长，*Plant Physiology*、*Journal of Integrative Plant Biology*、*Biologia Plantarum* 等刊物编委等。

担任北京市海淀区第十六届人大代表，积极履行职责，提出多项与民生相关的议案。特别关心青年学生和教师的生活与工作，捐款设立了北京师范大学生命科学学院"爱生科奖教奖助学金"，用于资助部分研究生和青年骨干教师，受到师生的称赞。

寄 语

志向远大，踏实做人，勤奋做事，收获有价值的人生。

汤国安

汤国安，男，1961年6月出生，浙江宁波人，教授，博士生导师。1982年毕业于西北大学地理系自然地理专业，获理学学士学位；1987年获西北大学地图学与遥感理学硕士学位，并留校任教；1995—1998年在奥地利萨尔茨堡大学学习，并获得博士学位。2004年调至南京师范大学工作，历任地理科学学院副院长、院长，现任国务院学位委员会学科评议组成员、教育部地理科学类专业教学指导委员会副主任、江苏高校地理学学科联盟理事长等学术职务。

先后获国家科技进步二等奖、教育部自然科学二等奖、教育部"高等学校教学名师奖"、国家教学成果二等奖、国家优秀教材二等奖等奖励，享受国务院政府特殊津贴，入选国家级人才计划，获教育部"高等学校教学名师奖"、"全国模范教师"、"全国高校黄大年式教师团队"带头人等荣誉称号。

教书育人是最美好的事业

1982年2月毕业于西北大学自然地理专业的汤国安，先后执教西北大学和南京师范大学。在潜心从教的35年里，汤国安以深深的家国情怀与人格魅力感染学生，以渊博的知识与科学精神培育学生。他说："教育是一门科学，有其自身的规律，对教学规律的探索，将是教师毕生的追求。教师不但要将课堂变成传播知识的平台，更要通过我们高超的教学艺术，使之成为传播科学知识美的殿堂。"

凝心聚力　筑牢团队育人基础

地理信息科学（简称 GIS）是20世纪后期发展起来的以遥感、全球定位、智慧城市等为代表的高新技术学科。21世纪初，国家新设立的 GIS 专业在全国范围内都面临着教学资源匮乏、教学模式亟待创新、教学团队亟待统筹一体化发展等诸多难题。作为西北大学地理信息科学专业负责人的汤国安，积极组织教研室力量，编写并在科学出版社出版了教材《地理信息系统》。这部教材是该领域全国最早的专业经典教材之一，产生了重要影响，获陕西省教学成果奖二等奖。2004年调到南京师范大学工作后，作为新任中国GIS学会教育专业委员会主任，汤国安反复强调高水平本科人才培养是国家重点学科建设的核心工作。其中，打造一支思想觉悟高、业务能力强、对教育充满热情、对学生充满爱心的高水平教书育人团队，是专业建设的关键。

建设高水平教书育人团队的重中之重，是对青年教师的培养。每年暑假，汤国安都开办面向全国的青年教师专业教学技能研修班。他亲自参加授课，将自己多年来积累的授课经验和盘托出，对本专业全国高校青年教师能力的提升起到了重要的引领和示范作用。在讲授第一讲"谈为师之本，从教之道"时，汤国安总是从自身的从教及成长经历讲起，让青年教师感悟人民教师"立德树人"责任之重大、任务之艰巨。很多人说，汤国安的专业示范课、剖析课，阐释了教育是科学、是技术，更是一门艺术的真谛。汤国安还担任多位青年教师的教学导师，通过听课、座谈等多种形式开展指导。在汤国安的带领下，南京师范大学地理信息科学专业建设各项指标均走在全国的前列，先后入选"国家级教学团队""国家特色专业""黄大年式教师团队"，他主持的两项教改成果分别于2009年、2018年获国家教学成果二等奖，这些突出成果为南京师范大学地理学科入选"国家一流学科"做出了重要的贡献。

在汤国安的积极推动与领导下，全国GIS青年教师教学研修班、全国青年教师讲课比赛、全国GIS教学研讨会，以及全国大学生GIS应用技能大赛，都成了全国GIS教育界有重要影响的活动，对提高全国GIS教师队伍的能力与水平，提升学生的培养质量发挥着极其重要的作用。全国高校GIS专业青年教师教学研修班受到青年教师的热烈追捧，8年的时间里，先后有近2 000名来自国内高校相关专业的青年教师参加学习。汤国安还率先开设"名师工作坊"，专门对青年教师进行教学能力水平的培训和指导，他指导的多名青年教师在全国性教学技能大赛中先后获奖。

不忘初心　牢记百年树人使命

师者，传道授业解惑也。30多年来，汤国安一直都将关爱学生、培养学生作为自己的神圣使命。即便是在担任南京师范大学地理科学学院院长等行政职务时，他也坚持给本科生当班主任。

汤国安始终强调在课程教学中首先要教会学生如何"做人"。他的专业课程教学不但教授给同学们专业知识，更会把正确价值观巧妙地融入教学中。他常常利用自然辩证法的思维方法解释诸多专业难题，让学生们站在一个全新的角度，提升对所学知识的理解。汤国安敏锐地捕捉到课程思政的精髓，在国内率先开展"GIS 课程思政案例教学"。通过在课程教学中融入"一带一路 GIS"，让学生深刻领会国家重大的战略决策；通过"精准扶贫 GIS"实习作业让学生知晓我们党在消减贫困伟大事业中取得的不朽伟业。他身体力行凝练了多个典型案例，并带动国内 20 多所高校一起开展相关研究，把 GIS 课程和思想政治教育紧密结合，目前相关案例已汇编出版。2021 年，汤国安主讲的课程入选教育部课程思政示范课程，他本人也获得全国课程思政名师称号。

汤国安强调："作为一名高校教师，要当好阶梯、做好伯乐，以我们的爱心去发现每个学生的潜力点，培养出未来的精英。"在汤国安的精心指导下，他在西北大学和南京师范大学培养的大批学生都成为科技英才和行业精英，指导的多名研究生毕业论文入选全国优秀学位论文、江苏省优秀学位论文。2019 年、2020 年，汤国安先后获"江苏省十佳研究生导师"和"全国模范教师"称号。

琢玉成器　构建金课知识殿堂

"如何辩证看待栅格与矢量？""有没有负维的地理信息？"汤国安的课堂以一个个问题贯穿始终，激发学生从已有的知识结构中不断搜索学科专业知识，用以解决问题。为了培养学生的独立思考、自主学习的能力，让学生从获取知识转为学会学习、从被动式接受转为主动探究，他设计了诸如系列讲座、访学参观、海报展示、学术研讨等丰富多彩的教学形式，并在百忙之中亲自主持每一场讨论。

汤国安是课程教学改革的积极探索者。他强调将现代教育技术应用在地理学教学中。早在 2004 年，汤国安就构建了全国地理信息系统专业领域的首个网络化国家精品课程，其新颖的授课方式、丰富的教学资源、便捷的师生互动，极大地推动了全国本专业课程建设。他随后推出的国家级精品视频公开课程"地理信息与人类生活"，对大众传播现代科学技术起到很好的作用。2019 年，"地理信息系统原理"课程以思维训练提升课程品质、四类课堂有效联动、思政进课堂的成功实践为特色，首批入选国家一流课程。汤国安主编的教材《地理信息系统教程》获首批国家优秀教材二等奖。

汤国安涉猎广泛，常常把哲学、美学认知融入自己的课程中。他说："课堂教学应该是愉悦的和享受的，具有美感的。"也正因如此，汤国安的课极受同学们欢迎。《GIS 之美学审视》《基于辩证哲学视角的地理学学习》成为国内地理学界具有重要影响的精品报告，不少学生就是通过听他的讲座、报告而深深热爱上了地理学这门学科。

汤国安说："高校教师绝对不是简单的教书匠，若不具备高瞻的学术视野、很强的科研创新能力,也就根本不可能胜任现代高校培养新一代创新创业人才的国家需求……"他是研究性教学改革的实践者,也是领军人,不仅在教学上收获满满,在科学研究方面也是硕果累累,他用自己的行动回答了高校教师如何平衡教学与科研的关系。汤国安先后主持15项国家级科学研究项目,出版研究专著8部,发表研究论文300余篇,先后获国家科技进步二等奖、教育部自然科学二等奖等省部级以上科技奖7项。

琢玉成器,教人知义。在35年的教学生涯里,汤国安孜孜以求的是教会学生学到服务人民的真本领,做人做事的好性情。花甲之年,他依然以母校西北大学"公诚勤朴"的校训激励自己,为国家和社会不断培育出优秀人才而努力。作为西北大学南京校友会主席,他聚集在南京及江苏的西大校友力量,积极为母校的发展做出贡献。

2021年,汤国安作为60名全国模范教师代表之一,受邀赴北京天安门广场参加中国共产党成立100周年庆典活动,彰显了西北大学杰出校友的风采。

寄 语

西大人就是要秉承天下为公的情怀,不诚无物的信念,勤则不匮的品质,抱朴守真的追求,为民族求振兴、为母校争荣光!

尚劝余

尚劝余，男，1961年11月出生，陕西长武人，农工党员。先后在西北大学历史系、文博学院和中东所攻读学士（1980—1984年）、硕士（1987—1990年）和博士（1991—1994年）学位；在印度尼赫鲁大学（2005年）和美国圣约翰大学（2000年、2002—2003年）做学术研究、访问学者和博士后；先后在宝鸡文理学院（1984—1987年）、湛江师范学院（1995—2008年）、华南师范大学（2008年至今）和拉脱维亚大学（2014年至今）工作。现任华南师范大学教授，拉脱维亚大学孔子学院中方院长。在国内外期刊发表中英文学术论文百余篇，在国内外出版社出版专著、编著和译著30余部，荣获拉脱维亚外交部"特殊贡献奖"等。

从南亚学者到国际中文教育者

"教室—图书馆—宿舍—饭堂—操场"，这条在西北大学校园里十年如一日走过的路线，在离开母校多年后，仍然不时浮现在尚劝余的脑海里。更令他须臾不敢忘怀的，是恩师、著名历史学家彭树智教授"要关注学术理论最新动态，用前沿理论指导学术研究和论文写作"的教诲。

西北大学寒窗十载

从本科入读到博士毕业，尚劝余在西北大学苦读十载，三度师从彭树智先生，学习和研究南亚史，是我国南亚中东史博士点南亚方向第一位博士。慈父般的良师彭先生指引和激励着他走上学术研究的道路，并成为我国甘地研究领域的领军人物。

尚劝余读博期间，正值交往理论研究在学界兴起，彭树智先生以一位史学家的睿智，敏锐地意识到交往理论的前沿性和交叉性，创造性地提出了"历史交往"概念，并开拓性地提出历史交往是一个历史哲学概念，是一个重要的历史哲学范畴。在先生的指导下，尚劝余将历史交往理论应用到博士学位论文撰写之中，对南亚历史伟人之间的个体交往进行了创新性的探讨。

在攻读博士学位期间，尚劝余在中国社会科学院《南亚研究》等杂志上发表了 10 余篇学术论文，连续三年获得"西北大学侯外庐史学奖博士生一等奖"。一位师弟曾开玩笑地"央求"他："老尚啊，你别再发表论文了，彭老师上课时告诉我们向你学习，我们有压力啊。"

临近博士毕业的时候，彭先生建议尚劝余留校任教，将西北大学南亚史博士点建设起来。但由于某些客观原因，他最终未能留校，而是南下广东。其间，西北大学也曾试图让他以申请进入西北大学博士后流动站的方式重回学校，但也未能成功。这成为尚劝余今生最大的歉疚和遗憾。

有一年春节，尚劝余从湛江回陕西看望父母。到西安后发现当天没有回长武县的班车，便敲开了彭先生的家门。师母专门给他做了油泼辣子面，切好酱牛肉；彭老师给他倒上红葡萄酒，师生边吃边喝边聊，聊学术也聊人生，聊过去更聊未来。那一晚的温暖，和母校一起，永远珍藏在他内心深处。

学术研究结硕果

尚劝余的学术研究始于在西北大学求学时期，走上工作岗位后，在彭先生的感召下，他继续在学术研究与探索的道路上前行。

尚劝余参加了彭树智先生主编的几部世界史领域的丛书的撰写工作，出版了《世界十大探险家》《阿拉伯帝国》《莫卧儿帝国》《印度人》《印度独立运动》等著作。这些受众面很广的丛书，产生了深远的社会影响。一位来自河南的研究生给尚劝余写信："我以前就知道一个泰姬陵，我是看了您的书才了解南亚史的。"

尚劝余致力于研究甘地和尼赫鲁，并在这一研究领域取得了突出的学术成就，做出了重要贡献。其硕士学位论文《尼赫鲁研究》、博士学位论文《尼赫鲁与甘地的历史交往》、博士后研究论文《圣雄甘地宗教哲学研究》、福特基金亚洲学者项目成果《尼赫鲁时代中国和印度的关系》、国家社科基金项目重点课题成果《甘地热点问题研究》等在人民出版社和中国社会科学出版社等出版，这些成果是该领域最重要的成果，有些迄今为止依然是该领域开拓性的研究成果。

2002—2003 年，尚劝余在美国圣约翰大学宗教与文化研究所从事博士后课题《圣雄甘地的宗教哲学》研究。课题结束之际，他给圣约翰大学师生做了结题讲座，所长

Patrick Henry 走上台说:"一位中国学者,来到美国做研究,研究题目是甘地的宗教哲学,其中的学术意义和价值不言而喻。"在课题研究之余,他应圣约翰大学亚洲研究中心主任 Richard Bohr 邀请,给学生讲了6次课。当时历史系正好要招聘一位南亚史教授,Richard Bohr 主任多次找尚劝余谈话,请他考虑留在圣约翰大学任教,他都婉言谢绝了。2005年,尚劝余申请到福特基金亚洲学者项目,在印度尼赫鲁大学从事了9个月的项目研究工作。其研究成果《尼赫鲁时代中国和印度的关系》入选"华夏英才基金学术文库",获得华夏英才基金出版资助,迄今为止依然是我国学界中印关系研究领域的重要成果。

尚劝余曾主持与合作翻译了《甘地:杰出的领袖》《伟大的灵魂:圣雄甘地与印度的斗争》《甘地:灵魂力量斗士》《甘地书信选集》《非暴力抵抗的诞生:南非非暴力抵抗运动史》等一批甘地研究领域的重要资料,产生了广泛的学术影响。

2013年3月,尚劝余受印度外交部"印度文化关系委员会"邀请,赴印度新德里、孟买、马德拉斯、班加罗尔四个城市 10 余所大学、研究机构和智库,举办巡回讲座,印度时任外交部部长、前外交部部长、国家安全顾问等出席了讲座,印度各大媒体和网站都进行了广泛报道。其间,印度前外长 Nawar Singh 给尚劝余赠送了《我的中国日记:1956—1988》,期望他能够翻译成中文出版,该书中译本最终由新德里曼巨沙出版社出版。

2018年5月,尚劝余受印度政府总理邀请,出任纪念甘地诞辰150周年全国委员会委员,并赴新德里出席第一次筹备会议,受到印度总统和总理的接见,并在大会上做了发言,大会期间他接受了 BBC 记者采访,将中国学界的甘地研究成果介绍给世界。

远赴海外弘扬中国文化

2014年,受国家汉办和华南师范大学选拔委派,尚劝余赴任拉脱维亚大学孔子学院中方院长,开启了人生新的旅程。

初来乍到,尚劝余便领略了东北欧拉脱维亚的波罗的海寒湿天气的厉害,8个月后,他患上腿疾。此后两年内,尚劝余成了医院的"常客",但仍凭着坚定的意志和信念拄着拐杖坚持工作。在心情最灰暗的时光,他曾经在微信朋友圈里写道:"仰首问苍穹,你还能撑下去吗?你以传教士式的虔敬与执着,热爱着你的工作和事业,背井离乡,辛劳奔波,粗茶淡饭,废寝忘食,弘扬中国语言文化;当一腔热血遇到天寒地冻的考验,当右膝未愈左膝抱恙,当走一步停一步撕心裂肺满身大汗,你一任四年的鸿志初衷还能坚守吗?你的答案和动力在哪里?就在拉国师生学习中国语言文化的专注表情里,就在拉国师生将中国当成第二故乡的真挚眼神里，就在汉语教师志愿者凌晨四五点还在群里交流讨论工作的忘我精神里，就在汉语教师志愿者为了准备一场文化活动而呕心沥血独自走在风雪交加的道加瓦河大桥上洒落的泪水里，就在异国他乡讲不完叙不尽的动人故事里。"就这样，他坚守了下来，并且一守就是8年多。

在完成日常汉语教学管理工作之余，尚劝余积极从事汉语教学方面的研究工作，主编《拉脱维亚汉语教学研究与探索》系列著作、《拉脱维亚视阈下的拉脱维亚与中国研究》《汉语之花盛开在波罗的海之滨——我与拉脱维亚的故事》，负责《精选拉汉—汉拉词典》、《汉语拉脱维亚语大词典》（电子版 App）、《我的中国故事》、《唐诗选译》的联络校对、立项申请和出版事务。这些成果在全球孔子学院中独树一帜，为海外汉语教学提供了宝贵的资料。

2016年11月5日，尚劝余主持"中东欧国家汉学研究与汉语教学研讨会"，这是拉脱维亚大学孔子学院、拉脱维亚大学乃至拉脱维亚历史上第一次举办汉学研究和汉语教学研讨会。尚劝余和与会代表一起受到了正在出席第五届"16+1"中国—中东欧国家首脑峰会的李克强总理和中东欧16国总理的接见。

尚劝余担任拉脱维亚大学孔子学院中方院长的8年时间里，拉脱维亚汉语教学点由最初的4个发展到了现在的20个，遍及拉脱维亚全境，涵盖小学、中学和大学以及社会人士各个层面。拉脱维亚很多政府部门、使馆、企业、教育机构都活跃着孔子学院学生的身影。多年前，当地人见到亚洲面孔，只会用日语或韩语打招呼，现在看到亚洲面孔，都会用中文打招呼。

2020年9月以来，因为疫情原因，汉语教师志愿者只能在国内开展远程教学活动，而新任中方院长也无法赴任。尚劝余一人坚守在拉脱维亚。2018年11月，拉脱维亚外交部为尚劝余颁发"政府特殊贡献奖"，表彰和嘉奖他在推动中国和拉脱维亚双边政治、经济、文化、教育合作交流中做出的突出贡献。

寄　语

在西北大学的十年求学经历，是我人生中最重要、最美好的时光。同学情、师生情是人生最美好、最难忘的感情，它们始终陪伴着我的生命旅程，给我前进的动力。

付锁堂

付锁堂，男，汉族，1962年2月出生，甘肃天水人。1989年毕业于西北大学地质学系，获理学学士学位；1999年毕业于西南石油学院矿产普查与勘探专业，获理学硕士学位；2004年毕业于成都理工大学古生物学与地层学专业，获理学博士学位；2011年从西北大学地质资源与地质工程博士后科研流动站出站。曾先后任中国石油长庆油田公司勘探公司经理、勘探开发研究院院长，中国石油青海油田公司总地质师、总经理兼党委书记，中国石油长庆油田公司总经理、长庆油田公司党委书记、总经理、长庆油田公司执行董事、党委书记，中国石油咨询中心常务副主任。现任油气勘探教授级高级工程师。

作为具有地质科研背景的专家，付锁堂长期从事油气勘探开发研究和油气田管理工作，先后主持、参与完成科研项目40余项，出版著作8部，荣获全国五一劳动奖章、中国地质科学最高荣誉——李四光地质科学奖，获得国家科技进步一等奖2项，获省部级科技进步特等奖、一等奖10项，在国内外科技期刊发表论文60多篇。

永争第一的油田"领头雁"

作为一名石油系统的专家型、学者型管理人才，付锁堂扎根祖国西部，在鄂尔多斯盆地和柴达木盆地从事油气勘探科研、生产和管理工作40余年，以锐意改革，不断进取的精神，攻克了一系列制约油气勘探开发的"卡脖子"技术难题，推动长庆油田建成我国第一大油气田，促进青海油田实现快速发展，在"我为祖国献石油"的事业中诠释着对党的无限忠诚。

夯实全国第一大油气田的储量基础

1981年，付锁堂来到长庆油田，经历了油田从艰难起步到油气并举的全过程。他深知油气资源对油田发展的重要意义,投身为国寻找油气的事业中,先后参与苏里格、榆林、米脂气田及姬塬、华庆油田的勘探开发。20 年来,长庆油田累计探明油气储量超 20 亿吨,一跃成为全国储量提交第一大户,为 5 000 万吨大油气田的建成奠定了坚实的储量基础。

付锁堂指导发现了我国最大的致密砂岩气田。"苏里格"在蒙语里意思是"半生不熟",相传成吉思汗在这里打了一场胜仗,胜利时锅里的肉还未煮熟。苏里格天然气资源就像"半生不熟的肉"一样,有着典型的低渗透、低压、低丰度特征,勘探开发难度极大。付锁堂凭着过硬的地质理论功底和敏锐的洞察力,依据乌审旗、子洲气田线索,积极开展上古生界沉积、储层和成藏规律研究,首次提出了鄂尔多斯盆地上古生界"广覆式生烃、全盆地富砂、大面积聚集、多层系含气"的天然气分布规律,拉开了苏里格气田大规模勘探开发的序幕。目前,苏里格气田年产规模 350 亿立方米,是我国目前产量最高的天然气田。付锁堂作为骨干参与完成的《苏里格气田的发现及综合勘探技术》获得 2001 年国家科技进步一等奖。

付锁堂参与发现了千万吨级姬塬大油田。由于特殊的黄土地貌、低渗—特低渗储层特征、隐蔽性岩性油藏等特点,姬塬油田的勘探工作曾"五上五下"也未取得实质性进展。付锁堂秉承地质人的坚守执着,重翻过去每一口探井的资料,重上老露头,将每一次失败总结成经验、升华成认识,创建了多层系复合成藏理论,开展多学科联合技术攻关,研发形成黄土塬区复杂地表条件下的地震勘探、储层判识以及配套的压裂技术,有效指导了姬塬大油田的勘探开发。历经多年,姬塬油田累计提交石油探明储量近 20 亿吨,展现了鄂尔多斯盆地中部巨大的石油资源潜力,开启了盆地延长组石油勘探大突破的进程。此后,长庆油田快速发现了白豹、合水、西峰等油田,新增探明石油地质储量超 10 亿吨,推动了甘肃陇东油区快速上产,于 2021 年成功建成千万吨油气生产基地。

建设国内首个千万吨高原油气田

2007 年,付锁堂调任青海油田。面对柴达木盆地油气勘探久攻不克的复杂局面,他大胆提出加快勘探的意见,创立了高原咸化湖盆地油气地质理论,发现优质湖相白云岩储层,将勘探禁区变成有利区带,坚定了在柴达木盆地寻找大油气田的信心。

付锁堂打破柴达木盆地油气勘探的沉寂,不断深化地质认识,创建了"深浅断层多级接力输导、盐岩滑脱圈闭聚集"的源上晚期成藏模式,带领技术人员发现了柴达木盆地物性最好、丰度最高、效益最佳的英东油田。他以东坪构造为切入点,部署钻探的东坪 1 井压裂试油获得高产天然气流,日产气 11.3 万立方米,打破了柴达木盆地天然气勘探 20 多年的沉寂局面，揭开了柴达木盆地天然气勘探开发的又一轮序幕。10 年间，昆北、英东、英西三个亿吨级油田和东坪、尖北气田相继被发现并探明，扎哈泉致密油储量区新增探明石油地质储量 3.25 亿吨，占青海油田累计探明石油储量的 50%，新增探明天然气地质储量 997 亿立方米。英雄岭的勘探突破，扭转了柴达木盆地持续 30 年的勘探被动局面，连续 8 年获中石油天然气集团公司油气勘探重大发现一等奖，为建成千万吨高原油气田、建设国家级柴达木循环经济试验区奠定了资源基础。

面对英雄岭地表沟壑纵横，地下地质条件复杂，不能有效掌握油气分布规律的瓶颈，付锁堂突破高原山地环境勘探技术难题，组织开展复杂山地地震采集处理解释一体化攻关，革新了高原复杂山地三维地震高效采集技术，首次引入盆地内部走滑构造模型，井震结合进行精细对比解释，解决了国内山前高陡构造区地震勘探的难题，为后续英雄岭腹部山地三维地震勘探提供了技术支撑。该技术获得中国地球物理科学技术一等奖，入选中国石油 2012 年十大科技进展。

针对青海油田地质条件复杂，地理环境艰苦，油气发现成本高、开发难度大的特点，付锁堂不断强化管理创新，组建综合研究团队，创立了勘探对标管理模式和四级切块投资管理办法，推动油气发现成本大幅下降，为低油价下油气勘探业务探索出一条低成本发展途径。他在任的 10 年间，青海油田新建原油产能 313 万吨，累计产量 850 万吨；新建天然气产能 20 亿立方米，累计产量 47 亿立方米，年均上缴利税 116 亿元，始终是青海省财政支柱企业和第一利税大户。

创造国内油气田产量历史最高纪录

2017 年，付锁堂返回阔别 10 年的长庆油田，担任中国石油长庆油田公司总经理。作为国有大型油气田的主要负责人，他深知，国有企业是党和国家的经济部队，只有坚定不移做强做优做大，才能在关键时刻靠得住、顶得上、打得赢。

付锁堂用担当尽职诠释对党和国家的忠诚，坚决保障国家能源安全。他常说："大油田有大样子，做大贡献。长庆人就是要当第一，要干别人没有干过的事情。"他带领长庆油田将原定的 5 000 万吨持续稳产规划调整为二次加快发展，推动油气产量以年均增长 300 万吨的速度不断攀升，油气产量 2020 年突破 6 000 万吨，打破了大庆油田年产 5 787 万吨的最高纪录，创造了中国石油工业史上的新高度。2020 年国际油价断崖式下跌，全球油气产业在"严冬"下纷纷减产，付锁堂带领油田大打提质增效攻坚战，逆势突围、化危为机，成为产量不降反升的"逆行者"，在最严峻的形势下，实现了量效双增，将能源饭碗牢牢端在了自己手中。

随着全球油气产业逐步迈入"非常规"时代，谁掌握了非常规油气高效勘探开发技术，谁就掌握了未来油气安全的主动权。付锁堂锚定世界一流，持续加强非常规油气攻关，推动页岩油、致密气两种非常规油气资源高效开发。他指导发现了10亿吨级的庆城页岩油大油田，2019年一次性提交探明地质储量3.6亿吨，创造了我国近60年单次性提交探明储量最高纪录，并按照"多层系、立体式、大井丛、工厂化"的思路，建成国内首个百万吨高效开发示范区。他组建了致密气高效开发示范项目，推进全过程的精益管理，两年时间擒获百万方气井近百口，建成30亿方水平井高效开发示范区。两个示范区先后创造了水平井平台最多钻井数、最长水平段、最高压裂效率等多项国内纪录，勘探开发部分技术达到了国际领先，打破了国外的技术垄断，把核心技术牢牢掌握在自己手中。

付锁堂坚持以新发展理念指引油田发展，大力推动改革创新，在管理方式上实行归核化、智能化、市场化和精益化。归核化催生了现代化油公司新机制，心无旁骛提升油气主业硬实力；智能化推动了油气田生产管理的新变革，建成我国第一个数字化油气田，劳动生产率翻了一番；市场化开创了多方资源共建大油田新格局，也带动了整体产业链与地方经济的蓬勃发展；精益化开辟了油田低成本发展新路径，使油田成本管控与价值创造无缝衔接，实现了产量、效益同步提升。管理方式上的"物理变化"，催生了质量变革、效率变革、动力变革的"化学反应"，使长庆油田走出了一条质量更高、结构更优、动力更足、效益更好的发展之路，为国有能源企业创建世界一流提供了长庆方案。

寄　语

感谢母校西大的培养，愿母校更加美丽，公诚勤朴永流传，桃李天下满庭芳，建成国际一流学府，为中国及世界培养顶尖人才。

薛占海

薛占海,男,1963年9月出生,陕西清涧人,中共党员。1987年7月参加工作。2005—2008年在西北大学经济管理学院政治经济学专业攻读经济学博士学位。现任陕西省政协秘书长、党组成员、机关党组书记。

2004年7月—2022年1月,历任吴起县委书记,延安市政府副市长,延安市委常委、常务副市长,延安市新区党工委书记,预备役141师副师长兼二团第一政委,延安市委副书记,延安市委党校校长,延安市政府市长、市政府党组书记。

当选全国十三届人大代表,陕西省十一次、十三次党代会代表,省十届、十三届人大代表,中共陕西省第十三届委员会委员。2018年被中组部、中宣部推荐为全国新时代担当作为典型,受到新华社、《人民日报》、《经济日报》、《光明日报》及《陕西日报》等多家中省媒体集中采访报道。

为官一任　造福一方

"低调务实,不事张扬,他是一位一心谋事、为民谋利的好市长。"
"朴实无华,不忘初心。他是从农村走出来的实干家,人民的好公仆。"
……

他,就是薛占海,一位土生土长的农家子弟。

薛占海先后在乡镇、县区、地市等多个岗位工作并担任要职。30多年来,他的足迹踏遍了延安的山山峁峁。当选市长后,围绕发展重点难点问题,他更是每年用至少一半以上时间深入县区、农村、企业、重点项目等一线调研。在延安广大干部群众看来,干劲十足的薛占海心中装着百姓,为延安的发展做出了巨大贡献。

带领延安经济走出"低谷"

2017年2月18日,在延安市第五届人民代表大会第一次会议上,薛占海全票当选为延安市市长。

但薛占海面对的绝非坦途。彼时,受宏观经济形势和单一产业结构影响,延安陷入"油主沉浮"困局,经济发展步入低谷,经济增速连续8年在全省排名垫底。

是被动等待油价回暖,还是摒弃能源产业的路径依赖?面对困境,薛占海不等不靠,坚持把转方式、调结构作为主攻方向。在薛占海的推动下,延安产业转型升级取得突破性进展。延安综合能源基地发展规划获国家能源局批准实施,稳步推进"转型升级十大产业项目",延安煤油气资源综合利用、大唐热电联产、彩虹光伏玻璃等186个重大产业项目建成投产,能源资源本地转化率达到46%以上,非油工业占GDP比重较2016年提高11.6个百分点。17个县域工业集中区营业收入增长16.1%。延安卷烟列入国家重点考核品牌。电力外送实现"零突破"。苹果产量达到400万吨,后整理装备水平全国领先,"延安苹果""洛川苹果"区域品牌价值名列前茅,建成了全国最大优质苹果基地。延安革命纪念地成功创建国家5A级旅游景区,红色教育培训持续升温,累计来延游客2.4亿人次,旅游综合收入1 603亿元,荣获"中国优秀旅游城市"称号。

经过不懈努力,延安经济增速由2016年的1.3%跃升到2018年的9.1%,重回全省第一方阵,一举摆脱连续9年全省考核垫底的被动局面,发展逐步走出"低谷",经济综合实力明显增强,连续4年进入全省目标责任考核优秀行列。

2021年,延安市GDP增速8.1%,生产总值达到2 004.6亿元,较2016年增长921.7亿元。人均GDP为1.38万美元,较2016年增长5 177美元,高于全国全省平均水平。

"一马当先"引领"万马奔腾"

"审批与监管分开"是改革的"硬骨头",难就难在要分权力的"蛋糕"。可薛占海认为,越是困难的时候,越能考验领导干部的能力和作风。

"不抓营商环境就是失职、抓不好营商环境就是不称职。"薛占海多次提到,要把优化提升营商环境作为经济发展的生命线。2017年底,在薛占海的直接推动下,延安在全省率先组建行政审批服务局,实现行政许可事项集中统一办理和"一枚印章管审批"。这项"刀刃向内"的改革,在当地引起不小震动。

而震动却不止于此。在薛占海的推动下,延安主动承接中央和省上重大改革事项,每年推出一系列改革举措，累计完成改革任务925项，其中18项改革走在全国全省前列。特别是全国工程建设项目审批制度改革试点、全省相对集中行政许可权改革试点工作受到国务院、省政府肯定，直接带动全市营商环境全面改善提升，促使市场主体总量达到22.5万户、较2016年增加11万户。此外，延安先后完成46户市属国企改制，国企架构实现战略性重塑，资产总额突破1 000亿元。三达膜环境技术股份有限公司在科创板成功上市，135家企业在陕西股权交易中心挂牌。农村土地承包经营权确权颁证受到中央表彰，涌现出安塞南沟村、黄陵索洛湾村等一批"三变"改革典型。

试点探索、投石问路，这是推进改革的一条基本经验。一系列改革的有益探索，带动了财税管理、投融资、社会事业等各项改革压茬推进，打出了一系列改革创新"组合拳"，形成了"一马当先、万马奔腾"的改革整体效益。

建设一座梦想"新城"

延安老城区36平方千米土地上，容纳着50万常住人口，人口密度大，发展受限。市区168处革命旧址被大量民房挤压、蚕食。革命旧址要保护，百姓生活要改善。"中疏外扩、上山建城"成了延安市委重大决策。

岩土工程设计好了，对方按国家定额计算要1亿元的设计费。薛占海带着指挥部的全体成员，好话说尽，人家只同意打9折。他又把设计单位的负责同志们请到山顶临时工程指挥部的职工灶"勾兑"感情。当对方看到，为了省钱，这么大工程的指挥部舍不得硬化道路、舍不得盖几间办公用房，只用冬冷夏热的彩钢房凑合时，着实感动了。经过软磨硬泡，设计费确定成5 000万元。对方开玩笑说，和薛占海打交道，职工灶都能吃出"鸿门宴"的效果。

就这样，近1 000个日子里，薛占海以工地为家，带着新区管委会和开发公司一拨人，科学论证规划，打破常规推进，严格管理控制，早出晚归，顶风冒雨，生生地平整出2.4万亩土地。如今，一座延安市民引以为豪的宜居宜业宜游的现代生态新城拔地而起，开启了延安城市发展新纪元。

薛占海始终牢记习近平总书记指出的"延安具有城镇化和基础设施建设空间大的后发优势"，坚持协调发展理念，积极开展全国新型城镇化综合试点和"城市双修"试点，加快推进城乡一体化。在新区建设的同时，延安市以棚户区改造和居民下山安置为重点的老城改造也在同步进行着，累计动迁山体居民5.37万户20.4万人，改造老旧小区529个。交通、水利、电力、通信等基础设施加快完善，铁路运营里程达到600千米，高速公路里程突破1 000千米，南泥湾机场建成通航与省会城市通航率达到75%，城镇

5G基站覆盖率达到90%以上。成功创建全国文明城市、国家卫生城市、国家森林城市、国家园林城市、国家节水型城市，荣获"中国十佳魅力城市""中国品牌城市"等称号。延安正成为人民心中一座梦想"新城"。

交出优秀民生"答卷"

"家里通自来水了么？水质咋样？你家养的猪卖了多少钱？"在延长县黑家堡镇瓦村行政村糜草洼村贫困户郑刘栓家，薛占海一副打破砂锅问到底的样子。这天，他没给任何人打招呼，直接来到他包扶的贫困村。得知贫困户李国俊生病住过院，薛占海到他家询问病情和医疗报销情况，李国俊给薛市长算起了账："住院看病总共花了3 820元，合疗报销2 208元，医疗救助1 128元，我实际才花了484元。"

"只有农村贫困人口不愁吃、不愁穿，义务教育、基本医疗和住房安全有保障；有劳动能力的贫困人口全部有增收产业，无劳动能力贫困户实现兜底保障全覆盖，我们的脱贫才是村村过硬、户户过硬的真脱贫。"薛占海说。

摆脱贫困，是民生之底线。薛占海针对延安贫困面大根深的实际，主持制定了延安市脱贫攻坚实施意见和行动方案，确定了产业扶贫、就业创业、易地搬迁、危房改造、生态补偿、医疗救助、教育支持、兜底保障"八个一批"精准脱贫工程，实现农村贫困人口义务教育、基本医疗和住房安全有保障，有劳动能力贫困人口产业全覆盖和兜底保障全覆盖。到2018年底，3个国定贫困县、693个贫困村、20.52万人脱贫退出，率先实现区域性脱贫目标，荣获"全国脱贫攻坚先进市"称号，延安还被确定为全国扶贫经验交流示范基地。

良好生态环境是最公平的公共产品，是最普惠的民生福祉。薛占海经常和延安的干部群众念叨："绝不要以牺牲生态环境为代价的GDP，要让延安的老百姓生活在蓝天白云下、绿水青山边和田园风光里。"近年来，延安持续加大生态建设和环境保护力度，延安的山川大地实现了由黄到绿的历史性转变。流入黄河的泥沙量下降显著，区域小气候改善明显，2021年空气优良天数达到325天，"圣地蓝"成为延安一张亮丽的名片。

惠民生不遗余力，干实事一以贯之。担任市长以来，薛占海每年坚持办好"民生十件实事"。他总说："心里时刻装着群众，决策、作为就有底气。"在薛占海的直接参与和积极推动下，延安率先在全省实现城乡居民养老保险、医疗保险、大病保险全覆盖和医保异地就医直接结算，入选第四批全国居家和社区养老服务改革试点，城镇新增就业8.28万人，城乡低保标准分别较2016年提高29.8%和79.1%，与清华附中、北医三院等国内77所知名学校、医疗机构建立稳定合作关系。与百姓利益紧密相关的公共服务正迅速向城乡均等化目标迈进。

宝塔山下，延河水畔，革命老区延安正书写着高质量发展的新篇章，在这片土地上扎根奉献的薛占海，也再次开启了自己人生和事业的新篇章。政协陕西省第十二届委员会第五次会议举行第二次全体会议选举后，薛占海正式加入省政协新一届领导班子。面对组织的信任和委员们的期待，薛占海向大会深深鞠躬……站在新的起点上，他将继续用实际行动践行初心和使命。

寄 语

新的时代、新的征程，愿新一代西大人秉承"公诚勤朴"校训，用饱满的工作热情和昂扬的奋斗姿态书写事业的华章。

刘 伟

刘伟,男,1963年10月出生,陕西乾县人。1985年毕业于杭州大学(现浙江大学)经济系旅游经济专业,获经济学学士学位;1988年毕业于西北大学经济管理学院旅游经济管理专业,获经济学硕士学位。1988年毕业后在西北大学留校任教,任旅游系讲师;1994年调至广州市财贸管理干部学院旅游系担任旅游系副主任,2002年晋升教授,2003年调至广东金融学院,现任广东金融学院国际旅游与休闲管理研究院院长(三级教授),广东省教育厅旅游管理类专业教学指导委员会委员,教育部旅游管理类专业教学指导委员会特聘委员,广东省第三产业研究会常务副会长、粤港澳酒店总经理协会常务理事及专家顾问委员,兼任西北大学博士生导师、浙江大学文旅MBA导师及旅游管理学科发展顾问。

在旅游与酒店管理相关领域深耕多年,是国内著名旅游与酒店管理专家,受聘担任国内10多个地市政府旅游发展战略顾问,在业内享有较高的声誉。多年来,在商务印书馆、高等教育出版社等出版社出版《发展中国家宏观经济学》《旅游学》等著作、教材近50部,在世界著名旅游学术刊物 *Tourism Management*(SSCI)(英国)、《旅游学刊》等国内外学术期刊以及《光明日报》等发表论文100余篇。连续多年主持广东省政府重大决策课题,为地方经济及文化和旅游业的发展做出了贡献,其研究报告受到广州市及广东省主要领导的高度评价。被广州市政府授予"广州市优秀专家"(享受政府津贴)称号,被有关行业组织评为中国改革开放40周年"广东酒店业特别贡献30人",先后荣获"中国服务发展贡献奖""全国旅游院校最具影响力十大名师""广州市优秀教师"等多项荣誉。

出版多部旅游和酒店管理著作,以先进的管理模式和超前的管理理念在国内旅游界引起很大反响,广受好评。其中,与他人合著的《21世纪瑞海姆国际旅游度假村经营模式》(中国旅游出版社,2000)作为国内第一部现代化度假村经营管理著作,填补了我国在现代化旅游度假村经营模式研究方面的空白;《旅游学》(广东旅游出版社,1999)是国内旅游管理学科奠基性著作之一。

积极将科研成果融入教学及教材编写之中。在商务印书馆、高等教育出版社、中国人民大学出版社等主编并出版教材近40部（其中，国家级规划教材8部、教育部教指委规划教材4部、受邀为国家开放大学编著教材2部），所编著教材被广东省教育厅向国务院国家教材委员会推荐为首届全国教材建设奖及全国教材建设先进个人。应教育部有关部门的邀请，多次为国内旅游院校骨干教师培训班授课，为国内旅游专业建设、旅游学科建设及旅游教学质量的提高做出了突出贡献。

致力于产学研结合，将基于中国文化、以广州从化碧水湾温泉度假村为代表的"中国服务"推向了世界。面向国内旅游行业和全国旅游院校，连续20多期主持举办"碧水湾现象研讨会"，专著《"碧水湾现象"解密》也即将出版。广东电视台对"碧水湾现象研讨会"进行了全程追踪报道，在国内引起巨大反响，受到国内外旅游行业专家、文化和旅游部等政府部门领导以及旅游院校专家学者的高度评价。

寄 语

师恩难忘，感恩母校的培养，人生在于奋斗，西大是我们的启航点，祝愿母校在120周年的起点上，再创辉煌，走向世界！

赵永安

赵永安，男，1963年12月出生，陕西长安人。1981年9月—1985年7月，在西北大学化工系化学工程专业学习，获工学学士学位。1985年9月—1988年7月，在西北大学化工系学习，获工学硕士学位。

1988年9月—1995年7月，在中石化燕山石化公司研究院工作。1995年7月—1999年12月，供职于美国某公司驻北京办事处，任总工程师。2000年1月创建北京富尔邦科技发展有限责任公司，任董事长兼CEO。2015年7月成立北京九五易购检测服务有限公司，任董事长。

抱朴守真在路上

在著名的中关村科技园区，在检测化验行业深耕20多年的富尔邦科技，已经从一家小微企业成长为知名的综合服务商。今天的富尔邦已形成实验室仪器成套与运营服务、国际先进科学仪器代理、实验室仪器维修保养服务、富邦仪城电商平台、第三方检测服务五大业务板块；服务于地质、冶金、石化、食品、制药、环境、安全、应急、反恐、国防等多个行业。

富尔邦的创始人，就是从西北大学走出来的化工系（现化工学院）校友——赵永安。

从紫藤园到中关村

赵永安出身农村，家里孩子多，负担重。从儿时起，他就莫名喜欢和渴望读书，吃饭时都舍不得放下手中的书本。因为酷爱读书，他的成绩一直非常优异，高中时曾经获得全校数理化竞赛第一名。1981年，18岁的赵永安借来雨衣、手表和自行车，独自冒着大雨去参加高考。当年全校只有三四名应届生考上大学，接到西北大学化学工程专业录取通知书的赵永安，就是其中之一。

靠着国家发放的助学金，赵永安顺利完成了学业。"当年在学生食堂，吃饭是一定要制定好计划的。"回忆起"穷学生"时代的"计划经济"，赵永安笑着解释，每月12元伙食费，一天只能用0.4元——如果中午吃了小酥肉，晚上必须吃咸菜。"便宜油腻的蒸面上就几块肥肉，就是最美味的午餐。"

校园生活清苦而美好。同学之间相互比赛着学习，多数同学每天都会上晚自习，回到宿舍，还要继续学。"老师们非常敬业，讲完课经常是满袖子的粉笔末。"西大老师们风趣幽默、深入浅出的讲授，令赵永安终生难忘。同样令他难忘的，还有校园里各种演讲和社团、浓厚的学术气氛、图书馆阅览室、大礼堂、草坪、紫藤园、操场，包括大学南路、边家村电影院……从入读本科到硕士毕业，在西大7年的学习和生活，形成了赵永安的人生底色。

1988年，赵永安进入中石化燕山石化公司研究院。他先是作为基层研究室科研负责人负责重大项目，进而被外派深圳拓展业务，之后又在企业机关工作。一切看起来都是那么顺风顺水，可以预见的是，按照这样的轨迹走下去，一定会过上安逸富足的生活。可是，赵永安厌倦了这种"一眼望到头"的生活，他经常问自己："要不要换一个赛道，给自己一个新的机会？"

1995年，在一个偶然的机遇下，赵永安毅然辞去公职，就职某外资企业。他常年背着笔记本电脑，在全国跑业务，为国内炼化企业引进了多套炼化关键设备。虽然身在外企工作，赵永安在谈判时总会仔细推敲技术协议，极力让国企避开商业陷阱，采用最合理的技术，选择性价比最好的设备。

随着国企对国外技术的引进和消化，赵永安意识到进口设备必然要被国产设备替代，他决定开始创业。

2000年1月，赵永安在北京海淀区租了一间15平方米的办公室，用10万元竞业限制补偿金启动，成立了富尔邦科技。

长风万里送鲲鹏

创业艰难，一切都要自己动手。市场开发、销售、采购、送货、安装调试……从内存、硬盘、计算机升级改造，到实验室需要的耗材试剂配件配送，每一个环节都要亲力亲为。赵永安经常骑着自行车、换乘公交车为企业送货，每天早出晚归。有将近3年的时间，他晚上都是在办公室的沙发上度过的。

随着业务的扩大，富尔邦科技开始与中石油、中石化建立业务联系。企业人员逐渐扩充，管理不断细分，业务快速增长。2002年，公司争取到了苏丹聚丙烯装置实验室全套仪器项目，这也成为富尔邦发展的里程碑。从仪器选型到耗材配件试剂供货，从全套仪器供货安装调试到装置顺利开车，赵永安不知经历了多少个日夜的不眠不休，终于将所有的仪器设备和配件试剂完整运抵非洲，并实现一次开车成功。这个项目的成功得到了中石油相关负责人的表扬和肯定，奠定了富尔邦在炼化企业实验室成套供货服务方面的先发优势。

进入2003年，富尔邦在赵永安的领导下进入发展快车道。企业先后在苏丹、阿尔及利亚、尼日尔、乍得、伊朗、伊拉克、哈萨克斯坦等完成了炼厂和油田仪器成套供货和安装调试工作。赵永安进入了废寝忘食的"工作狂人"状态，他连续熬夜加班加工催化剂翼阀阀板，保障了苏丹炼厂及时开工，为企业节省了上千万元资金。在国内，富尔邦科技相继参与了燕山石化、扬子石化、广西石化、云南石化、呼和浩特炼厂、安庆石化、庆阳石化、东方石化、延安能化、大唐煤化工、中煤蒙大、中天合创、神华榆林、久泰能源、伊泰煤制油等多家炼化企业以及第三方实验室仪器成套供货工作，共计完成了上百个实验室建设及仪器成套项目，所有的项目都按期交付，圆满完成。

通过对市场变化的研判，赵永安敏锐地意识到仪器成套设备供应必将成为鱼龙混杂的红海，他决定主动走出去，寻找国外先进仪器。赵永安多次参访国外光谱会议和展会，相继拿下了美国 KOEHLER、SPECTRO、ASI，德国 AIRSENSE、DeChem，芬兰 TIMEGATE 等多家仪器在国内销售代理权并建立售后服务中心，成立了上海、广州、西安、成都、乌鲁木齐办事处，构建全国销售网络。目前，代理产品的销售和安装调试培训服务已经成为富尔邦的核心业务。

行则必至　做则必成

在公司产品销售业务蒸蒸日上的时候，赵永安又瞄准了互联网 B2B 电商平台，建设了实验室通用仪器、试剂耗材、备品备件、二手仪器的一站式采购平台——富邦仪城，打造检测化验行业阳光采购新生态。同时，基于富尔邦公司20多年的行业资源和服务经验，以为客户提供长期服务作为出发点，打造实验室仪器设备维修保养一站式外包服务，为实验室解决了仪器设备缺乏专业保养、维修成本高、配件采购不及时的痛点。目前全国范围内已经有近30个项目在运营，遍布珠三角、长三角、东三省、大西北多个地区，涵盖油田、炼化、煤化工、第三方检测机构、航天、食品、医药等多个行业。富尔邦还与法国必维集团携手合作，在上海宝山区投资建设检测化验项目齐全的润滑油润滑脂检测实验室，为润滑油脂生产研发企业，为汽车、工程机械、舰船等企业提供油品检测服务。始终聚焦检测化验行业的富尔邦，如今五大业务板块联动，企业发展呈现出勃勃生机。

一路走来，赵永安始终信奉"路虽远，行则必至；事虽难，做则必成"的人生信条。他为人低调，踏踏实实做人，认认真真做事，不盲目多元化，不追求快速扩张，20多年来，富尔邦企业在他的领导下稳健发展。

和赵永安一样，富尔邦在发展中也始终坚持诚信为先。富尔邦的工程师团队以良好的服务得到了客户的高度肯定，富尔邦对每一笔业务负责到底，从不拖欠一家供应商的货款。正因为始终坚持长期合作、共同发展的理念，富尔邦在国内外拥有一大批值得信任和托付的长期合作伙伴。

"富尔邦虽然获得过很多荣誉和成绩，但最值得欣慰的是客户、员工的认可和需要，最值得珍惜的是富尔邦在业界拥有的良好口碑和信誉。"赵永安尤其感到兴奋的，是和员工一起构建了诚实、守信、专业、敬业的企业文化。在他留下的一串闪耀着奋斗火花的足迹上，找不到休止符。现在，他正在带着团队实现公司的第三次跨越，继续攀登新的高度。

"在如何经营和管理公司上，我一直都在学习。"赵永安谦虚地说。现在，这位检测化验行业的弄潮人依然在不断思考如何让富尔邦能在国家经济发展的大潮中，在风云变幻的市场中不迷失、不冒进，不走错路。近年来，为了应对疫情防控新业态，新开发的仪器维保线上管理平台、基于AR技术的远程诊断维修系统都在陆续投用，赵永安正在百倍努力，积极打造仪器维修服务的新生态。

昔日西大才俊，今朝业界翘楚。赵永安和他的富尔邦始终践行西大"公诚勤朴"的校训，秉承"专业铸造诚信，服务赢得合作"的经营理念，以重信守诺的商业道义和勤勉朴实的奋斗精神，绘就一幅顺应时代、艰苦创业、服务行业、回报社会的人生画卷！

（俞行）

寄　语

愿"公诚勤朴"烙在每位西大学子的心里，天下为公，诚实守信，奋斗不辍，抱朴守真，做对国家对人民有用的人。

任宗哲

任宗哲，男，1964年4月出生。陕西千阳人。于1986年、1989年毕业于西北大学哲学系，先后获哲学学士、哲学硕士学位；2002毕业于西北大学经济管理学院政治经济学专业，获经济学博士学位。1989年硕士毕业后留校任教，1994破格晋升为副教授，1999晋升为教授，2010年评定为西北大学首批二级教授。历任人事处副处长（"双肩挑"），公共管理学院副院长、院长，校党委委员、校长助理兼人事处长，校党委常委、副校长等。兼任教育部人文社会科学重点研究基地——西北大学中国西部经济发展研究中心主任，教育部政治学类教学指导委员会委员，教育部大学生文化素质教学指导委员会委员，陕西省社会科学界联合会第四届委员会副主席等。教学研究主要聚焦公共管理、区域发展等领域，发表学术论文百余篇，主持国家级、省级项目20余项，出版专著、著作10余部，获国家教学成果奖二等奖1项，省部级奖项9项，其中特等奖1项、一等奖2项。

2011年9月之后历任陕西省社会科学院党组书记、院长，省文化厅党组书记、厅长，省文化和旅游厅党组书记、厅长。现任省委副秘书长，党史研究室主任。十三届省委候补委员、十四届省委委员。省政协委员，兼任省政协文化文史和学习委员会副主任委员。

结合实际工作完成多篇调研报告，其中《陕西革命老区精准扶贫脱贫方式研究》《陕西县域经济追赶超越总体思路与措施研究》等分别获2015、2017年度全省领导干部优秀调研成果一等奖、二等奖。

寄 语

情寄西大，共贺百廿。祝愿母校积历史之厚蕴，宏图更展，再谱新篇！

刘　科

刘科，男，1964年5月出生，陕西子洲人。1980年入读西北大学化学工程系本科，并于1987年获得化学工程硕士学位。1990年赴美留学，在美工作生活20余年，曾在埃克森美孚、联合技术公司（UTC）和GE等著名跨国公司供职。回国后筹建National Inst.of Clean & low-carbon Energy（NICE， 现国家能源集团北京低碳清洁能源研究院），后被任命为神华研究院副院长，同时任中国工程院院刊《工程》杂志（中英文）编委。2016年加入南方科技大学，任创新创业学院院长、清洁能源研究院院长、讲席教授。

获得多项国内外大奖，包括2006年全美绿宝石特别科学奖，2013年国际匹茨堡煤炭转化创新年度奖，中国留学人员创新创业50人等荣誉。2015年，当选澳大利亚国家工程院外籍院士，是继中国工程院主席团名誉主席徐匡迪、中国工程院周济院长、国家自然基金委主任李静海院士之后第4位获得此殊荣的华人。

一位海归科学家的自我修养

"每代海归都有每代海归的责任。"作为国家高层次人才联谊会副会长、全球知名的能源科学家，刘科对"海归"有着强烈的身份认同。他说："随着时间的推移，这一代海归也会像'两弹一星'的海归科学家们一样，为国家做出巨大贡献。"

从海外著名跨国公司高管、发达国家工程院的外籍院士，到归国效力；从国家高层次人才专家，到创业有成的公司合伙人；从著名民间智库和海归精英组织的领导人，到大学的院长和讲席教授；从潜心科研，到创立企业——一步步走来，刘科的人生越来越精彩。

感恩时代　历练成才

20世纪90年代初，从美国纽约市立大学化学工程专业博士毕业后，刘科凭借坚实的科研实力，成为改革开放后最早一批进入当时全球最大的石油公司埃克森美孚的大陆留学生之一。

在著名的跨国公司工作，周围的同事全都是业界翘楚，刘科深深感受到压力。他像海绵一样吸取知识、积累经验，"总是深更半夜才回家"，披星戴月是他的日常。有一次，新泽西遇到冻雨天气，偌大的停车场只剩下他的车，覆盖着厚厚一层冰盖，晶莹剔透，在微光中闪闪发亮。虽然不易，但畅游在所喜爱的领域里，做着"有用"的事，刘科心里觉得特别踏实，特别有意义。刘科形容自己最初几年的工作与学习状态，是"急速进步"，也为他此后的职业生涯奠定了深厚的基础。

"我是一个特别幸运的人。"回顾自己的学业及职业生涯，刘科由衷地感慨。父亲嘱咐他要选择"对民生有用"的领域，西大化工系给予他对化工领域的基本认识和应用——刘科觉得自己每走一步，好似都有"贵人"相助。最令他念念不忘的，是陕西省原副省长姜信真。刘科在校时，姜信真教授任西大化工学院院长，是刘科的硕士生导师。老师至今都与刘科保持着密切的关系，有时还合作论文。两人的沟通跨越了年龄，超出专业领域，成为真正的忘年之交。

旅美20余年，刘科先后在Exxon-Mobil、美国联合技术公司（UTC）、美国通用电气（GE）等三大著名跨国公司供职，参与了从石油化工、氢能及燃料电池技术、煤气化及发电等多个能源领域的前沿项目研发，这些宝贵的经验对刘科在不同能源领域开展交叉研究提供了独到的视野与洞见。

勤奋的工作和取得的开拓性成果为刘科赢得诸多荣誉，得到了国际同行的褒奖和认可。在偕夫人和女儿赴华盛顿领取全美绿宝石特别科学奖时，刘科在获奖感言中深情感谢帮助过他的所有人、他的母校、前辈及家人朋友。

不忘初心　矢志报国

"我是从事能源化工的，我无法对日益恶化的国内环境坐视不理！"虽然身居海外，但刘科报效祖国的愿望却越来越强烈。

一次回国出差，飞机刚落地，刘科就被北京连天的雾霾粉尘震惊了："离开中国不过十几年，但蓝天白云似乎只在以往的记忆中才能寻见，真是太可悲了。"他还在互联网上看到，一些地方因为过度开采煤炭，就近炼焦燃煤，天空中尘埃密度之大，导致那里的孩子们从出生后就从来没见过星星，对他们讲起满天繁星的夜空，就如同天方夜谭。

"国力强大难道就一定要以环境污染为代价？我又能为国家做些什么？"环境问题的"根"在能源。在刘科的心里，作为"干这一行的"，解决环境污染问题，是他义不容辞的责任和担当。

国家高层次人才计划的推出，为海外人才"回家"打造了绿色通道。怀着让祖国"天更蓝水更清"的信念，刘科成为早期回国的高层次人才专家，应邀回国筹建 NICE（现国家能源集团北京低碳清洁能源研究院）并出任副总裁及首席技术官（VP&CTO）。

中国是富煤少油少气的国家。离开煤炭的应用去讲能源和环境气候治理是不现实的。"咬定青山不放松"，刘科和他的团队正是在这件"老大难"的事情上较真。在比较了煤炭和石油领域，观察了国内与国外在产业上的不同之后，刘科提出了"煤炭的高度纵向整合"以及"煤炭全产业链及全生命周期研究"的理念，同时开发煤炭的微矿分离技术。经小试、中试、成果放大到 25 万吨的工业规模，并发表了相关论文，刘科终于在煤炭领域的清洁利用及土壤改良、沙漠盐碱地治理等应用上开辟出一条新路。

"在煤炭清洁上多下功夫，用最少的投入换来最大限度的减排，是最经济、最清洁的方案。"刘科认为，"改善中国空气质量的办法之一，就是让煤炭在燃烧前变得更加清洁——像炼油那样去炼煤。"他称之为煤炭分级炼制（Coal Refining）技术，并在回国不久后就在国内外注册了商标"CoalRef™"。

在神华集团（现国家能源集团）的支持下，煤炭分级炼制技术工艺包开发完成，通过了专家的鉴定。刘科在 2015 年发表《雾霾的主要成因与治理》一文，梳理并澄清国人对于雾霾的认识，并提出可行的方法路线。他如同传道人一般地四处科普、发声，为的是让国土再一次天蓝水清。

凭借在中美两国所取得的对煤炭的清洁利用和转化的杰出成果，刘科获得了 2013 年国际匹兹堡煤炭转化创新年度奖。

锲而不舍　携手共进

创新创业的呼唤让刘科按捺不住内心对于新的挑战的渴望。

创业，也一定离不开老本行。基于涉足过能源行业的多个领域，一些兼容并蓄、取长补短的想法逐渐在刘科头脑中清晰起来。他开始思考，怎样把美国页岩气革命的红利和欧洲高效柴油机的改进成果结合起来；能否把甲醇燃料注入柴油机……

想通了技术上的逻辑，刘科率领创业团队，靠一轮轮的研究与实验，攻克了甲醇压燃等技术难题，把好想法变成了实实在在的进展。

"这是目前世界仅有的百分百甲醇柴油机！已经 7×24 小时在运转啦！"刘科兴奋地拿起手机向人们展示一大一小两台绿色柴油机运转的视频，"大的功率是 200 千瓦，相当于大卡车的发动机马力；小的是 50 千瓦，相当于轿车的。"——如果这项技术最终成功并且实现产业化，人们就又多了一种清洁、高效、廉价的能源选择。当下，刘科和他的团队正为实现这个目标扬鞭奋进。

在坚持技术与工程探索实践的同时，刘科一直凭借专业知识和国际视野，与国外同行保持交流、在国内促进海归群体的协作。

只要有利于交流合作，刘科不惮于多做事。在总部设在哥本哈根的世界著名催化剂公司托普索公司担任副总裁，为全球客户提供煤化工与清洁能源的优化生产方案；在清华—卡内基全球政策中心担任理事，以促进中美之间清洁能源和环保方面的合作；在国际能源界著名的"多哈论坛"上代表中国发声；在民间智库为国家建言献策……他乐此不疲。

担任南方科技大学创新创业学院院长一职后，刘科的肩上又多了一份责任和期望。在他心中，能够培养和辅助年轻人，看到他们有所作为是一件幸福的事，甚至比自己获得成就还要高兴。

寄　语

懂得感恩是收获幸福的源泉。知恩图报，愿百年母校，再创辉煌！

侯宁彬

侯宁彬，男，1964年10月出生，陕西合阳人。1982年9月进入西北大学历史学系考古学专业学习，1986年7月毕业后分配至陕西省考古研究所工作。先后担任陕西省考古研究院院长助理、陕西省文物局文物保护与考古处副处长、汉阳陵博物馆馆长、秦始皇帝陵博物院院长等职。现任陕西历史博物馆党委书记、馆长，兼任中国博物馆协会副理事长、陕西省博物馆协会会长、陕西省文物交流协会副会长等职。

出版发表《白鹿原汉墓》《陕西域外考古的主要收获》等专著、论文数十篇。先后获得"全国博物馆十大精品陈列推介精品奖""陕西省思想文化宣传创新奖"一等奖、二等奖等奖项。

在文博事业的道路上奋斗不止

侯宁彬长期从事考古发掘与研究、文化遗产保护利用、博物馆运营等工作，先后主持了秦咸阳城国家大遗址、西安白鹿原汉墓等多项考古发掘工作，组织编写了《秦文明新探》（丛书）、《大唐遗宝——何家村窖藏》等大型图书数部；策划了《平天下——秦的统一》《庞贝——瞬间与永恒》等多个主题展览；创造性开展了《秦始皇帝陵与兵马俑》等"互联网+中华文明"数字体验项目；实施了汉景帝阳陵、秦始皇帝陵陵园标识展示和文物保护工程。作为一名从西北大学走出来的考古人，侯宁彬为中国文博事业奉献了自己的才智和激情，彰显了西大考古人的精神风貌和职业素养。

一步一脚印　厚积而薄发

1986年7月，侯宁彬从西北大学考古专业毕业后，随即前往陕西省考古研究所报到。报到当天，他就接受任务赴陕北榆林绥德、清涧等地，参加了绥德东汉画像石墓、清涧李家崖商代古城址的考古调查、勘探、发掘与资料整理工作，榆林地区第二次全国文物普查工作。工作期间，他始终秉承"读万卷书、行千里路"的理念，不怕苦、不怕累，利用专业特长，精心踏查、严格把关，取得了丰硕成果，得到上级领导和广大普查队员的广泛认可。

在陕西省考古研究院工作的 26 年间，侯宁彬先后参与或主持了陕西省第三次全国文物普查、秦始皇陵寝殿遗址、秦咸阳城国家大遗址、西安神禾塬战国陵园等遗址的考古调查、勘探与发掘工作，完成了黑河引水工程、西宝高速公路、包西铁路（二线）、王圪堵水库等多项大型工程的考古调查、文物影响评估工作。撰写了《白鹿原汉墓》《陕西汉墓形制试析》《西安地区汉代墓葬分布》等专业论文或论著数十篇。参与建设了陕西省考古研究院考古项目管理系统，为考古发掘、研究工作进一步科学化、规范化打下了坚实基础。

2011—2013 年，侯宁彬担任文物保护与考古处副处长。他在西北大学校友、时任陕西省文物局局长赵荣的指导下，创造性组织策划了文物普查地理信息系统、文物普查标本库建设，在全国起到了示范引领作用，形成了第三次全国不可移动文物普查的陕西经验。他组织完成了全省 7 处丝路申遗点申报、迎接国际专家检查等工作，大雁塔、汉长安城未央宫等 7 处遗产点被顺利列入世界遗产，为陕西重要文化遗产申报世界遗产积累了经验。

2013—2015 年，侯宁彬担任汉阳陵博物馆馆长。其间，他基于汉景帝阳陵国家考古遗址公园的文化遗产属性，提出了以生态发展带动博物馆发展的新思路，制定了"激活旅游发展公司，扩大经营范围"方案；组织策划的"汉风飘荡　薪火相传"教育活动，获得陕西省委宣传部宣传思想文化创新一等奖；创新策划的"汉阳陵银杏节"破圈成为热门"打卡地"。2018 年，"汉阳陵银杏节"被国家文物局树立为"国家考古遗址公园展示利用示范项目"。

紧跟时代步伐　争创一流业绩

由于工作业绩突出，侯宁彬于 2015 年调至秦始皇帝陵博物院工作。他代表博物院先后成功接待了印度总理莫迪、法国总统马克龙、联合国教科文组织总干事博科娃等国际政要，宣传推广了博大精深的秦文明，扩大了中华文化的国际影响力。同时，博物院积极响应"互联网＋中华文明"三年行动计划号召，先后与腾讯、百度、新浪等互联网巨头达成多项合作，搭建了"200 亿像素 360 度全景兵马俑坑展示""AI 秦始皇兵马俑复原"等网络展示平台，大大提升了兵马俑和秦始皇帝陵的展示效果。全力倡导改善参观体验，组织实施了秦始皇帝陵博物院北大门、铜车马博物馆、秦始皇帝陵陵园标识展示等工程建设，结束了被诟病不已的游客"找门"时代，改善了铜车马展厅"水泄不通"、秦始皇帝陵陵园内"门可罗雀"的现状，缓解了文化遗产展示不充分、不平衡与广大游客参观需求日益提高之间的矛盾。

侯宁彬负责组织实施的"考古发掘现场出土脆弱遗迹临时固型材料研究""遗址博物馆环境监测与调控关键技术研究"等课题分别荣获"国家科学技术进步奖"二等奖、国家文物局"文物保护和技术创新奖"一等奖、二等奖等。同时，他积极推动与母校强强合作、共谋一流，双方联合实施的"文化遗产考古资源数字化保护新技术研究及在秦俑等示范工程的应用"项目荣获陕西省科技进步二等奖；与西北大学文化遗产学院联合创立了"秦文明研究院"，围绕秦汉文明研究进行联合攻关，为秦汉文明系统研究增添了丰硕成果，也为母校考古学科建设做出了积极贡献。

侯宁彬带领博物院先后与英国伦敦大学、剑桥大学、牛津大学、大英博物馆、美国莱特州立大学、比利时杨森制药等机构达成了多项合作。中英合作采用新的科技方法，从多学科、多角度研究秦始皇帝陵兵马俑及其背后的标准化、生产技术和劳动力组织，并取得了突破性的研究成果，先后在 Journal of Archaeological Science、Antiquity、Journal of Archaeological Method and Theory、Anthropological Archaeology 等期刊发表多篇学术论文，合作研究成果由英国狮子电视台、香港凤凰卫视以及英国广播公司（BBC）以纪录片形式在全球宣传，获得英国遗产委员会颁发的"最佳考古展示奖"。其中 BBC 还深度采访了西北大学段清波（1964—2019）教授，揭示了全球视野下秦始皇帝陵和兵马俑研究的最新成果，有力地促进了秦汉文明的拓展研究。与比利时杨森制药（西安杨森）顺利完成了兵马俑保护修复的第四期合作，基于合作开展的"秦俑土遗址及相关文物的防霉保护""考古发掘现场出土脆弱遗迹临时固型材料研究""遗址博物馆环境监测与调控关键技术研究"等项目分别获得国家文物局"文物保护与技术创新奖"一等奖和二等奖。

不负使命担当　讲好中国故事

2019 年，侯宁彬调任陕西历史博物馆党委书记、馆长。刚上任不久，就面临着突如其来的新冠肺炎疫情。他一方面加紧调研，了解博物馆在新时代遇到的瓶颈，一方面谋划博物馆的空间扩展、科研提升和服务升级，在很短时间内就形成了强化科研、优化格局、提升服务的发展理念。他主导创新传播方式，利用陕西数字博物馆云展览平台，先后推出 144 个博物馆的虚拟展馆、125 个数字专题展览、145 个线上专题讲座传播陕西博物馆文化。其中，"韩休墓壁画主题虚拟展""壁画修复展"等云端体验式展览引起了观展热潮，发布的首批收藏级数字作品"秦杜虎符"NFT，取得了博物馆数字典藏与数字文创的新突破。

博物馆策划实施的"彩陶·中华——中国五千年前的融合与统一"等7个专题展览，精准解读了中国早期多元文明的形成，礼仪文明的产生、消亡以及制度文明的发展、壮大历程，有力践行了习近平总书记"让文物活起来""讲好中国故事、传播好中国声音"的重要指示批示，彰显了新时代博物馆人的使命担当。其中，在台湾主导举办的"盛世壁藏——唐代壁画文化特展·首部曲"展览，加强了港澳台同胞的国家认同与文化认同。多年来，侯宁彬一如既往地配合支持国家外宣大局，多次积极参与中央广播电视总台《国家宝藏》、人民网《云课堂·奇妙漫游云看展》、中国网《似是故人来》等直播活动，从"文物活起来"角度彰显了中华文化的国际影响力。

寄　语

时光荏苒，岁月如歌。双甲子的辉煌已然翻篇，新时代的呼唤御风回响，愿母校学子百尺竿头，更进一步！

高 岭

高岭，男，汉族，1964年12月出生，陕西绥德人，九三学社社员，博士，二级教授。1985年7月毕业于湖南大学计算机科学系，获学士学位；1988年毕业于西北大学计算机科学系，获理学硕士学位；2005年毕业于西安交通大学计算机科学系，获工学博士学位。1985年7月任教于西北大学计算机科学系，历任计算机科学系副主任、网络中心副主任（主持工作）、现代教育技术中心主任、科研处处长、副校长，曾负责筹建西北大学现代教育技术中心；2016年10月调任西安工程大学校长；2021年4月任陕西省教育厅副厅长（正厅级）。

兼任九三学社第十四届中央委员会委员、九三学社陕西省委主委，第十二届、十三届全国人大代表，陕西省纪委监委首届特约监察员，第五届陕西省政府督学，西安市科技顾问，陕西省高校科协联合会常务副会长等社会职务；先后担任新型网络智能信息服务国家地方联合研究中心主任、陕西省新型网络安全保障与服务工程实验室主任、中国计算机学会网络与数据通信专业委员会主任委员、国际计算机学会（ACM）西安分会主席、陕西省教育信息化专家委员会主任委员和陕西省高校科协联合会常务副会长等学术职务，2018年获评陕西省"科技创新领军人才"。

长期致力于信息领域的教学科研工作，在计算机网络基础理论、网络安全与管理、移动网络能效优化、边缘计算以及智能信息处理等领域不断探索，深入研究，取得了丰硕的成果。建立了第一套专门用于西部贫困地区师生教育及培训的专业化远程教育平台，推动了国家教育服务均等化；主持研发文化遗产智能监测与风险预警平台，首次实现明长城等户外大型文化遗址由定量评估转为定性保护；研发多级主动的安全监控服务平台，开创了线上监控和线下服务相融合的新模式，获得国家发改委授予信息化试点和科技部授予的第一批"国家现代服务业创新发展示范"等称号。多年来先后主持国家重点研发计划项目、课题和国家自然科学基金项目、省部级重点科研项目20余项，在国内外知名学术刊物及高水平学术会议上发表论文150余篇，其中100余篇被SCI/EI收录。获得受理及授权发明专利、软件著作权等100余项，获国家及省级教学成果奖、科学技术奖 10 余项。先后主持讲授《操作系统》《计算机网络》及《网络管理》等课程，累计指导博士后、博硕士研究生、访问学者等 100 余人。

担任西北大学副校长、西安工程大学校长期间，在学科建设、第四轮学科评估、博士授权资格、授权点的申报等方面均取得积极的成果和进展，为学校的长远、高质量发展奠定了坚实基础。

担任陕西省教育厅副厅长（正厅级）以来，心怀"国之大者"，在确保社会稳定、学生和家长满意的基础上，全力推进规范民办义务教育发展和"双减"校外学科类培训机构规范管理两项工作落实落地，力争按时保质保量完成国家对陕西省下达的各项任务指标；狠抓职业教育提质培优和改革发展，与陕西省秦创原总平台有效对接，持续推进高校科学研究与国家、区域经济社会有效融合。特别是作为分管领导，面对突发新冠肺炎疫情，科学应对、精心组织，全力打赢了 2022 年陕西省全国硕士研究生招生考试攻坚战，赢得社会各界广泛赞誉。

担任九三学社陕西省委员会副主委以来，配合九三学社中央对口陕西省民主监督脱贫攻坚工作，积极参与九三学社中央文教委工作，并取得良好成绩。担任第十二届、十三届全国人大代表期间，先后提交各类议案建议 30 余份，涉及国家法律制度、经济建设、教育教学、社会治理、生态环境、科技创新及对外交流等不同领域，在社会、政府部门等均产生了一定影响和效果。2022 年，当选九三学社陕西省委主委。

在 2013—2014 年挂职重庆市教委副主任期间，先后主持制定了《关于推进重庆市教育信息化建设的意见》等规划文件，推进相关工作取得成效。

寄　语

百廿载公诚立德，双甲子勤朴树人。祝愿母校始终保持脚踏实地、执着向前的精神，踔厉奋发，笃定前行，在新时代创造新的辉煌。

樊维斌

樊维斌，男，汉族，1965年1月出生，陕西吴堡人。1985年9月—1989年7月在西北大学地理系经济地理与城乡区域规划专业学习；1989年7月—1996年7月在榆林地区计划委员会工作（其间：1993年9月—1996年6月在陕西师范大学政治经济学专业学习）；1996年7月—1997年10月在陕西省计划委员会国土规划处工作；1997年10月—2000年9月任陕西省计划委员会国土规划处主任科员；2000年9月—2004年7月任陕西省发展计划委员会政策法规处副处长；2004年7月—2006年5月任陕西省发展和改革委员会政策法规处处长；2006年5月—2009年6月任陕西省发展和改革委员会发展规划与地区经济处处长；2009年6月—2010年4月任陕西省发展和改革委员会发展规划处处长；2010年4月—2013年6月任陕西省发展和改革委员会总工程师、党组成员；2013年6月—2014年2月任陕西省发展和改革委员会副主任、党组成员；2014年2月—2015年4月任陕西省发展和改革委员会副主任、党组成员，省委全面深化改革领导小组办公室专职副主任；2015年4月—2018年12月任陕西省委副秘书长（兼）、省委政策研究室主任、省委全面深化改革领导小组办公室主任（兼）；2018年12月—2019年3月任陕西省委副秘书长（兼）、省委政策研究室主任；2019年3月—2020年1月任陕西省委组织部常务副部长（正厅长级）；2020年1月—2020年3月任陕西省委组织部常务副部长（正厅长级），省人大常委会委员；2020年3月—2020年9月任陕西省委组织部常务副部长（正厅长级），省人大常委会委员、代表资格审查委员会主任委员、人事代表选举工作委员会副主任；2020年9月—2022年8月任中共铜川市委书记、铜川军分区党委第一书记；2022年8月至今任中共渭南市委委员、常委、书记。

寄　语

公诚勤朴育八方俊彦，薪火赓续铸百廿辉煌。衷心祝愿母校奋进新征程、谱写新篇章！

卓 宇

卓宇,男,汉族,1965年2月出生,安徽灵璧人,中国共产党党员。1984年9月—1991年11月,在西安公路学院(现长安大学)汽车运用工程专业学习,先后获得工学学士学位和工学硕士学位,2004年毕业于长安大学运载工具运用工程专业,获工学博士学位。现任渭南师范学院党委书记,高级工程师,陕西省第十三届人民代表大会代表、常务委员会委员,陕西省第十三届人民代表大会法制委员会委员,中国共产党渭南市第六次代表大会代表。曾主持陕西省社科界重大理论与现实问题研究、陕西省思想政治工作研究等项目,荣获陕西省思想政治工作优秀研究成果一等奖、陕西省人民政府研究室调研成果一等奖等奖项。

1991—2008年,先后在江苏省徐州市交通局、交通部科学研究院、中交(北京)交通产品认证中心工作,历任徐州市交通局副科长、副处长,交通部科学研究院标准计量所高级工程师,交通部科学研究院经营开发处副处长,中交(北京)交通产品认证中心副主任;2008年7月—2010年11月,任陕西省宝鸡市市长助理、市政府党组成员;2010年11月—2011年12月,任陕西省宝鸡市市长助理、市政府党组成员,陈仓物流园区建设管理委员会主任;2011年12月—2012年3月,任陕西省宝鸡市市长助理、市政府党组成员,陈仓物流园区建设管理委员会主任、市物流产业建设发展有限公司董事长;2012年3月—2012年9月,任陕西省宝鸡市市长助理、宝鸡高新技术产业开发区管委会主任、党工委副书记;2012年9月—2014年12月,任陕西省宝鸡市市长助理、宝鸡高新技术产业开发区管委会主任(副厅级)、党工委副书记;2014年12月—2017年8月,任西北大学党委委员、党委常委、副校长;2017年8月—2019年1月,任渭南师范学院党委委员、院长、党委副书记;2019年1月至今,任渭南师范学院党委书记、陕西省第十三届人民代表大会常务委员会委员、陕西省第十三届人民代表大会法制委员会委员。

寄 语

一百二十载风雨兼程,弦歌不辍。衷心祝愿百廿西大秉承"发扬民族精神,融合世界思想,肩负建设西北之重任"的办学理念,聚力新阶段,奋进新征程,铸就新辉煌!

李宏安

李宏安，男，1965 年 9 月出生，陕西蓝田人，1986 年毕业于西安交通大学透平压缩机及风机专业，获工学学士学位；2006 年 9 月—2011 年 7 月就读于西北大学陕西工商管理学院工商管理专业。曾任陕西骊山风机厂厂长、陕西鼓风机（集团）有限公司副总经理、党委副书记、总经理，现任陕西鼓风机（集团）有限公司党委书记、董事长，高级工程师。享受国务院政府特殊津贴，先后获得全国优秀企业家、中国工业榜样人物、陕西省优秀共产党员、西安市市长特别奖、全国企业文化优秀成果一等奖、全国企业管理现代化创新成果一等奖等荣誉。

披肝沥胆怀壮志　踔厉奋发新时代

作为中国工业榜样企业的掌门人，陕西鼓风机（集团）有限公司党委书记、董事长李宏安带领着这家中国老牌国企抢占分布式能源发展先机，开创"能源互联岛"能耗全球行业最低。企业发展连创新高，经营绩效全行业第一，并两次摘得"中国工业大奖"桂冠。

如今，陕鼓集团已成为引领中国工业企业转型发展的一面旗帜，并在李宏安的带领下，向着奋力打造世界一流智慧绿色能源强企战略目标迈进。

攻坚克难　奋斗中崭露头角

1986 年 7 月，大学毕业的李宏安被分配到承担国民经济支柱产业核心技术装备研制重任的陕西鼓风机厂，成为产品试验研究室的一名技术人员。在过去的 4 年里，李宏安总是"泡"在大学的图书馆里，一遍一遍研读和专业有关的各类书籍。凭着不放过任何一个专业问题的精神，他打下了扎实的透平专业技术理论功底。

陕西鼓风机厂成为年轻的李宏安为之奋斗的事业平台。怀着提升国产重大装备技术实力的使命和责任，他下定决心要"一个专业、一直干、一辈子"，以行业"状元""骨干"为目标，把青春热血和聪明才智挥洒在创新铸就国之重器的舞台上。

"宏安身上呀，有一股可贵的韧劲儿和钻劲儿，难题不破决不罢休。"提起李宏安，当年一起工作的师傅连连夸赞。李宏安负责的产品试验工作是国产重大装备技术性能试验和数据积累的重要一环。20世纪80年代末到90年代初，他完成了众多石油化工领域离心压缩机的技术试验和项目现场调试工作，为大国重器多个首台套项目的诞生奠定了坚实基础。

陕鼓曾承担国家重点工程之一的太原化工厂某大型装置国产化首台套离心压缩机设备的研制工作。离心压缩机是石油、化工等国民经济支柱产业核心装置的"心脏"，但离心压缩机技术长期受制于国外。1991年，为了打破离心压缩机的技术瓶颈难题，李宏安挑起了太化机组模型试验研究的重任。该机组气动参数和产品结构复杂，设计难度大。为了圆满完成试验任务，李宏安经常和团队技术成员一起吃住在试验室，从设计图纸到模型生产再到试验台位，都一丝不苟、精益求精，以一股子钻劲儿和韧劲儿攻破了一个个"卡脖子"的技术难题。圆满完成模型试验后，整套机组进入了现场安装调试阶段，李宏安干脆驻扎在车间现场，对机组进行性能试验，确保了国产化首台套离心压缩机的整机性能和项目的顺利投产。

李宏安相继主导了茂名石化、辽化、首钢、格尔木炼油厂、武钢、华北石油管理局等一系列国产首台套项目性能试验。宝剑锋从磨砺出，梅花香自苦寒来。一次次机组性能及振动难题的解决，一次次节能降耗的机组改造，都倾注着李宏安的心血。他在工作中深耕透平专业技术领域，积极开展能量转化领域技术研发与学术研究，主导的技术研发项目先后多次获得国家和省市级科学技术奖，成为重大技术装备创新领域的佼佼者。

探索蓝海　创新管理谋发展

在工作中脱颖而出的李宏安以出色的工作能力得到了公司上下的一致肯定。他先后担任陕鼓产品试验研究室主任兼产计党支部书记、子公司管理部部长、骊山风机厂厂长、陕鼓集团副总工程师、副总经理等职务。特别是在担任子公司管理部部长以及担任骊山风机厂厂长的短短几年时间里，李宏安勤勉务实，大胆革新，使得子公司和骊山风机厂主要指标均实现了又好又快的增长。

2005年，陕鼓开启了"两个转变"转型之路。李宏安挑起了力促企业转型的经营管理重任，担任陕鼓集团总经理、党委副书记。不负众望的他锐意改革，以全新的现代企业经营理念和发展思路，推动陕鼓转型升级，促进陕鼓摆脱传统制造业发展的老路子，走上了一条依靠科技创新和智慧劳动的新型工业化转型之路。历经20年服务型制造转型升级，如今的陕鼓已实现了跨越式发展，成为中国工业行业企业转型升级的典范。

2017年6月，李宏安担任陕鼓集团党委书记、董事长。从那时起，他抱定了矢志不渝谋发展的初心："以习近平新时代中国特色社会主义思想为指引，把马克思主义哲学系统论与陕鼓的服务型制造转型相结合，将党的宗旨与国有企业的转型发展融为一体，才能推动企业在正确的道路上实现又好又快发展。"

在岁月和岗位的磨砺中，李宏安准确把握行业发展趋势，把目光投向了分布式能源市场的广阔蓝海，积极落实"碳达峰""碳中和"目标，为全球客户提供以分布式能源系统解决方案为圆心的设备、工程、服务、运营、供应链、智能化、金融七大增值服务。

在国企党建和创新发展实践中，李宏安大刀阔斧地推进一系列管理创新：提出陕鼓集团新时代发展总路径，为陕鼓发展指明了方向；提出陕鼓党建"五个面向"和"七个融合"，将企业党建渗透到生产经营的细枝末节，打造了"党旗红 陕鼓强"的党建品牌；提出"对外以用户为中心，对内以员工为中心的陕鼓'以人民为中心'发展目标"，让陕鼓走出一条新冠、新碳、新局下赢得分布式能源转型竞争的高质量发展之路；提出"高产就是向上向善""三讲三不讲""五个不允许"等管理理念，让每一个陕鼓人在其位、谋其职、尽其责；提出"100－1＝0""有缺陷的产品就是废品"等安全质量理念，让企业"大安全 大健康""大质量"理念深入人心；提出"044"一盘棋管控模式，推行"归零赛马＋揭榜挂帅"机制，构筑起全员协同奋进的高质量发展管理生态；提出"聚焦所服务细分市场用户需求及需求变化"和"要为客户找产品，不为产品找客户""用户永远是对的"等一系列市场理念，让陕鼓在服务客户的征程中勇立分布式能源市场潮头；提出"非清零式营销"，让陕鼓抹平经济周期影响，更加行稳致远……

如今，陕鼓旗下已拥有20余家海外公司和服务机构，30余个运营工厂/中心，主导产品已覆盖全球100多个国家和地区。

直面疫情 "长期主义"展风采

近5年来，陕鼓主要经济指标连续呈两位数、三位数以上同比增长，不断创历史新高，人均主要指标接近或已经超过国际标杆企业，经营绩效国内全行业第一。陕鼓自主创新研发的核心单点技术、系统技术均达到国际先进或领先水平，解决了能源互联、大空分、大化肥、大乙烯、大风洞等"卡脖子"问题。亮眼的成绩引得外界将关注的目光一次次投向陕鼓：国际能效合作伙伴关系组织IPEEC推广陕鼓节能技术，世界级管理大师赫尔曼·西蒙对陕鼓转型给予肯定，陕鼓两次摘得"中国工业大奖"桂冠，国务院国有企业改革领导小组办公室发文指出要"把陕鼓集团打造为全国国企改革标杆"；"陕鼓模式"被写入西安市第十四次党代会报告和西安市政府工作报告、陕西省政府工作报告、《陕西省国民经济和社会发展第十四个五年规划和二〇三五年远景目标纲要》《陕西省"十四五"制造业高质量发展规划》，并获得国家工信部认可和推广。

2020年以来，新冠肺炎疫情对世界发展的冲击不断扩大和加深。面对疫情，李宏安运用辩证法思维分析，提出与危机并行的是新的机会和发展空间，要转变思路，用长期主义价值观谋划陕鼓发展。

在构建国内、国际双循环相互促进的新发展格局下，陕鼓发力"长期主义"奋斗实践，从"清零式营销"向"非清零式营销"转变，建立四类长期业务，从战略、战役、战斗层面，全系统强化为客户创造长期价值的业务体系。李宏安说，陕鼓转型是为了实现用户的转型发展。

2020年一季度疫情防控期间，陕鼓销售合同额同比增长126.57%，利润同比增长31.24%；陕鼓产值占国内行业重点企业的34.98%，利润占行业重点企业的153.37%。2022年1月份疫情封城期间，陕鼓营业收入同比增长72.62%，产值同比增长50.35%。

陕鼓能够逆疫情发展的背后，非清零式营销起了关键作用，也正是李宏安带领全体干部员工上下一心、未雨绸缪，提前布局长期业务的结果。

2021年，陕鼓集团荣获第十四届"中国管理模式杰出奖"，专家评审组一致评价陕鼓："从'隐形冠军'到'陕鼓模式'，向上向善，智慧创新的陕鼓未来可期！"

作为西北大学校友，李宏安心系母校发展，在繁忙的工作中多次抽出时间回到母校，畅谈企业管理的真知灼见，为还在校园中的学弟学妹授业解惑。在他的推动下，陕鼓集团与西北大学签订战略合作伙伴协议，双方在人才培养、项目合作、联合研发等方面取得了丰硕成果，为校企合作树立了典范。

"我将继续秉承西北大学'公诚勤朴'的校训，以时不我待的奋斗激情抒写新时代西大力量！"站在向第二个百年奋斗目标进军的新起点上，李宏安豪情满怀地拥抱分布式能源革命新高潮，引领陕鼓行进在全新的征程上。

寄 语

当前，世界处于百年未有之大变局，沧海横流方显英雄本色。希望学弟学妹们志存高远，脚踏实地，让青春在接力奋斗中绽放光彩。

巩富文

巩富文,男,1965年12月出生,甘肃正宁人,法学博士,教授。1987年毕业于西北师范大学政治系政治教育专业,获法学学士学位;1989年毕业于中国政法大学刑事诉讼法专业,获法学硕士学位;2010年毕业于中国政法大学刑事诉讼法专业,获法学博士学位。1989年1月—2007年3月在西北大学工作,历任法律系助教、讲师、副教授、教授、校工会副主席,法学院院长,知识产权学院院长;2007年3月—2017年9月任陕西省人民检察院副检察长,检察委员会委员;2017年9月至今任陕西省高院副院长(正厅级),一级高级法官,审判委员会委员。现为全国政协委员,农工党中央委员、社会与法制工作委员会副主任,农工党陕西省委员会副主委、省监督委员会主任。

先后主持并承担国家、省部级课题40余项,出版个人专著2部,主编、合著10余部,发表论文400余篇,荣获全国政协优秀提案、2020年度好提案,全国检察业务专家,农工党中央评选表彰的全国优秀党员、全国先进个人、全国参政议政工作先进个人、全国反映社情民意信息工作先进个人、全国社会服务工作突出贡献奖等40项称号与奖励。在全国"两会"上提交提案120余件,有10件被新华社《国内动态清样》以及《人民日报》印发内参。

践行法治信仰　谱写"三长"人生

探求真理,在浩瀚的法典书海中传道解惑;手执公器,在影响深远的大案要案中昭彰法之大义。30多年里,巩富文是致力于法学研究与教育的大学教授,是公正天平下明察秋毫的检察官,是在正义与邪恶的较量中捍卫人间正道的法官,更是全国"两会"上120多件高质量提案的贡献者,乐为法治进步鼓与呼的推动者,为推进法治中国建设不遗余力的践行者。

勤勉治学　躬身立德立言

　　2005年夏天,西北大学法学院上任了一位甘肃籍院长。这位1989年就开始在西北大学执教的西北汉子,虽然口音浓重,讲起课来却颇受学生追捧,听课时间久了,就连来自江浙一带的学生也学会了几句甘肃腔。

　　当时的法学院,被人称为"三缺"学院,缺经费、缺人才、缺成果。"缺什么都不能缺干劲!"巩富文在全院大会上掷地有声,"说一千道一万,不如只争朝夕加油干!"

　　是年,陕西擎起了创新发展的大旗。巩富文敏锐地觉察到"期盼已久的风来了"。他研究设计了法学院"五个一"建设规划,亲自带队争取支持,北上南下行程逾万里,皮鞋磨穿了底,体重一下子掉了近10斤。凭着"一丝不苟、锲而不舍"的精神,8个月后,西部第一家知识产权学院在西北大学呱呱坠地,第一个法律硕士专业学位授权点接踵而至!2006年11月,巩富文精心策划组织的"知识产权与陕西创意产业发展论坛"在西北大学知识产权学院召开,时任全国人大常委会副委员长蒋正华、陕西省人大常委会副主任桂中岳、陕西省人民政府副省长朱静芝出席论坛。

　　"所学必为所用。为陕西乃至中国创新发展赋能助力,我们义不容辞!"敢闯实干的巩富文从未停下脚步,"巩老师的三更灯火"让西北大学法学院师生看到了他努力推进西北大学法学学科建设的执着和热诚。

　　数十年间,巩富文先后主持完成了"中国廉政建设""当代反腐建廉新战略研究""司法公正理论研究""检察人员管理体制改革研究""陕甘宁边区的人民检察制度""环境资源的权利界定与可持续发展"等40项国家社科基金项目和省部级重大研究课题;公开出版了专著《中国古代法官责任制度研究》《中国侦查监督制度研究》,主编、合著《陕西金融商事审判》《陕甘宁边区的人民检察制度》《有序民主论——当代反腐建廉新战略构想》《知识产权——国家核心竞争力的体现》等10余部著作,在《人民日报》《光明日报》《中国法学》等权威报刊发表专业文章400余篇。因为学术成果突出,他先后荣获第三届全国统战部门优秀文章奖、全国检察基础理论研究优秀成果三等奖、第五届全国中青年诉讼法学优秀科研成果专著二等奖、陕西省第七届哲学社会科学优秀成果专著三等奖等40余项省部级以上优秀科研成果奖。我国诉讼法学泰斗、一代法学大师陈光中先生亲自为巩富文的专著作序,称赞他的学术成果是"填补空白的开拓性研究"。

仗剑直行　守护公平正义

2007年初春，巩富文挥别西北大学法学院，赴任陕西省人民检察院副检察长。

2017年初秋，巩富文再次履新，转任陕西省高级人民法院副院长。

10年的时间，巩富文从学术研究转向实践应用，从校园走进检察院、法院，他以敬仰、敬畏、敬业之心，对待自己每一个人生角色；以勤学、勤勉、勤慎的态度，在每一段人生旅程中都成就斐然。职业在变，职务在变，身份在变，巩富文心中始终坚守的，是法治的信仰。

10年检察生涯里，巩富文组织开展的陕西省检察机关社会主义法治理念教育"以案析理"活动，得到中央政法委员会、最高人民检察院的肯定，先后获评"2007年陕西十大法治新闻""陕西'五五'普法十大法治事件"。由他组织开展的保护秦岭生态环境专项监督活动，写入最高人民检察院"两会"工作报告。

巩富文推动的陕西公益诉讼试点工作，总结了20多项创新经验，三次在全国检察机关试点工作推进会上作了大会经验交流，得到中央政法委员会的肯定；试点工作被陕西省委作为2016年25件有代表性的改革典型案例之一，收入《陕西省改革案例选编》。

在法院辛勤耕耘的5年间，巩富文创立了陕西金融商事审判"六动"工作模式，主持制定了全国第一个《金融商事纠纷证据规范指引》，指导发布了西部地区第一份《金融商事审判白皮书》，得到最高人民法院、陕西省委、省政府领导批示肯定，在全国法院民商事审判工作会议、全国金融纠纷多元化解机制建设推进会上作了大会经验交流，中央政法委员会、最高人民法院专门印发简报予以推广，新华社《国内动态清样》多次进行专题报道。

巩富文主持论证并报最高人民法院批准设立了西北地区第一家知识产权审判专门机构——西安知识产权法庭，周强院长亲临视察，给予"三个一流"的高度评价；指导构建"三力三高三全"知识产权司法保护体系，经验做法先后被中央政法委员会、最高人民法院转发推广，被评为2021年陕西法院十大亮点工作，被陕西省人民政府推荐上报国务院知识产权战略实施工作部际联席会议办公室，参评知识产权强国建设第一批典型案例；主持制定《关于加强知识产权司法保护的实施意见》《服务保障秦创原创新驱动平台建设十条措施》等文件，连续四年开展"4·26"知识产权司法保护宣传周活动，发布《陕西法院知识产权审判年度报告》；亲力推动与西北大学、西安交通大学、西北农林科技大学共建"一中心、两基地"，服务陕西创新驱动，做法被写入最高人民法院工作报告，受到陕西省政府主要领导肯定。

巩富文指导办理的渭河水污染公益诉讼案、叶挺烈士名誉侵权案、闻天开发商购房合同纠纷案、华清池商标侵权案、希森3号植物新品种案、彩虹星球商业诋毁案等大案要案，先后获评"黄河流域生态环境司法保护十大典型案例""推进中国法治进程十大案件""大力弘扬社会主义核心价值观十大典型民事案例""全国法院十大民事行政案件""中国法院50件典型知识产权案例""全国法院优秀案例一等奖""全国法院百篇优秀裁判文书"。这一个个案例如同坚实的脚印，标注在中国法治进程的光明大道上，诠释着公平正义的时代价值。

建言献策　服务"国之大者"

"自古圣贤之言学，以躬行实践为先。要胸怀'国之大者'，心系黎民百姓。"2013年首次当选全国政协委员后，巩富文深感肩上的政治责任之重，对国计民生的热点难点堵点问题，他一有时间就四处奔波深入一线调研，听民声、查实情、想办法、找出路。遇到难题，能解决的问题就给基层出主意、拓思路，督促尽快解决。不能解决的，则想思路、找办法，形成提案或建议在全国"两会"上提交。

担任全国政协委员的10年时间里，巩富文的行程比以往翻了两三倍，有时候实在顾不上休息，就在车上打个盹，又继续投入新的工作。工作强度越高，遇到的问题就越多，他的思考也就越深入。在保证数量的同时，巩富文提交全国"两会"的提案和建议质量也越来越高。

近年来，巩富文先后在全国"两会"上提交了"前瞻布局元宇宙""大力推动区块链技术创新发展""数字人民币试点应坚持'三个导向'""培育和打造中国经济增长第四极——黄河经济带""从国家战略层面重视和加强知识产权保护""在更高起点上推进司法体制改革""进一步扩大我国涉外管辖连接点""防范重大金融风险关乎国家根本利益""加快反腐败立法""打造'一带一路'知识产权司法保护新高地"等提案120余件。其中，33件提案被党中央、国务院有关指导意见采纳，30件提案被全国人大有关法律或决定采纳，10件提案被《政府工作报告》及相关行政法规、部门规章采纳，10件提案被最高人民法院、最高人民检察院有关司法解释采纳，3件提案被全国政协评选表彰为优秀提案和2020年度好提案，10件提案被新华社以及《人民日报》印发内参。中央电视台《新闻联播》《焦点访谈》20余次对他的提案进行专题报道。

2015年3月11日，巩富文在全国政协十二届三次会议上作了题为《抓好"关键少数"，推动法治进程》的大会发言，受到社会各界一致好评。他先后10余次参加全国政协专题协商会、双周协商座谈会、远程协商会、重点提案办理协商会，作了"完善涉外民商事审判机制""加快生态文明建设立法""实现公正司法急需解决四个问题""严格入额标准,确保法官队伍精英化""推动省以下地方检察院人事统一管理应注意三个问题"等重点发言,所提意见和建议被中央深化司法体制改革实施方案、构建现代环境治理体系指导意见采纳。

"'耳闻读书声,一生西大情',无论我走到哪里,我的根与魂都永远在西大。"巩富文深情地说。在写给历史的答卷上,他一直秉承着"公诚勤朴"的西大校训,努力作答。

(李文)

寄 语

悟大学之道,为勤朴之人,践公正之义。

方光华

方光华，男，汉族，1966年1月出生，湖南益阳人。1987年毕业于湘潭大学历史系，获历史学学士学位。1987年9月—1993年7月在西北大学中国思想文化研究所学习，先后获历史学硕士、博士学位。1999年10月—2001年3月，赴日本同志社大学研修。1993年7月—2008年6月在西北大学工作，历任讲师、副教授、教授，中国思想文化研究所副所长、文博学院院长、副校长。2008年6月—2010年12月，任陕西省教育厅副厅长。2010年12月—2015年2月，任西北大学校长。2015年2月—2018年10月，任西安市副市长。2018年10月任陕西省副省长、省工商联主席。

1999年9月加入中国民主建国会，曾兼任民建西安市委会副主委、民建陕西省委会副主委、民建中央常委。陕西省第十、十一、十二、十三届人大代表，第十三届全国政协委员。

师从张岂之先生研究中国思想史。撰写《中国古代本体思想史稿》《中国思想学术论稿》《张载思想研究》《刘师培评传》等著作，主编《中国历史》6卷本第二卷，《中国思想学说史》6卷本第一、第六卷，《关学文库》《侯外庐学术思想研究》等，参与撰写《中国近代史学学术史》《中国现代思想学术史论集》等著作以及《中国思想史》《中国历史15讲》《中国传统文化》《中国思想文化史》《中国思想史经典选读》等教材。《中国历史》6卷本获国家教学成果奖一等奖，《中国思想学说史》6卷本、《关学文库》获教育部人文社会科学优秀成果二等奖。曾任教育部历史教学指导委员会委员、中国宗教学会副会长、中国哲学史学会常务理事、中国孔子基金会学术委员会委员等职务。

担任西北大学文博学院院长期间，提出加强考古学科、发展历史学科的学院建设思路，考古学及博物馆学2003年获得博士学位授予权，历史学一级学科2005年获得博士学位授予权，中国思想文化史2007年被评为国家重点学科。

担任陕西省教育厅副厅长期间，策划实施省属高校重点学科建设工程、高教质量工程和科技创新体系建设、高等职业教育骨干学校建设，努力提升全省高等教育核心竞争力和整体实力。

担任西北大学校长期间,持续推进考古、地质等重点学科建设,加强青年学术骨干培养、高层次人才引进和选拔,学校博士学位授权一级学科增加了 9 个,硕士学位授权一级学科增加了 19 个。发掘西北联大"发扬民族精神,融会世界思想,肩负建设西北之重任"的办学理念和学术传统,筹划举办西北联大与中国高等教育论坛。积极落实国家"一带一路"合作倡议,策划成立丝绸之路研究院和中亚学院,启动实施"丝绸之路经济带建设千人计划"培训项目。完善长安校区教育功能,建设太白校区博物馆,加强学生公寓标准化建设改造,完善教学科研基础设施和公共服务体系,着力提高学校管理水平和财务运作能力,学校事业呈现较好发展态势。

担任西安市副市长期间,立足促进教育公平与质量提升,推进开发区公办学校建设、薄弱学校全面提升和学前教育三年行动计划,推动西安市人民医院、儿童医院新院区、红会医院新院区等重点项目建设,解决人民群众普遍关心关注的民生问题;立足打造西安全球硬科技之都,发布《全球硬科技西安宣言》,策划"全球硬科技创新大会",实施科技小巨人企业提升行动,组织西安创业节、西安国际创业大赛、梦回长安——百万校友回归等活动。

担任陕西省副省长、省工商联主席期间,认真落实落细中央和省委、省政府关于疫情防控的各项政策措施,迅速遏制 2020 年初武汉疫情在陕西的传播,全力处置 2021 年底西安聚集性暴发疫情,打好长安大学等高校疫情防控阻击战,有序组织疫情期间的全国硕士研究生招生考试,以及涉疫学生省内转运隔离和放假返乡工作,妥善应对 2022 年 3 月上海疫情的多轮冲击。全力抓好十四届全运会和残特奥会筹办的日常工作,统筹推进场馆建设、竞赛组织、大型活动、市场开发和综合保障等重点工作,十四届全运会和残特奥会开闭幕式亮点纷呈、各项赛事活动安全顺畅,陕西向全国人民交上了"两个运动会同样精彩"的合格答卷。认真落实中央和省委省政府提高保障和改善民生水平的总体要求,持续巩固城镇小区配套幼儿园治理成果,扩大普惠性学前教育资源,全省义务基本教育均衡发展通过国家验收,8 所高职院校入围全国高水平高职学校和特色专业建设计划,8 所高校 20 个学科进入国家"双一流"建设行列。推动实施妇女儿童"两筛工程",推进交大一附院国家医学中心和西安儿童医院国家区域医疗中心建设,启动实施县级三级医院创建试点,持续推动公立医院综合改革和健康陕西建设。协调推进中华始祖堂、秦始皇帝陵铜车马博物馆、陕西省考古博物馆、陕西省图书馆新馆等重点公共文化项目的建成和使用。建立民营企业与省政府、法院、检察院的常态沟通机制,促进非公有制经济健康发展和非公有制经济人士健康成长。

寄 语

立足西北,放眼世界,培育有文化理想、善融会贯通、能有所作为的栋梁之材,创造关国家兴衰、系生民休戚、有世界影响的学术成果,切实肩负起祖国西部建设和开放使命。

吴文玲

吴文玲，女，1966年8月出生于陕西省蒲城县。1987年毕业于西北大学数学系，获理学学士学位；1990年毕业于西北大学数学系，获理学硕士学位；1997年毕业于西安电子科技大学，获密码学博士学位。1990—1998年在西北大学数学系任助教、讲师；1998年2月—1999年12月在中国科学院软件研究所从事博士后研究，1999年6月任副研究员；2000年至今在中国科学院软件研究所任副研究员、研究员，中国科学院大学岗位教授、博士生导师；2010—2015年，多次受邀在新加坡南洋理工大学和香港科技大学从事合作研究。现任中国密码学会副理事长、会士，中国密码学会组织工作委员会主任委员，《密码学报》副主编，密码行业标准化委员会委员，中国密码学会密码算法专业委员会第一届和第二届主任委员。

主要从事密码数学、密码算法、密码分析等方面的研究。解决了密码函数构造的若干理论问题，提出了可证明安全的高效整体结构，设计了"鲁班锁"系列密码算法，研制了消息鉴别码算法系列国家标准。面向国家需求，设计了多个具有自主知识产权、技术先进的密码算法，广泛用于移动通信、电力和金融等信息系统的安全保障。对多种典型密码结构和算法建立了密码分析模型，理论上破译了多个密码算法；提出了多项密码算法检测指标以及自动分析模型，研制的密码算法分析检测工具已在国家相关部门部署应用。先后主持国家重点研发计划、"973计划"、"863计划"、国家自然科学基金等课题30余项，在JoC、DCC、Asiacrypt、FSE和SAC等期刊和学术会议发表百余篇学术论文，出版《分组密码的设计与分析》等著作。研究成果曾获得2005年北京市科技进步一等奖、2006年密码科技进步一等奖、2011年国家科技进步二等奖、2013年国家技术发明二等奖、2018年密码科技进步二等奖。

在致力研究工作的同时，倾尽心力培养优秀人才，曾多次荣获中国科学院软件研究所优秀导师，获2011年中国科学院"优秀研究生指导教师奖"，2013年中国科学院"朱李月华优秀教师奖"。

寄 语

我在西北大学学习和工作了 16 年,留下了许多美好而珍贵的回忆。祝愿学妹学弟们脚踏实地,仰望星空,描绘美好的人生! 2022 年恰逢母校 120 周年华诞,祝愿母校越办越辉煌!

李道新

李道新，男，1966 年 9 月出生于湖北石首。1992 年毕业于西北大学中文系现当代文学专业，获得文学硕士学位；1992—1994 年担任西北大学中文系（现文学院）助教。1996 年毕业于中国艺术研究院，获文学博士学位，是国内第一届电影学专业博士学位获得者之一。现为北京大学艺术学院副院长、澳门科技大学博士生导师。曾任日本东京大学特任教授，在中国台湾、中国香港以及韩国、美国、俄罗斯、意大利、巴西、英国等国家和地区的 20 多所大学访问讲学。另任《电影艺术》《北京电影学院学报》《影视艺术》（人大复印资料）等杂志编委，Journal of Chinese Film Studies 编委会顾问，"Routledge Studies of Chinese Cinemas"（丛书）合作主编。2003 年被评为北京大学"十佳教师"；2004 年与 2006 年分别获得北京市哲学社会科学优秀成果一、二等奖；2019 年入选国家级人才计划；2022 年担任国家社科艺术学重大课题首席专家。

行走在诗文与光影之间

1980 年冬天，在湖北石首的一个乡村中学，当一位 14 岁的少年提笔写下《我的理想》并将"当作家"作为自己的毕生追求时，他或许不会想到自己之后的人生，不仅如愿以偿与文字相伴，还有光影时时照耀。当年的少年如今早已成长为中国电影史研究领域的重要学者，在国内外产生重要影响。回首倏忽而逝的岁月，李道新无限感叹："冥冥之中，人生自有归宿。"从文学、诗歌到电影、历史，从湖北到西安，再到北京，学术的追寻永远与丰盈的生命经验相伴相随。

往昔岁月少年梦

"少年时代看电影，总是在乡村禾场上。银幕上的光影之舞和夜空中的星月之魅交相辉映，形成一生中最美好的怀想。"这是李道新在《中国电影批评史（1897—2000）》

的后记中对少年时代的点滴回忆。1966年，李道新出生在湖北省石首市，那是一个江汉平原上的鱼米之乡。然而，早逝的父亲、终日为生活奔忙的母亲、一大家人困顿的生活让本应明媚鲜亮的童年与少年时代显得黯淡。在那样一个物资极度匮乏的年代，在教育都显得极为奢侈的中国内地农村，李道新发现了文学和电影。

在李道新的回忆中，床是狭窄的，三个人一张，连翻身都很困难；鞋子是裂开的，衣服是破旧的，去学校的路是坎坷的。冬天永远漫长而寒冷，但是少年的眼睛却永远是亮的——他近乎痴迷地热爱阅读："每次发下的语文、社会、历史、自然一类的教科书，一两天便会被我囫囵吞枣地读完；就想着能赶紧再来一个新的学期，再发一套新书。对文字及其所指世界的强烈向往，让我走到哪里都想看书，也让我的性格显得内向又文弱。千方百计找到过一些已被撕得体无完肤的小说残本，也是如饥似渴地读来读去。《西游记》当然是最好看的，可惜总是读不到书头书尾；《红楼梦》只看大观园里的各色人等和各种悲喜，诗词曲赋则会直接跳过；《林海雪原》照例喜欢杨子荣、少剑波，但也无法理会白茹的心。"

看书之外，戏剧与电影也滋养着年少的心灵。至今仍记得的"好听得不得了"的湖南花鼓戏《刘海砍樵》，至今也忘不了的每月一次的露天电影，那些经典的中外佳片，几乎承载了所有的童年记忆与少年梦想，也为之后的学术探索埋下最深的伏笔——2006年，李道新发表了论文《露天电影的政治经济学》，用以纪念年少的观影经历以及逝去的关于露天电影的黄金年代，或许此时人们才能明白他所说的："我的很多学术论文，看起来客观理性不可亲近，但还是跟我的人生旅程和情感经历联系在一起的。"

诗意漫漫求学路

大学毕业后，李道新回到家乡的中学教书，这是那个年月里无数师范毕业生必经的人生轨迹。但很快，他选择了另一条道路，踏上去往古都西安的旅程——这段经历被他视为人生的第二个重要节点。在西北大学中文系攻读中国现当代文学硕士学位并留校任助教的几年，对他之后的学术生涯产生了极为重要和深远的影响。正如他自述："在西安的5年，是我人生中最大的改变。就像一个轻飘的灵魂，突然遭遇厚重的历史和鼎盛的人文，到今天都还要用全部的身心去接引。"西安，也被他视为"第二故乡"。在这里，他在西北大学中文系赵俊贤教授的指引下推开学术研究的大门，终结了精神的流浪；在这里，他收获爱情、组建家庭并孕育了新的生命；在这里，他谱写出一生志业的前奏——他找到了电影。

在西安，李道新与电影的回忆并不算少，而且格外清晰。1989年，在李道新刚刚进入西北大学的那个秋天，他便在大雁塔附近遇到了《西安杀戮》的电影剧组，他在回忆中写道："我便跟着人群围观了大半天，还在人流的缝隙处看到了坐在椅子上威风八面的导演；不久，我还特意在西安边家村电影院看了这部非常特别的武侠影片。差不多10年以后，为撰写《中国电影文化史（1905—2004）》，我才发现那天的偶遇具有不同寻常的意义。因为我终于知道，那天我跟武侠电影大师（张彻）的最近距离，只有不到一米；而在银幕上看到的某个镜头，自己也曾在拍摄时目睹过它的数次 NG。"

1990年春天，李道新在西北大学见到了与电影有着千丝万缕联系的香港企业家邵逸夫。2014年，在一篇纪念邵逸夫先生的文章中，他这样描述那次相遇："那一天，西北大学校园里的白玉兰骄傲绽放，清香阵阵。邵逸夫出席了由他捐资1 000万元港币并倾心关注的西北大学图书馆落成典礼……我迫不及待地进入其中，在目送邵逸夫背影远去的同时，突然察觉到自己终于结束了身心的流浪，重新回到了书的故乡。"当时的他，想不到仅仅在4年之后，自己会在北京一头扎进电影史研究的文献中，在民国时期海量的报纸期刊中寻找邵逸夫及其创建的邵氏影业的踪迹，并在历史的空隙与遮蔽处重新找到邵氏的坐标。

1992年，研究生毕业后的李道新留在西北大学担任助教，主要任务是为历史系的本科生讲授中国当代诗歌。他形容自己是一个"蜗居在集体宿舍和筒子楼里的年轻人"，"用文学史的研究和写作谋求职业，但也更希望举着海德格尔和李白的旗帜，以赤贫和梦想滋养自己的'诗生活'"。但是，正是在这些看似被文学与诗歌包围着的日子里，在那些意想不到的瞬间：或许是那些与电影相关的偶遇，又或许是在西北大学附近电影院里的每一次观影，再或许是在图书馆里每一次翻阅电影书籍，总之在那些时刻，电影已经悄悄潜入他的生命。

1994年，李道新离开西安去往北京，师从著名电影史学家李少白先生，开始在中国艺术研究院攻读博士学位。那位自期为一位作家或诗人的少年，在师长的启发与自我的发现中，最终将电影研究作为一生的事业，直至今日，心志未改。

步履不停光影长

2000年，李道新出版了由博士论文修改而成的《中国电影史（1937—1945）》，这是第一部较为完整地呈现了抗战时期中国电影全貌的著作。为了纠正以一元化的政治意识为导向的研究框架的偏狭，在这本较早的中国电影史著作中，李道新做出了许多突破与新的探索。随后，李道新又将研究范围扩展到更为深广的时空和更为幽微的领域，相继完成了《影视批评学》等著作以及中国电影史研究领域"三史"的建构（《中国电影文化史（1905—2005）》《中国电影批评史（1897—2000）》《中国电影传播史（1949—1979）》），并提出了重要的学术观点——"中国电影史研究的主体性、整体观与具体化"。这些重要的学术成果显示出李道新试图在电影史领域构建宏大体系的高远抱负，这份魄力与早年在西北大学求学时的经历息息相关，导师赵俊贤先生"宏观意识"和"大家气概"的学术启蒙使得李道新的历史撰述格局格外开阔。

多年来，李道新一直在努力寻找各种重新进入中国电影史研究的新视角，呼唤"重写电影史"的学术实践，并且不断向周边学科借鉴研究方法和理论资源，从而拓展中国电影史的研究范式。在"三史"的写作中，他通过早期报纸杂志、政府公报、影业年鉴的发掘重返历史的现场，打破了阶级、民族的僵化划分和种种价值预设，对《中国电影发展史》中被定性或定论的影片、影人、影事进行了令人耳目一新又颇有说服力的重新阐发。在这一领域的深耕，也使得他的"资料大王"的头衔不胫而走，趣味调侃的背后是学界对其史料挖掘功底的高度肯定。当然，将史料作为历史研究的根本，并不是李道新首创，他的贡献在于他为试图让史料和文献成为中国电影史的一种重要的研究方法和写作范式而做出的努力。

或许在不同的时代，我们会以不同的方式面对史料，但"中国性"，即一种关于主体性的思考，在李道新看来是应该一直贯穿电影史研究的问题。百余年来的中国电影以其特有的题材、类型和风格，展现着中国人的生活与情感，承载着一个世纪以来中国人的梦幻投射与集体记忆，更成为中华民族自我意识及身份认同的绝佳载体，而如何呈现这样的"中国性"，是每一位中国电影史学者都需要面对的严肃问题。

怀抱体系建构的宏愿，以史料为方法，以"中国"为旨归，是李道新一直不变的学术追求。他以电影史的理论探索与写作实践为中心，结合电影理论批评与电影研究的方法论探索，对中国电影研究做出了贡献。迄今为止，李道新已经出版学术著作13部，在《文艺研究》《文艺争鸣》《电影艺术》《人民日报》《光明日报》等学术期刊、报纸上发表近200篇学术论文和100多篇影视文化评论。他曾说："如果我们这一代电影史学者不在寂寞中坚守岗位，我们将会愧对中国电影、愧对我们的后人。"这样一种近乎悲壮的忧患意识和理想主义信念不仅支撑他走过了来路，也指引着他继续向前。如今，当数字时代席卷而来，李道新也主动地走出"舒适区"，在全球化与数字时代的语境下开展数字人文与影人年谱研究、中国电影"源代码"研究、中国电影知识体系平台建设研究以及《中国电影通史》（四卷本）的写作。李道新说："人的潜力是巨大的，一个人可以比他想象的走得更远。"通过电影触摸历史，通过历史观照未来，他从未停下脚步。

（李思锐）

寄 语

爱我所爱，常怀感恩；轻装上阵，步履不停。

严建亚

严建亚，男，1966年出生，陕西周至人，中共党员。1988年毕业于西北大学化工系有机化工专业，获工学学士学位。毕业后留校在科研处工作，曾任西北大学讲师；1994年10月—2000年5月在西安高新区管委会工作；2000年5月，担任西安巨子生物基因技术股份有限公司董事长。现任西安巨子生物基因技术股份有限公司董事长、西安三角防务股份有限公司董事长、陕西巨子生物技术有限公司董事长。

2000年，为了让实验室里的研究成果真正实现转化，严建亚创建西安巨子生物基因技术股份有限公司，开启了"类人胶原蛋白"产业化之路。巨子生物是国内首个成功研发重组胶原蛋白并实现产业化的生产基地。目前，巨子生物拥有"类人胶原蛋白"生产技术的完全自主知识产权，该项技术多次被鉴定为具有"国际领先水平"，获得"2013年国家技术发明奖"。

在公司经营发展的历程中，严建亚始终坚持通过科技成果的转化，把更多的学术科研成果转化成安全高效的产品提供给消费者。2009年，类人胶原蛋白系列产品开始进驻国家权威医疗机构并逐步建立战略合作，巨子生物开始了"产学研医"的全新发展模式的探索。2020年，巨子生物启动《类人胶原蛋白在皮肤医学及美容领域的应用专家共识》。2021年，巨子生物成为首家入驻国家皮肤与免疫疾病临床医学研究中心科创与转化基地的企业。

严建亚先后创建了西安巨子生物基因技术股份有限公司、西安三角防务股份有限公司和陕西巨子生物技术有限公司。西安三角防务股份有限公司主要为军工行业服务，并于2019年在创业板上市。西安巨子生物公司聚焦皮肤医学与美容、高端医疗器械、生物医药和预防医学及营养医学四大领域，20年来快速发展，规模不断扩大，已经成为高新区孵化、自主培育、院校科技成果转化、自主创新的典型代表，实现了由"中国制造"向"中国智造"的转变。

严建亚2018年获得"陕西省科学技术一等奖"，先后获得"西安市优秀中国特色社会主义事业建设者"（2015年）、"西安市十佳科技企业家"（2018年）、"改革开放40周年优秀民营企业家"（2018年）、"陕西省优秀民营企业家"（2018年）、"西安市长特别奖提名奖"（2020年）等荣誉，先后入选"高新区发展代表人物"（2021年）、"高新区高质量发展突出贡献人物"（2021年）、"陕西省科技创新创业人才"（2021年）、"陕西省特支计划产业领军人才"（2022年）。

寄 语

一百二十年筚路蓝缕，一百二十年初心不改。回首过往，西大是我最亲爱的母校，更是培养我、支持我事业启航的摇篮；展望未来，我愿始终心怀反哺之心，与母校青山一道、风雨同担，为母校建设添砖加瓦！

张首刚

张首刚，男，1966年出生，陕西咸阳人，中共党员，1990年毕业于西北大学理论物理专业，获理学学士学位；1993年在中国科学院国家授时中心（原陕西天文台）获硕士学位；2004年毕业于法国居里大学，获博士学位。现为中国科学院国家授时中心主任、首席科学家，兼任国家自然科学基金重大研究计划"精密测量物理"指导专家组成员、国家SKA专项专家组成员、全国导航设备标准化技术委员会主任、中国天文学会时间专业委员会主任、国际天文学会时间工作组成员等。

作为我国时间频率领域第一位"杰青"，张首刚一直从事原子钟及其应用的研究，主持国家重大科研仪器研制、国家重点研发计划、卫星导航专项等30多个项目。主持编写国家标准2项、发表学术论文230余篇、合编专著2本、获授权发明专利43项、获省部级科技进步一等奖1项（排名第一）。目前作为首席科学家，承担着空间站高精度时频实验系统和国家重大科技基础设施高精度地基授时系统的研制任务。

为祖国建设空天地立体交叉授时系统

2021年1月2日，中央电视台《开讲啦》节目邀请中国科学院国家授时中心首席科学家张首刚作为开讲嘉宾，分享"北京时间"的故事，探索时间的奥秘，介绍时间的应用。一时间，中国科学院国家授时中心和张首刚本人引发了全网广泛关注。《人民日报》、陕西电视台、陕西广播电台、《陕西日报》、《西安晚报》、《三秦都市报》等媒体争相报道，微博热搜一度排名第7，网络点击和阅读量破亿。

位于西安市临潼区的中国科学院国家授时中心，是我国唯一的专门、全面从事时间频率基础研究和应用研究的科研机构，担负着"北京时间"的产生、保持和发播任务。在这里，由张首刚提出的、将是世界独一无二的空天地立体交叉授时系统正有条不紊地研制建设中。这套系统主要由北斗卫星导航系统、空间站时间频率实验系统、地基长波授时系统和地基光纤授时系统融合而成,对我国科学研究、经济社会和国家安全意义重大。

赤子心

张首刚,中科院国家授时中心主任、中科院时间频率基准重点实验室主任、国家杰出青年科学基金获得者、国家新世纪百千万人才工程国家级人才、国务院政府特殊津贴专家、中国电子学会"十佳优秀科技工作者"、中科院"百人计划"学者、中科院"王宽诚西部学者突出贡献奖"获得者、中科院"朱李月华优秀教师奖"获得者、中科院先进工作者、陕西省"三秦学者"、"陕西省优秀归国留学人员",以及四个学会联合授予他的"时间频率领域杰出贡献奖"……

每项荣誉单拎出来都令人敬佩。法国光学学会主席 C. Fabre 教授在张首刚博士毕业答辩中写下了"(对)基础物理和国际时间计量有重要贡献"的书面评语,更让这位海归含金量十足。

出生在关中农村的张首刚,无论走到哪,耳边都萦绕着长辈的那句话:"好好学习,等有了本事,要给咱家乡做些事!"

1986 年张首刚考入西北大学。四年中,没有彷徨迷茫的青春,没有风花雪月的故事,只有老师的谆谆教诲、基础知识的不断积累、科学态度的逐渐培养和学术能力的慢慢形成。

"西大的老师们教会了我治学的专注、严谨以及合作。"回忆起那清纯而充实的日子,张首刚如同穿过诗意的岁月,重显青春的朝气。他曾偷偷溜进实验室,帮助同学做实验,结果损坏了真空设备,被老师狠狠批评。发生在校园里的一个个小故事、一段段小插曲,浸润着"公诚勤朴"的音符,启迪着他,为他今后把握中国时间频率科学发展的脉搏,奏响了梦想的序曲。

说起母校,张首刚的自豪与感激之情总是油然而生。无论取得了多高的成就,他对母校总是念念不忘,始终与西大老师们保持着密切的交流与合作。多年来,从培养的第一个博士起,张首刚所招收的每一届研究生里都会有西大学子的身影。

1990 年大学毕业后,张首刚到中国科学院国家授时中心(原中国科学院陕西天文台)攻读硕士学位。1993 年分配到中国计量科学研究院继续从事原子钟研究,在北京安了家。

高精度时间频率是一个国家的战略资源。1997 年,张首刚在巴黎天文台时间频率基准实验室进修期间，真切感受到国内外的差距。他 1998 年起在巴黎六大攻读量子物理专业博士学位，2003 年被巴黎天文台聘为助理工程师。

报国情

在国际一流的时间频率实验室学习和工作的 7 年时间里，张首刚独立完成改造了世界第一台铯原子喷泉钟（法国时间基准钟）。至今其主要性能居世界领先地位，作为基准钟一直校准着全世界 400 多台守时原子钟，为国际原子时性能提高做出了贡献。当时实现的黑体辐射频移和精细结构常数变化最高精度测量结果，对原子分子研究和广义相对论检验有着重要价值。

毕业时，英国、美国和加拿大的实验室都向张首刚投来橄榄枝，导师也期望他可以继续开展冷原子物理方面的研究。张首刚却表示，自己要回国继续研制喷泉钟。导师不解："你已经做了世界上最好的喷泉钟，科学研究内容是不应该重复的，为什么要再做一台呢？"

"因为我们国家需要。"这是张首刚最简单的回答。他博士论文封面的红色与研究所的传统不同，显得尤为特别。他说，"这是中国红，是向我的老师致意，以示我回国的决心。"

2005 年，39 岁学成归国的张首刚，听从国家安排，离开在京家人，只身来到当时较落后的陕西临潼，从一个人开始，从一颗螺丝钉开始，在国家授时中心开辟原子钟及其应用研究领域。

经过 17 年的发展，张首刚所创建的实验室，仪器装备过亿元，固定研究人员 128 人，其中省部级以上人才十几位，还有包括诺贝尔物理学奖获得者在内的多名外籍客座研究员，培养了时间频率领域仅有的 2 名国家"杰青"，实现了多项"0"到"1"的突破，成为国内外有重要影响的实验室。2009 年，在中科院重点实验室申请评审中，该实验室在学科组以第一轮第一名的成绩直接跃升为中科院重点实验室。

追梦人

张首刚是一个思维活跃到有点发散的人。与他聊天，总能感受到巨大的信息量——刚还在讨论铯原子喷泉钟，下一秒就发散到自旋轨道耦合偶极量子气体。他的思维时不时在"漂移"，不过，总也漂不出"时间频率"这个范围。古人讲的"用志不分，乃凝于神"，大概就是这种状态。

经过近十年努力，张首刚带领团队成功研制了两台具有独立知识产权的铯原子喷泉钟，打破了国外技术垄断，让中国成为第二个实现了超稳光生微波源系统的国家。基于此，国家授时中心的原子喷泉钟的稳定度性能位居世界前列，这也使"北京时间"有了自主的校准能力。

张首刚团队联合企业，经过10年的攻关，于2017年实现的世界首款新型小铯钟产品——激光抽运小铯钟，打破国外长期独家垄断，3台成果在国际标准时间计算中取得权重。这是我国首例对国家标准时间、对国际标准时间做出贡献的国产小铯钟，同时也是首例出口国外的国产小铯钟。该成果的装备应用保障了多个军民国家重要基础设施的连续运行和长远发展，被评为自主可控类省部级科技进步一等奖。

2020年，张首刚谋划建立了基于数字天顶筒照相技术、甚长基线干涉技术和卫星测地技术等多手段融合的世界时测量系统，摆脱了对国外数据的依赖，用于国家标准时间的自主产生，服务于深空探测等。

2021年，张首刚带领中科院团队，研发了与美国产品同性能，体积仅为其一半的世界最小芯片原子钟，打破了国外垄断，装备应用于特殊北斗接收机和特殊通信接收机等。

2022年2月10日，新华社发布《大国"钟"匠——记中科院国家授时中心首席科学家张首刚和他的"时间团队"》通讯报道，讲述了张首刚带领团队数十年如一日，围绕国家需求，扎根西部，默默奉献，实现多项关键核心技术突破，不断勇攀世界科技高峰的感人故事。次日，国内20余家中央及省市报纸、100余家网站不约而同地采用了这篇报道。

成果背后的艰辛和磨砺从张首刚口中讲出来，都显得波澜不惊。几十年奋斗不止，他早已习惯忙碌，从不为自己的辛苦抱怨。他说自己喜欢做有挑战的事，只要对国家有用，苦点累点，不算什么。

前行者

多年的时频科研积累，培育出远见卓识。2010年，张首刚以战略眼光提出建设高精度地基授时系统，构建我国立体交叉授时系统的构想。基于此，才有了2016年"十三五"国家重大科技基础设施项目高精度地基授时系统的研制任务。直到2018年12月4日，美国《国家安全与弹性授时法案》才要求交通部在两年内建设针对GPS的地基备用授时系统。而英国在2020年2月19日才发布了"国家授时中心"建设计划，采用陆基技术提升授时安全性。

把比微波原子钟精度更高的光钟送上太空，实现高精度空间时间标准，是当前世界科技发展的前沿。目前,张首刚和十多名中青年"钟匠"为了在空间运行世界首台光钟,正努力把铺开足有20多平方米的实验室光钟"塞"进不到1立方米的空间站实验柜。这项工作难度极大,需要突破一系列关键技术。

几十年来,张首刚几乎没有休息日,只要在单位,他一定工作到零点。他爱喝咖啡,浓得发苦,只为提神。在北京安家的他,赴京开会也是数过家门而不入。女儿今年快30岁了,张首刚和她待在一起的时光却不到4年。周围人都觉得他精力充沛,是个"铁人",但他办公桌的一个抽屉里塞满了散落的药盒。

为满足国家需求,张首刚多年来带领数百名科研人员奋力拼搏。作为这些科研人员的主心骨和带头人,西大"公诚勤朴"的校训始终是他行为的准则,也是他扎根西部、默默奉献的精神源泉。

(白浩然)

寄 语

西大的四年,给予我的不只是知识和眼界,更多是责任与情怀。只有把个人的抱负融入国家的需求和发展中,人生才能无远弗届,才能生动精彩!

巩 文

巩文，女，1967年6月出生于陕西省西安市。1989年毕业于西北大学历史学系考古学专业，获历史学学士学位；1994年毕业于西北大学文博学院考古专业，获历史学硕士学位。现任中国历史研究院中国考古博物馆馆长，编审，硕士生导师，《中国大百科全书》第二版、第三版考古文物学科秘书、特邀编辑、分支主编。发表多篇文物考古研究论文。

荣获"中央和国家机关三八红旗手"。带领团队获得中组部、中宣部等九大部委联合颁发的"《全民科学素质行动计划纲要》实施工作先进集体"，国务院第一次全国可移动文物普查领导小组办公室颁发的"第一次全国可移动文物普查先进集体"荣誉称号。2019年受命筹备中国考古博物馆，组织策划"历史中国 鼎铸文明——中国历史研究院文物文献精品展"。

父女考古同行　两代西大情缘

2019年，中国考古博物馆建成。这座在欢庆中国考古学百年华诞的喜悦中诞生的博物馆，是中国百年考古辉煌成就的标志之一。现任中国考古博物馆馆长巩文，是西北大学考古专业1985级校友。中国考古博物馆的建设凝聚着巩文大量的心血，而她之所以走上考古道路，与家庭的熏陶和父亲的影响是分不开的。

理想主义情怀激荡下的求学之路

巩文的父亲，著名考古学家巩启明先生，是1959年西北大学的第一届考古专业毕业生。巩启明毕生致力于考古事业，主持发掘了仰韶文化重大课题研究的典范——姜寨遗址，这也是考古百年的百大考古发现之一。巩文的母亲是一名中学教师。巩文小时候，父亲忙于工作，常年不在家，母亲平时忙得团团转，孩子基本都是"放养"。家里有成架的书籍，在浓厚的读书氛围熏陶下，巩文养成了爱读书的习惯。《卓雅和舒拉的故事》《古丽雅的道路》《拖拉机站站长与总农艺师》《呼兰河传》《小灵通漫游未来》《第二次握手》《钢铁是怎样炼成的》《牛虻》等，这些少年时读过的书给了她潜移默化的理想主义教育和最初的文学熏陶。

1985年，听从父亲建议，巩文考入西北大学历史学系考古学专业学习。那时考古学专业鲜为人知，像她这样以考古学专业为第一志愿的学生更不多见。当时西大考古学专业还在历史学系，考古学专业和历史学专业、档案学专业的学生经常一起上课、活动，同学间结下了一生的友谊。初入校时，张宏彦老师教旧石器时代考古，最初的内容是古生物学、第四纪地质等内容，巩文下了课就要去泡学校图书馆的理科阅览室。她现在仍清晰地记得，教新石器时代考古的王世和老师高大、儒雅、帅气，各区域的新石器时代考古学文化在他略带南方口音的讲述中娓娓道来。戴彤心老师讲授夏商周考古，内容丰富深邃。还有段浩然老师讲授的隋唐考古，葛承雍老师讲授的唐代建筑，景尔强老师讲授的古文献学，杨绳信老师讲授的古籍版本学等，都给她留下了很深的印象。巩文还修习了学校开设的各种选修课，如张岂之先生讲授的中国古代思想史，彭树智先生讲授的中东史，还有唐宋诗词、鲁迅研究、现代文学、艺术鉴赏等。系统的专业训练和丰富的人文修养，为她将来的文博考古工作打下了坚实的基础。

"自从选择了这个专业，我从没有动摇过。"考古学专业不同于其他文科专业，除了理论课，还有大量的实践课，摄影、绘图、测量等各种技能都需要学习。对于考古学专业的学生来讲，田野发掘实习是专业特色，也是成为一个专业工作者的必备功底。田野发掘让巩文领略了考古工作特有的魅力，也让她认识到考古工作风餐露宿，没有节假日，工作和生活条件有时候比较艰苦。1985级考古学专业的田野考古实习是在青海省化隆县的一个藏族村子里进行的，由戴彤心老师带队。当时交通不便，粮食和蔬菜时有不济，但同学们都坚持下来了。

为传播中华文明不懈努力

参加工作后，巩文一直从事考古文博工作。2000年之前，她在陕西工作，参与了《中国文物地图集·陕西分卷》的编写。20世纪90年代中期她还参加了意大利援助中国的文化项目，与意大利同行在陕西宝鸡戴家湾遗址发掘。在这次合作中，意大利同行在中国的考古工地最早使用了测绘用的全站仪、浮选法、筛选法、笔记本电脑、Photoshop制图软件和移动工作车实验室等，他们带来的先进的考古理念与技术，使巩文对考古发掘有了全新的认识。

2000年巩文进入中国社会科学院考古研究所，从事《考古》月刊的编辑工作，与各地考古工作者建立了广泛的联系，组织了20世纪百项考古发现的评选活动。2002—2009年，《中国大百科全书》（第二版）在第一版的基础上进行全新改版。受考古研究所推荐，巩文担任考古文物学科秘书和特邀编辑，在王仲殊、刘庆柱等先生的指导下，组织各地的考古工作者编纂词条。《中国大百科全书》（第二版）获得了政府出版奖和多种奖项，巩文也获得中宣部和国家新闻出版总署颁发的个人荣誉证书。

凡是考古工作需要的，巩文都热情百倍地去做。她在研究所做过多年的科研组织和管理工作，担任过考古研究所科研处副处长、创新工程办公室主任、纪委委员等职务。巩文多次组织大型考古项目与课题的申报以及项目评审与评奖工作，推动《襄汾陶寺——1978—1985年发掘报告》《隋唐洛阳城》等20余部重要考古发掘成果的出版，主持的中国社会科学院重大课题A类"新中国重大考古发现资料信息的抢救与整理"结项鉴定被评为"优秀"，完成的国家文物局委托项目获一致好评，还参与了"中国考古学的方法和技术"课题研究工作。

2015年，巩文转任考古研究所考古信息资料中心主任。任职期间，她组织策划了许多展览，足迹遍布全国各地以及韩国、乌兹别克斯坦等国家，得到良好的反响。她带领的团队获得了中组部、中宣部等九大部委联合颁发的"《全民科学素质行动计划纲要》实施工作先进集体"奖励，还获得国务院第一次全国可移动文物普查领导小组办公室颁发的"第一次全国可移动文物普查先进集体"荣誉称号。

2019年，考古研究所考古信息资料中心整体划转到新建的中国历史研究院院部，巩文接到通知后第二天就报到上班。新单位组建阶段，没有办公室，大家就在走廊过道加班至深夜。单位人手紧张，在承担新建的中国考古博物馆展陈大纲与策划展览任务的同时，巩文还负责筹建图书馆和档案馆。她白天推进图书馆、档案馆等建工作，与财政部、设计师、供应商等各方沟通；晚上编写修改博物馆展陈大纲。

巩文患有严重的腰椎间盘突出症，医生多次建议手术，但是她都拒绝了。因为她考虑手术休养期太长，会影响工作进度，只能一直吃止痛药配合物理治疗。中等量级的止痛药已无法起效，腰部剧烈疼痛时，巩文只能跪在电脑前写稿、趴在办公室简易床上工作。靠着毅力和韧性，她始终坚持工作，阅览室、文物档案图书库区终于如期完成建设。

竭尽心力筹建中国考古博物馆

2019年，中央决定创办中国历史研究院，建设中国考古博物馆是其中一项重要工作。

一年之内建设一个国家级博物馆，是历史研究院提出的极限工作。在组织安排下，巩文负责牵头大纲撰写、展陈策划与设计、文物借调与布展等一系列工作。

作为国内第一家获得中央机构编制委员会批复的国家级考古博物馆，考古博物馆的建设是中国考古学百年发展史上的首创。巩文带领团队在领导与专家的鼎力支持下，前后修改展陈方案10余次，最终确定以中华民族5 000多年连续不断裂的文明史和统一的多民族国家形成与发展历程为展陈主线。

博物馆装修改造与布展几乎同时进行，在工地漫天飞舞的粉尘和嘈杂的电钻声中，巩文扯着嗓子和设计师、工人沟通，长时间过度疲劳致使她声带严重受损，多次失声。在巩文细致统筹下，施工、开荒保洁、文物上展有序展开，不到10个月的时间就完成博物馆建设，文物搬迁、队伍建设、讲解员培训、博物馆规章制度建设等也同时进行。当年12月，博物馆内部试运行接待参观。巩文出色的工作赢得了上上下下的赞许，被任命为中国考古博物馆第一任馆长。

就任中国考古博物馆馆长以来，巩文以弘扬中国优秀文化为己任，与共青团中央联合策划《青年历史观》网络直播，引起了强烈的反响；参与策划央视大型传统文化节目《衣尚中国》《相聚中国节元旦赏新会》，受到观众追捧；还为冬奥会设计团队提供了色彩和标识灵感。2021年，巩文获得了"中央和国家机关三八红旗手（2020年度）"荣誉称号。

多年来，巩文对考古事业的热爱从没有动摇过，也从没有忘记"公诚勤朴"校训，她初心不移，奋发上进，在各个不同岗位上都做出了优异成绩，为文博考古事业的发展做出了突出贡献，也为母校赢得了良好的声誉。

寄 语

工作着是美丽的，但求耕耘，不问收获，未来可期。

杨俊林

杨俊林，男，1967年6月出生，中共党员。1985年毕业于西北大学化学系，获学士学位；1992年6月毕业于中国科学院化学研究所物理化学专业，获硕士学位；1995年7月毕业于中国科学院化学研究所物理化学专业，获博士学位。

1995年7月—1997年6月，在中国科学院生物物理研究所工作，任助理研究员；1997年7月—1997年12月在荷兰瓦赫尼根大学（Wageningen University）生物科学系进行博士后研究工作；1998年1月—1999年9月，在荷兰格罗宁根大学（University of Groningen）药学院生物医学工程系进行博士后研究工作；1999年10月—2002年12月在中国科学院化学研究所有机固体实验室工作，历任副研究员、研究员；2003年1月—2006年11月，在国家自然科学基金委化学科学部三处工作，担任研究员、项目主任、副处长；2006年11月—2016年7月在国家自然科学基金委化学科学部三处工作，担任研究员、项目主任、处长；2016年7月—2018年7月，担任国家自然科学基金委化学科学部副主任；2018年7月—2020年10月担任国家自然科学基金委国际合作局副局长（主持工作）；2020年10月至今，担任国家自然科学基金委化学部常务副主任。

先后获得中国化学会青年化学奖（2002年）、中国分析测试协会科学技术（CAIA）二等奖（2002年，第一完成人）、中国科学院化学所青年科学优秀奖（2000年）、中国科学院化学所青年科学特别奖（2001年）。

袁 健

袁健，男，1968年出生，陕西商洛人。1988年毕业于西北大学地理系（现城市与环境学院）自然地理专业，获理学学士学位；1993年毕业于中国科学院成都分院旅游开发与区域规划专业，获理学硕士学位。创办中国第一家民营旅游研究机构——宁波远见旅游研究事务所，现任中国远见旅游发展集团有限公司董事长。兼任杭州企业联合会副会长，浙江工业大学、浙江工商大学、宁波大学等高校的校外硕导。

作为国内提出"旅游设计"概念的第一人，深耕文旅行业30多年，在专业研究、行业管理、景区创建以及个人力倡的"旅游设计"等领域深入探索，进行了有益的尝试。出版著作《地球"生理"》《宁波市旅游发展规划与研究》《旅游设计技术教程》等。

从行者到觉者

深耕文旅行业30多年，袁健在专业研究、行业管理、景区创建以及个人力倡的"旅游设计"等领域扎实践行，提出了独到的体系化见解。

1999年，袁健创立了中国第一家民营旅游研究机构——宁波远见旅游研究事务所。从此，他专注于"用设计改变中国旅游"。

行远见世界

1984年，袁健进入西北大学地理系（现城市与环境学院）自然地理专业学习。"西北大学是一所非常好的历史悠久的大学，强调学习、研究的自由和包容。"上学期间，大约有一年多的时间里，袁健沉醉于研究地球轨道倾角、地球自转参数、地球黄赤交角、米兰科维奇的气候变迁理论以及地球磁场的起源等和"地球物理"紧密相关，却与本专业学习内容关系不大的问题。学校相对自由的学分管理给予袁健很多自主学习的时间和机会，让他得以在完成本专业课程学习的同时，探索更多自己感兴趣的领域。大三时，袁健完成了自己第一本著作《地球"生理"》（后由浙江大学出版社于 2013 年出版）。

1990 年，袁健进入中科院成都分院攻读硕士学位。导师郑霖布置的作业，把袁健从"地球的生理世界"，又拉回到地球表面的旅游开发与区域规划的专业实践中。"郑老师给了我一笔经费，要我把 80 多个国家级风景名胜区都走一遍，看看为什么这些地方会成为风景名胜区，景区的发展现状又是怎样的……"每当谈起这桩往事，袁健仍感恩于导师当年的安排，"走完这一圈，我的眼界和心胸一下子被打开了，看到很多以前一直就想看看，以及想去求证的东西。"

毕业后，袁健先进入浙江省宁波市旅游局从事旅游企业管理工作，后投身商海，投资经营多个景区、酒店、旅游设备等项目。在多年的学习、工作、考察和研究中，袁健认识到中国的旅游行业与日、韩、泰等国家相比有 10 多年的差距，而和英、美、法等国家的差距更大。他暗下决心，要为推动中国旅游事业发展贡献自己的力量。

当时的中国旅游业虽然正蓬勃发展，但是却处于低水平的状况，更多的只是单纯做一些接待业务、服务业务和旅行社业务。袁健在工作中不断思考，希望能够作为行业的先行者，用技术和观念来为行业提升、赋能，成为旅游行业的一股民间科技力量。

1999 年，袁健在宁波市注册了"远见旅研"商标，成立了中国第一家民营旅游研究机构——宁波远见旅游研究事务所；同年创办宁波远见旅游研究有限公司，后迁到杭州，更名为浙江远见旅游研究院，正式在旅游设计领域专注发力。

思远见未来

远见创建不久就施展了一次大手笔。1999 年，袁健提议在宁波举办一次大型节庆活动——"跨越 2000（年）世纪玫瑰婚典"，为 100 多对新人举行一场别开生面的集体婚礼。举办这样一场大型活动，支持的反对的意见都有，遇到的困难可想而知。袁健带领团队锐气作为，联合梁祝公园和宁波各高校等社会资源，历时一个多月，最终活动圆满成功。"这也是远见初创团队经历的第一件大事。"回首过往，袁健笑得云淡风轻。

在之后的 10 年里，远见先后参与了昆明、南宁、乌鲁木齐等多省会城市的多种规划竞标。随着在竞标中一次次胜出，远见团队不断壮大，在旅游设计业务领域先后完成了上千例大型项目。

如今，袁健创办的远见集团（总部杭州）在旅游设计、文旅工程和项目运营等领域已筑基 23 年，在长三角地区有 10 多家骨干企业，运营平台遍及上海、北京、西安、昆明、南昌、南京等地。集团成功完成2000多例规则设计作业实践和20多例大中项目管理输出。旗下宁波远见泰美旅游投资管理有限公司,已投运的项目有慈舍美学民宿、歇心界禅养空间、歇心书院、天童松月、文旅工程研究中心等;旗下上海远见旅游发展有限公司,业已完成对漳州滨海火山、北京密云黑山寺村、贵州赤水市、广西宜州市、青海海西州等地的旅发顾问驻地合作,是文旅项目资产管理的专业平台;旗下浙江远见旅游设计有限公司是拱墅区大树企业(旅规甲级城规乙级)、杭州市重点文创企业、长三角休闲度假场景空间的技术引领者,以厚积20多年的案例实践,为文旅农康大领域提供高级实用的项目策划、规划设计、方案编制、决策咨询;旗下杭州农旅文化创意有限公司已有100多例美丽乡村的打造经验,是浙江当前乡村振兴、文化工程、数智农旅、创意农旅的生力军。

从2005年到2015年,整整10年间,袁健携"远见论坛"多次应邀走进全国各地多家高等院校、政府机关和行业论坛,探讨、交流如何促进行业良性发展。

"做旅游,一定要多出去,多行走,多思考。"这是袁健常挂在嘴边的一句话。"行远见世界,思远见未来"已逐渐成为每一位远见人的行事准则。从策划规划、投资融资,到建设实施、运营管理,文旅行业有着巨大的未知和创新性,而袁健做的,就是成为行业的先行者、实践者、领路者。

发心于远　发愿于见

30年前,起步不久的中国旅游行业缺少理论基础,缺少技术手段。袁健带领着初创团队在一片迷雾中摸索前行,依靠自己丰富的知识储备和敏锐的行业嗅觉成为旅游智业小赛道的先行者。

在袁健心中,未来的远见集团将是立足于文旅农康领域的数智化技术平台,致力于将新型科技融入文旅设计,打造新型消费场景,使生活与文旅有机融合,最终以资本化形态布局亚太地区的文旅度假。

"发心于远,发愿于见",和远见集团共同成长的23年,也让袁健完成了从"行者"向"觉者"转变。

"何谓'觉者'?觉知、觉悟、觉醒的行动者。"袁健将自己对行业的思考和理解汇总,形成独到的标准和体系,开办"远见大学""远见讲坛",为行业培训培养新人。这些课件和讲义后来被整理编撰成《旅游设计技术教程》,交由中国旅游出版社出版发行,并成为文旅行业深研者必读的一本著作。

多年来,从远见集团走出了众多文旅专业人才。袁健现在思考更多的,是如何提升文旅行业的觉悟导向,自利利他,让企业的产品与服务更多具备深远的福慧品性。

在日常生活中觉悟旅游、觉悟度假、觉悟生活,再用这样的"觉""悟"来医旅游、医生活、医人心,用以导文旅、护行业、促修行。"觉者"代表了袁健对自己的导向、鞭策和极致追求,更蕴含着他对中国文旅行业品质发展的深远期盼。

创办远见机构之初,袁健就立下"远见卓识,责任良知"的企业格言。20多年来,在袁健的带领下,远见机构持续在业内发光发热。春去秋来,往复更迭,人的生命历程均是无常和有限的。如何利用好短暂的人生,为人间留下一些超越匆匆的纪念呢?袁健说:"要拥有更为广大的胸怀,让自己照见长久、体悟温暖,继而去影响更多的人。"

"行远见世间,思远见未来",坚持实践探索与理论创新并重,让远见集团行稳致远。多年的淬炼让袁健不仅拥有丰富独到的经验,更深切感悟到企业家必须要有坚定的初心和高远的志向。所有过往,皆为序章,所有过往,皆为土壤。如今,袁健携远见机构立足于长三角乃至于亚太地区,不忘初心,继续谱写着"推动中国,文旅强国"的新纪元篇章……

(王鲲伦 郑星源)

寄 语

祝福母校越办越好,祝愿校园新秀荣光焕发,祝愿校友们智慧人生。

姚红娟

姚红娟,女,汉族,1968年7月出生,山西临猗人,1999年11月加入中国共产党。1990年7月毕业于西北大学外语系,获得英美语言文学学士学位;2007年6月毕业于西安理工大学,获得工商管理硕士学位。2007年9月—2009年12月在英国诺丁汉大学国际关系专业学习,获得文学硕士学位。

1990年7月毕业分配到陕西省政府侨务办公室工作。几经机构改革,省政府侨务办公室先后与省政府外事办公室、省政府港澳事务办公室、省人民对外友好协会合署办公,2018年机构划归省委工作机关,更名为中共陕西省委外事工作委员会办公室。姚红娟历任副处长、部长、处长、副主任、主任等。现任陕西省委外事工作委员会办公室主任、省友协常务副会长,中共陕西省第十三届委员会委员。

从涓涓细流走向大江大河

2017年,姚红娟获得了国务委员兼外长王毅颁发的《资深地方外事工作者荣誉证书》。从一名初出茅庐的外事部门科员,到身经百战的省级外事部门"一把手",姚红娟的外事之路见证了时代与个人"蝶变"。

如今,在姚红娟的领导下,陕西外事工作守正创新,坚持服务国家总体外交、服务陕西省经济社会发展、服务共建"一带一路"、服务构建人类命运共同体,再接再厉,不断续写新的荣光与辉煌。

心系"国之大者" 讲好陕西故事

2015年5月14日,习近平总书记在陕西接待并亲自陪同印度总理莫迪参观访问,成为中国"元首家乡外交"典型范例,将"元首家乡外交"推向了高潮。作为总书记的家乡,陕西越来越受到各国政要的关注。近年来,陕西先后迎来柬埔寨国王、几内亚总统、法国总统、中非总统等18位国家元首和政府首脑。

着眼于服务国家总体外交,姚红娟带领省外办团队精心设计主题路线,积极统筹陕西优势资源,在实践中摸索出一套独具陕西特色的经验做法——即以"历史文化—改革开放—红色基因—党建扶贫"为主线,以延安和西安为主阵地,向世界讲好中国故事、党的故事和陕西故事,传播中国理念、中国智慧、中国方案,巩固和深化外国政要对中国道路、文化、理论、制度的理解认同。作为省级外事部门主管,同样也是一名高级翻译,在统筹全盘工作的同时,姚红娟主动做国际友人工作,赓续友好,架起陕西与外宾的沟通之桥。她带领外国媒体记者走进革命老区,互动沟通,传递中国声音,帮助其了解真实、立体、全面的中国。

2021年6月,中联部、人民日报社、北京大学共同主办"辉煌百年与崭新征程:中国共产党对外工作100年"研讨会。在建党百年之际,姚红娟走上北京大学的讲坛,娓娓道来,分享了关于一首红歌、一本好书、一处遗址、一次参访、一趟专列的5个对外工作小故事。从越南领导人在延安唱起歌曲《东方红》到国际友人路易·艾黎与宝鸡工合运动,从美国记者埃德加·斯诺《红星照耀中国》到中国共产党代表团访问土耳其出席中欧班列"长安号"跨里海专列接车仪式,通过讲好陕西这片热土上发生的党的奋进故事、友好故事、发展故事,构建陕西新形象,增进国与国的战略互信与友谊、优化我国外部环境,推动构建人类命运共同体。

唯改革者进 唯创新者强

陕西位于中国版图几何中心,自古以来就是我国对外开放的重要门户。唐代长安城曾是世界上第一个人口过百万的大都市,极盛时期仅外国商人和留学生就超过10万人。灿若星辰的历史,得天独厚的地缘优势,共建"一带一路"、新时代推进西部大开发形成新格局等历史机遇的加持,陕西如何破局,弥补开放不足的短板,实现"追赶超越",建设开放高地?这是姚红娟提出的外事之问,也是她大刀阔斧改革创新的发端。

整整3个月的时间,姚红娟带领调研组马不停蹄开展"提升外事工作水平,促进全省对外开放"专题调研,足迹遍及7市15县(区)43家对外交流合作机构。摸清底数、查找症结,最终提出市县多元主体开放的概念。在《发挥"多元主体"优势弥补开放不足短板——关于加强我省市县外事工作的调研与思考》文章中,她主张广泛吸引民众积极参与对外人文交流活动,充分挖掘运用驻陕央企、中小型互联网企业、市县外向型企业、民间组织对外交流合作资源,加大市、县国际友城结好,"一市一策"大力推进"欧亚经济论坛""朱鹮""中医药""高端能源化工""上合组织农业交流培训示范基地""历史名城对话会"等富有地域特色的外事品牌建设力度,积极构建省市一体、条块结合、资源下沉、上下联动、资源共享的外事工作格局,以有效解决全省开放发展中存在的"非均衡"和"碎片化"问题。

国际友城是地方促进对外开放和中外友好交流的重要平台和抓手。进入新时代,"国际友城开辟与维护巩固"分割的旧体制已不再适应形势的发展需要。姚红娟主导以"区域划分为导向、全流程跟进维护拓展"的省对外友协深化改革,聚焦国家重大战略和陕西发展需求,加快构建面向中亚南亚西亚国家的通道、商贸物流枢纽、重要产业和人文交流基地,进一步优化友城布局和国际联席会议机制,推动友城建设和对外交流合作与中欧班列开行、国际航线开通及合作项目落地相结合,带领陕西正式步入"百对友城"时代,国际"朋友圈"越来越大。

为促进陕西与"一带一路"国家的交流合作,姚红娟牵头负责陕西省"一带一路"语言服务与大数据平台建设,为来陕外国人提供就医、入学、旅游等便利化语言服务。平台被列为陕西自贸试验区首批在全省复制推广的16项改革创新成果之一,还入选国家服务贸易试点项目,供各省市借鉴推广。

全国外办首创"外事信息对接会",策划组织"陕西产业外事会客厅",建立陕西省境外人员与机构安全保护机制……姚红娟的"创新清单"还在不断更新。

办公楼里最后一个"熄灯人"

熟练掌握外语是外事工作必备素质。无论任务再重,姚红娟始终没有放松外语专业的学习。她坚持每天早上学习1小时的英语,刻苦钻研翻译技巧。为提高翻译水平,姚红娟先后赴美国杨伯翰大学、比利时欧盟总部进修旅游企业管理和同声传译,是当时陕西为数不多的英语同传,成为省上主要领导外事活动的专职翻译。

外事无小事,站稳政治立场是对外事工作者的基本要求。政治判断力、政治领悟力、政治执行力贯穿外事工作的日常。无论工作多忙,姚红娟始终不放松政治理论学习。特别是在担任领导干部后,她更加注重理论学习与国内外形势相结合、与陕西外事工作相结合、与个人思想相结合,自觉做到学以致用、融会贯通。参加工作后,姚红娟先后获得工商管理硕士和文学硕士双学位。近年来,先后有4篇文章在省级以上刊物发表,其中《党的对外交往史上的"陕西故事"》在《人民日报》上刊发。

夙夜在公,孜孜不倦。无论是作为一名普通公务员,还是单位主要领导,姚红娟常常是办公楼里最后一个"熄灯人"。从事外交外事工作30余年,案无积卷,凭借精湛的业务功底和管理经验,她出色完成党和国家以及全省重大涉外任务,如中国共产党与世界政党论坛分会场设置、丝博会、农高会、中国-中亚五国外长会晤、陕西省外交部全球推介活动、W20妇女峰会和G20农业部长会议等组织和服务保障工作。

在姚红娟的领导下,陕西省外事工作丰富多彩、亮点纷呈,省委外办机关建设不断得到加强和发展,涌现出"全国地方外事工作先进单位"、陕西三八红旗手、全省优秀党员、全省担当作为好干部等先进典型,展现了新时代外事人的风采。

寄 语

生逢中国新时代与世界百年变局,以全球视野涵养宏阔人生格局,以世界眼光"向未来、做大我",以家国为念"扬正气、求进步"。

马小奇

马小奇，男，1968年8月出生于宁夏银川。1990年毕业于西北大学化学工程系化工机械与设备专业，获工学学士学位；2005年毕业于清华大学经济管理学院，获EMBA硕士学位；2015—2017年，清华大学后EMBA企业家学者三期项目；2019年毕业于美国明尼苏达大学，获全球管理学博士学位。1990—1994年，任中国五矿化工机械进出口公司宁夏分公司化工部及金属矿产部经理；1994—1999年，任香港嘉川发展有限公司副总经理、总经理；2000年至今，任宁夏嘉川集团有限公司董事长。

常怀感恩之心

在创业历程中，他以敏锐的商业眼光抓住了社会变革所带来的机遇，实现了宁夏嘉川集团跨越式发展。为了回馈社会、回报母校，他积极参与成立陕西西北大学朱雀教育发展基金会。马小奇常说的一句话是："人，应该有感恩之心。"

人生就是不断地从头开始

1990年，马小奇从西北大学化学工程系毕业，被分配到宁夏五矿化工机械进出口公司担任外贸业务员。上学期间，马小奇学的是化工机械和设备专业，做外贸显然专业不对口。怎么办？那就学！"我在母校学到的，不仅仅是科学知识，更重要的，是老师们教给了我学习的方法，更教导我要永远学习。"就这样，马小奇从头开始学习外贸专业知识。白天他向周围人虚心请教工作中的问题，下班后，还要抓紧时间看书、查资料。经过不懈的努力，马小奇终于考取了外销员资格。要知道，即便对于外贸专业毕业的业务员来说，外销员资格都是非常难以取得的。

马小奇开始一步一个脚印从外贸出口基础业务做起。在工作中，他对进出口贸易中每一个环节都认真对待，一丝不苟。银行的领导看了马小奇制作的外贸单证，夸赞不已，连连说"都可以成为各外贸公司的样板文件了"！

"工作中没有白吃的苦，更没有白学的知识。"外贸业务员不仅需要对进出口贸易的流程和单证操作非常熟悉，还需要对公司所出口的五矿化工产品特性和生产工艺流程非常熟悉，以更好地服务于外国客户，解答客户的技术咨询，马小奇拥有的化工专业知识背景此时派上了大用场。1990年至1995年，马小奇参与了吴忠糠醛厂、石嘴山糠醛厂产品技术改造及质量控制的项目，使工厂的产品质量得到了明显的提高，达到了日本、欧盟的进口标准。自1992年起，该产品成为公司的骨干出口商品。在此期间，作为公司的主要技术负责人，马小奇还负责宁夏民族化工集团公司"24%石灰氮"项目与日本合作方的技术谈判。他结合民化厂的实际情况与日方技术人员一起提出了具体可行的技术改造方案，设计了工艺流程，使民化厂成为中国第一家生产"24%石灰氮"的企业，出口额连续多年名列全行业第一。

1995年，马小奇调入宁夏外经贸厅驻港公司嘉川发展有限公司。在新的工作岗位上，马小奇展现了很强的学习能力和管理能力，取得了出色的工作业绩。他从负责国产化工产品的技术咨询职务开始，直至担任公司总经理。在负责公司全面工作的同时，马小奇还担任着公司项目的技术负责人，主持进行了单产2 000吨活性炭厂的建设和单产3 000吨活性炭生产线的技术改造。

在香港工作了5年后，马小奇渴望更大的发展空间，寻求实现更大的人生价值。他决定离开已经驾轻就熟的国企领导岗位，开始自主创业。

在时代大潮中洞察商机

2000年，马小奇成立了宁夏嘉川集团。

万事开头难，自主创业的路更加不会一帆风顺。很多人对马小奇扔下端得好好的"铁饭碗"表示不解，甚至替他惋惜，马小奇却从来没有后悔过自己的选择，而是执着地一路向前。集团下属子公司宁夏恒昌顺贸易有限公司刚成立时只有5个人，经过不断努力，到了2004年，公司活性炭和焦炭的出口量就达到全区第一。公司同时也是宁夏较大的进口贸易企业，在造纸、纺织、机械、医疗卫生、邮电、通讯、农业等各个领域为宁夏引进了大批的先进设备、技术及原料。自成立以来，公司积极发展与国内外客户、生产厂商的贸易关系，市场主要分布在港澳台地区、日韩、东南亚、美国、欧盟等地区，为宁夏进出口贸易做出了重要贡献。

2005年，因为公司业务快速发展，马小奇计划建造新的办公楼。在和房地产公司洽谈的过程中，马小奇突然萌生了一个大胆的想法："与其找房地产开发公司盖办公楼，不如自己成立一个房地产开发公司进入这个很有潜力的行业。"那时候，在房改的带领和推动下，中国房地产行业已经真正进入了市场化。2005年宁夏嘉川集团控股了宁夏舜天房地产开发有限公司，正式进军房地产行业。近10年来，宁夏舜天地产步入了发展的超车道，连续三年入选银川市房地产开发企业五优十强，连续四年被评为银川市房地产开发诚信企业。

眼看着嘉川集团的国际贸易和房地产业务稳定发展，马小奇又开始琢磨如何结合宁夏本地的资源优势拓展新的业务。正在这时，人类历史上首次以法规形式限制温室气体排放的《京都议定书》正式生效。马小奇眼前一亮：集团的下一个业务突破口出现了。

2006年，中国发布了"十一五"规划，根据该规划的要求，中国单位GDP能耗在5年内必须下降20%，主要污染物排放总量减少10%。马小奇在认真调研后认为，宁夏煤炭资源丰富，多数煤矿每年会产生丰富的煤层气（瓦斯）。矿井瓦斯是煤矿生产中很大的安全隐患，但同时也是一种清洁能源。如果能利用抽出的瓦斯发电，一方面直接减排了瓦斯，解决了矿区生产矿井潜在的安全生产问题；一方面减少了燃煤的发电量，间接减排了二氧化碳，真正达到节能减排的效果，意义非常深远。善于抢抓机遇的马小奇立即成立了宁夏安泰新能源股份有限公司。公司引入世界500强的德国电力巨头莱茵集团RWE公司和神华宁煤股份有限公司作为主要股东，先后建成并运行了4座煤矿瓦斯发电站、2个废弃矿井瓦斯综合治理示范基地，累计治理废弃煤矿瓦斯3.2亿立方米，减排二氧化碳461.5万吨，消除了重大安全隐患，避免了资源浪费，取得了良好的社会和经济效益。

为中国教育尽绵薄之力

今天的宁夏嘉川集团已经发展成为多元化的集团，下属参股控股的企业经营业务范围遍及风险投资、进出口贸易、清洁能源发电、房地产开发、商业物业经营、物业管理等行业。创业20年，马小奇正在一步一步地走向他心中的目标。

2018年，马小奇回到母校西北大学参加交流活动。走在熟悉的校园里，他不由得问自己："现在事业上有了一点成绩，如何为母校做一点力所能及的贡献？"这个念头一产生，就越来越强烈。随后，马小奇得知西大校友、朱雀股权投资管理有限公司李华轮董事长已经为西大捐助后，表达了自己也想捐助母校的想法。李华轮不但双手赞成，更主张"做公益事业不能等到退休了再做，应该尽早做一些力所能及的事来回馈社会、回馈母校"。他们一致决定成立一个基金会，用以奖励和资助优秀教师、贫困学生；资助教育事业的发展,改善教学设施;资助大学生参加科技竞赛和创新创业活动。

一群志同道合的人走在一起,陕西西北大学朱雀教育发展基金会呼之欲出。

2018年1月,宁夏嘉川集团下属控股公司宁夏舜天房地产开发有限公司向西北大学捐资200万元。在捐赠仪式上,马小奇深有感触地说:"西北大学'公诚勤朴'校训深深影响了我的人生之路。刚毕业时我认为它只是一句口号,经过多年的商海拼搏,我深深体会到,只有保持奉献、真诚、勤勉、勇气和朴实的人生观和做人的准则,怀有如临深渊、如履薄冰的敬畏之心,才能使企业家度过无数的潜流暗礁,到达成功的彼岸。我感到非常幸运能遇到中国改革开放这个伟大的时代,正是这个时代才赋予了我们创业的机会,也感到非常幸运能在西北大学这个具有优良传统的大学学习。在我这20年来有了一点成绩之后,就在想如何能够回馈母校,我经常给公司的员工讲,人应该常怀感恩之心,这也是我的人生信条。陕西西北大学朱雀教育发展基金会这个平台让我实现了这个心愿,我希望能尽绵薄之力,为基金会的发展不断地做出自己的贡献。"

2019年10月,宁夏舜天房地产开发有限公司作为共同发起人之一参与成立了陕西西北大学朱雀教育发展基金会,马小奇任基金会理事。成立3年来,基金会在捐资助学、抗疫防疫方面都做了大量的公益活动,得到了西北大学师生的广泛好评。

(谢军)

寄 语

大学是人生中重要的阶段,不仅是求知,更重要的是培德。希望年轻西大学子自强不息,将来成为国之栋梁。

唐海忠

唐海忠，男，1968年8月出生于甘肃省酒泉市。1991年毕业于西北大学地质学系石油与天然气地质专业，获工学学士学位；2006年毕业于西北大学地质学系构造地质学专业，获理学硕士学位。1991年7月毕业后到玉门石油管理局研究院工作，一直从事石油地质勘探及综合研究工作，历任中国石油玉门油田公司勘探部物探科科长、总地质师、勘探开发研究院院长，公司首席技术专家，现任玉门油田公司总地质师，正高级工程师。

曾获省部级科技进步奖5项，发表著作3部、论文10余篇。荣获中国石油天然气集团公司劳动模范、甘肃省五一劳动奖状等省部级荣誉称号。担任过中国石油学会物探专业委员会、石油标准地质勘探专业标准化委员会委员等。

不忘勘探找油初心　矢志百年油田建设

1991年，唐海忠怀抱建设祖国西北的志向，回到地处祁连山下、石油河畔的家乡甘肃玉门，来到了中国石油工业的摇篮——玉门油田。此时的玉门油田已年过半百，正等着年轻的地质人撸起袖子、俯下身子、甩开膀子，让"石油摇篮"重现光芒。

唐海忠牢记西北大学学风，扎根西北、奉献祁连，在31载的艰苦创业、自强不息中把"勤奋、严谨、求实、创新"镌刻进他的工作和生活中，用实际行动践行了一名石油地质勘探人员的初心和使命，为玉门油田高质量发展尽心尽力、建功立业。

勤奋以筑基　锲而不舍攻关物探技术

"人生在勤，不索何获"，唐海忠一到玉门油田，就一心扑在地质勘探工作中。他在工作中勤奋踏实、勇于探索，受到了人们的一致夸赞。

2000年以前，玉门油田勘探工作一直受到地震资料品质差的制约，尤其是青西凹陷窟窿山探区高大山地勘探研究几乎没有有效的资料,给勘探工作提出了严峻的挑战。面对困境,唐海忠主动担当,带领技术人员攻坚克难,充分运用在学校学到的地质学知识理论,借鉴国内外山地勘探技术开拓勘探思路,在酒泉盆地极低信噪比地区开展技术攻关,逐步形成了一套针对酒泉盆地复杂地表、复杂构造和岩性目标的地震勘探技术系列,实现了逆掩推覆体资料从无到有、从二维到三维,在"世界级"难题的攻关中取得了推覆体下盘资料,在三维资料的支撑下打出了 20 多口百吨井,为油田的上产发挥了重要的作用。2006 年,他主持承担的科研项目《酒泉盆地窟窿山复杂油藏描述及地震勘探技术研究》获得股份公司三等奖。2009 年,唐海忠主持了《青西地区二次三维地震勘探》,将白垩系凹陷深层资料品质大幅度提高,深化了地质认识,发现并落实了一批有利构造,钻探多口探井获得了工业油流,实现了油藏纵向叠合横向连片。

2017 年,在鄂尔多斯盆地环庆区块这一全新领域,唐海忠面对黄土塬山地地表、薄储层和小幅度构造勘探领域地震资料不能满足研究目标的现状,再次带队攻关"两宽三高"地震采集技术及层析静校正、保真、井控地震处理等物探技术,微幅构造识别、储层预测符合率大幅提升,支撑了环庆新区快速增储上产。

在唐海忠的带领下,玉门油田的地震解释能力得到大幅提升,一支"拉得出、拿得下、打得赢、站得稳"的物探攻关团队已经形成,物探技术也从制约油田勘探的短板成长为助推油田发展的利器。

严谨以入微　精雕细琢致力老区稳产

"纸上得来终觉浅,绝知此事要躬行",30 余年里唐海忠扎根戈壁,始终坚持严谨认真、一丝不苟的科研精神,把自己沉在基层,扑到一线,先后主持了 20 余项中国石油和油田层面的科研项目。

2013 年,股份公司重大科技专项"玉门油田重上百万吨勘探开发关键技术研究"立项,唐海忠负责项目运行。4 年的时间里,他带领科研人员步步为营,踔厉攻关,形成了一批适宜油田勘探开发的特色技术,完善了老探区效益勘探和老油田效益开发理论,提出了断-压叠合盆地晚期快速高效成藏新认识,指导了酒泉盆地勘探方向与目标的拓展。

"十三五"以来,随着老区勘探程度的不断深入,发现难度越来越大。唐海忠坚持精细勘探理念,看遍每一条剖面、复查每一口老井、细分每一套储层、刻画每一个砂体,对老区每个细节都如数家珍。正是凭着这种严谨到每个细节都不放过的精神,勘探了半个多世纪的老油田仍在不断获得新发现:攻关鸭儿峡白垩系下沟组储层精细预测,刻画"甜点区",实现了油藏规模增储上产;加强营尔凹陷井约束下有利储层预测和复杂断块精细解释,长沙岭白垩系下组合油气勘探取得新进展;完善窟窿山逆掩推覆构造高精度建模技术,以断裂控藏理论为指导,窟窿山东块白垩系获得新突破。通过精细研究,老区40万吨效益稳产的基础更加坚实,老区不老的传奇仍在续写。

求实以致远　笃行不怠助力新区上产

2017年,中国石油开启油气矿权内部流转,玉门油田获得了鄂尔多斯盆地环庆流转区块。面对油田上下的殷切期盼和流转区块勘探开发研究重任,唐海忠毅然承担起了攻坚拓荒,奋战陇原的重任。

作为西北大学培养的20余万名专业人才中的一员,唐海忠熟知校友"将门虎女"杨拯陆在三塘湖以生命保护地质勘探资料的事迹。他按照重大专项组织模式,整合内外部研究力量,组建勘探开发一体化研究团队,坚持"干"字当头、"实"字托底、事不避难、力戒浮华,支撑环庆区块规模增储和快速高效建产。面对新区研究节奏快、任务重的现状,唐海忠带领研究人员深入剖析形势任务,在砂体刻画、测井油水识别、微幅构造描述等工作中践行"矢志找油"的担当意识。正是这些实实在在的付出,科研人员掌握了侏罗系、三叠系目标评价关键技术,形成了适合区块的目标评价优选体系。

经过5年夜以继日的技术攻关,环庆区块展现出亿吨级的储量规模,快速建成了30万吨油田。2021年,随着宁庆天然气矿权配置区块勘探取得新进展,更是推动玉门油田步入了"油气并举"的新时代。唐海忠主导的"环庆二期侏罗系勘探突破"获公司重点项目特等奖,"鄂尔多斯盆地玉门区块石油勘探新成果"连续三年获得中国石油油气勘探新成果三等奖,他本人也被酒泉市聘为科技领军人才。

创新以聚才　真情投入锻造科研团队

在西北大学本科和硕士研究生学习期间,老师们立德树人、教书育人,积极改革创新投入教育实践的荣誉感和责任感深深影响了唐海忠。在玉门油田,他的师傅、央企楷模陈建军也曾对他说:"勘探是油田的希望和未来,必须要在这个领域不断培养出优秀年轻人,油田才能发展下去。"唐海忠走上领导岗位后,高度重视科研团队建设和对年轻人的培养,秉承"抓人才就是抓发展、兴人才就是兴企业"的理念,积极推动科研机构改革,大力实施双序列改革选聘,依托环庆实践锻炼的"大平台",创建适应人才成长与施展抱负的一体化研究平台,多措并举拓宽人才培养渠道,营造"人人皆可成才,创新人人可为"的文化氛围,激励年轻科研人员将油田发展与个人成长成才相融合,争当先锋，勇于试错，把研究院打造成为油田人才培养的"蓄水池"。

在环庆勘探开发一体化攻关的过程中，一批多学科融合的综合型人才迅速成长为项目长或技术管理干部，各类人才不断输送到公司各条战线，4人获甘肃省陇原青年英才等省部级荣誉；8人获聘公司首席和高级技术专家，101人进入技术序列，占公司技术序列人才的半数以上，人才对油田高质量发展的支撑作用更加突出。

唐海忠始终坚持"认识无止境、探索无止境、找油无止境"，他以破解制约油田发展的勘探难题为己任，带头攻关，持续推动科研工作有创新、出成果，在建设百年玉门油田的新征程中书写着自己壮丽的人生答卷。

寄 语

校园是人生积累最重要的阶段，踏实肯干是西大校友的本色，善积老师同学的灼见才能成片成面，博采众长进而形成自己的坚持，愿你们的青春都闪烁着光芒。

范 桁

范桁，男，1968年10月出生，陕西乾县人。1990年毕业于北京大学，1990—1996年在西北大学现代物理研究所师从侯伯宇、王佩、石康杰等人学习，先后获得理论物理硕士学位和理论物理博士学位。1996年毕业后留校任教，于1999年破格晋升为西北大学教授。1999年5月起受日本学术振兴会支持，在日本东京大学物理系做JSPS外国人特别研究员，合作导师为曾任日本物理学会理事长的和达三树（Miki Wadati）教授，2001年5月—2004年5月任日本科技振兴事业团量子计算与量子信息创造科学推进事业研究员。2004年5月—2005年11月，在美国加州大学洛杉矶分校进行博士后研究，合作导师为美国科学院院士、工程院院士亚波罗维奇教授和罗切德瑞教授。2005年11月进入中国科学院物理研究所工作，现任研究员、博士生导师，中科院物理研究所固态量子实验室主任、党支部书记、Q03组组长。

入选国家级人才计划，科技部重点领域创新团队"固态量子计算与量子信息创新团队"负责人，享受国务院政府特殊津贴，2021年获得周培源物理奖，国家自然科学基金委员会创新群体负责人，2021年获中国科学院大学领雁银奖，2021年获中国科学院大学唐立新教学名师奖。现任 Chinese Physics B 副主编，《物理学报》副主编，中国物理学会低温物理专业委员会委员，中国科学院物理研究所学术委员会常务委员，中国科学院物理研究所学位委员会委员。

长期从事量子物理与量子计算，量子模拟凝聚态多体研究，在量子计算和量子信息基本理论，超导量子模拟等方面取得系列有重要影响的原创性成果。和合作者一起，实现了超导量子模拟多体物理与强关联量子行走，在超导量子比特系统实现多比特薛定谔猫态及非高斯压缩态制备，刷新了固态系统多粒子纠缠比特数世界纪录，领导团队构建了超导量子计算云平台，并实现了云平台10个量子比特的全局纠缠，在国际上处于前列。对量子相干、量子纠缠、量子克隆等量子信息基本问题展开研究并取得系列成果。多项成果获得包括沃尔夫奖获得者在内的国际知名学者引用。主持自然科学基金创新群体项目、重点项目、面上项目、科技部重点研发计划等国家级科研项目10余项。在发表的文章中，被 SCI 收录 300 余篇，其中 2 篇 *Science*，1 篇 *Nature Physics*，1 篇 *Science Advances*，17 篇 *PRL/X*，*Phys. Rev.* 系列文章超过 100 篇，高被引和热点论文 8 篇，发表文章被引用超过 10 000 次，h 因子 47。在培养学生方面成绩卓著，指导的博士和博士后已有 2 人获得国家自然科学基金优青项目、海外优青项目等的资助。

寄 语

西北大学有良好的学风，同学间的友谊是真挚的。在这个温馨的环境中，同学们应心怀天下，努力成才，追求科研卓越，到祖国需要的岗位做出贡献。

任保平

任保平，男，1968年10月出生，陕西凤县人。1991年毕业于陕西师范大学政治教育专业，获哲学学士学位；1997年毕业于陕西师范大学政治经济学专业，获经济学硕士学位；2002年毕业于西北大学经济管理学院政治经济学专业，获经济学博士学位；2003—2006年，在南京大学师从洪银兴教授开展博士后研究；2006年，以高级访问学者身份赴德国富特旺根经济技术大学进行学术交流。1991—2003年在陕西师范大学工作，2003年调入西北大学，历任经济管理学院经济学系主任、副院长、院长，研究生院院长；2020年7月，任西安财经大学副校长，教育部人文社会科学重点研究基地——西北大学中国西部经济发展研究院院长，二级教授、博士生导师；2022年10月，调至南京大学数字经济与管理学院任教。

在国内高水平期刊报纸发表学术论文300余篇，出版学术论著、译著、教材等50余部，主持国家社科基金重大项目等课题20余项，荣获国家级、省部级、厅局级奖励20余项。先后入选教育部"新世纪优秀人才"支持计划、国家级人才计划、享受国务院政府特殊津贴专家、国家有突出贡献中青年专家、中宣部文化名家暨"四个一批"人才、陕西省"特支计划"杰出人才、省级人才计划等。

中国经济增长与发展质量的探索者

多年来，任保平始终围绕中国特色社会主义政治经济学、发展经济学、区域经济学相关问题，紧扣经济增长质量和高质量发展主题展开研究，取得了一系列创新成果。他说，中国经济的发展依靠现有的西方经济理论无法阐释，而他的梦想，就是深入和完善经济增长质量理论，为提高中国经济增长质量和效益提供理论和实践基础。

别开蹊径　走出创新第一步

1987年，19岁的任保平走进陕西师范大学的校园。在政治教育专业的课堂上，他系统学习了政治经济学、哲学、中国共产党史和科学社会主义理论知识，并通过阅读涉猎各个方面的知识，在书的海洋里博观约取，为日后在学术道路上稳步前进打下了坚实的学科基础。

大学毕业后任保平留校，成为新成立不久的经管专业的一名教师，并于1994年师从白永秀教授攻读硕士学位，将研究方向确定在社会主义市场经济领域。

其时社会主义市场经济体制改革风生水起，许多前所未有的新事物、新现象层出不穷，令人目不暇给，任保平一面抓紧基础理论学习，一面积极深入企业展开调研。在掌握了大量第一手资料和数据之后，他毅然选择了在当时还相对冷僻的研究方向——社会保障制度，并在硕士学位论文中提出，在中国社会主义市场经济中，要建立多元协调的社会保障模式，打造市场经济的稳定器和安全阀。

1999年，任保平进入西北大学经济管理学院政治经济学专业，师从王忠民教授攻读博士学位。在老师的指导下，任保平转向发展经济学研究领域。

博士学习期间，任保平反复研读了反传统经济学家米香（E. J. Mishan）的著作《经济增长的代价》，米香提出的"不重视福利反而降低人类生活质量的单纯经济增长是没有价值的"这一观点，引发了任保平的思考。他对于当时盛行的"只要新知识不断产生，技术不断进步，就可以长期恒定地促进经济发展，从而实现经济的无限持续增长"这一"乐观"理论产生了疑问：知识的无限更新是否可能？只追求GDP而忽视成本的理论是否周全严密？不计成本的经济增长是否可持续？需要人类社会和自然付出高昂代价来换取的经济增长是否有意义？

在博士学位论文《低成本经济发展的制度阐释》中，任保平提出经济增长是有代价的，经济发展是有成本的；低成本的经济发展是有质量的发展，可以实现可持续发展。在文中，他建立了低成本经济发展的基本模型，提出了低成本经济发展的基本思路。

在一片追求GDP的喧嚣中，任保平坚定而清晰地发出了"降低经济发展成本，追求经济发展质量"的声音，并拥有了越来越多的倾听者。2010年，任保平出版了《以质量看待增长：对新中国经济增长质量的评价与反思》一书，2015年出版了《经济增长质量的逻辑》，2017年出版了《超越数量：质量经济学的标准与范式》，引起经济学界关注。

厚积薄发　在学术之路上前行

2002年7月，任保平博士毕业，同年破格晋升为教授。2003年，他进入南京大学理论经济学博士后流动站，师从洪银兴进行博士后研究。已经是博士生导师的任保平，硬生生地将自己"压"回到学生状态。上课、泡图书馆、听讲座、搞调研……他从南京出发，沿着长江南岸一路调研到上海，再沿长江北岸返回南京，实实在在地领略到中国改革开放最前沿的真实情况。在洪银兴教授的指导下，任保平站到了中国经济学研究的前沿，进行经济发展转型研究，研究中国新型工业化道路。他将以往的研究工作融会贯通，形成了关于经济增长质量研究雏形，对经济增长质量的理论与实践进行了初步探索。

2006年，任保平前往德国富特根旺经济技术大学做访问学者。在德期间，他前往德国鲁尔工业区进行调研。鲁尔区衰退与振兴的历史又一次坚定了任保平的想法：任何经济增长都是有代价的，只有提高经济增长质量才是最有效地降低代价的途径和手段。

建立社会保障制度，提高社会福利；关注生态环境，降低生产成本；推动科技创新，优化产业结构；提高国民经济素质，提高国际竞争力……涓涓细流终成大海，任保平将经济增长质量作为自己的核心方向，研究"经济转型时期中国经济增长质量与和谐发展"。经过多年的学习、调研、研究、探索和思考，他最终创立了经济增长质量理论。

过去，人们更多的是关注经济增长的速度，一味地以GDP作为衡量标准。如今，任保平却要将人们的目光引向"硬币"的反面，让人们看到经济增长质量的精妙之处。近些年来，任保平在这一领域的研究不断创新，他明确界定了经济增长质量的内涵与特征，构建了经济增长的分析维度，从结构、效率、稳定性、资源环境代价、成果分配、国民经济素质等方面建立了经济增长质量分析的理论框架，还建立了经济增长质量的价值判断体系和道德基础，为经济增长质量的优劣判断提供了标准，克服了传统经济增长理论重视实证而缺乏价值判断的缺陷。

通过建立综合指标体系，任保平构建了经济增长质量指数，并将其命名为"西大经济增长质量指数"。从2010年起，任保平带领他的研究团队，每年都会推出一本《中国经济增长质量报告》，用西大经济增长质量指数对中国经济增长状态进行评价。由于报告对各省区市经济增长状况进行排序，使得它已然成了经济增长的风向标，各级政府都会对照报告制定来年经济发展规划。

不断探索　构建经济增长质量理论

"学术研究的目标应是理论创新。"在任保平心目中，经济学应该做到明其理、察其善、穷其源。他一再强调，经济学研究不能追在问题的后边跑，而是要站在理论的高度上，指导社会经济发展。

任保平也正是秉持着"明理、察善、穷源"来构建经济增长质量理论。他从质量视角拓展了经济增长理论，从新政治经济学的视角探索形成了经济增长质量的逻辑，拓展了经济增长理论的研究领域，是在传统经济增长理论基础上的重要理论创新。

多年来，任保平先后发表学术论文300余篇，撰写出版学术专著30余部，作为首席专家主持研究阐释党的十九届五中全会精神国家社科基金重大项目《黄河流域生态环境保护与高质量发展耦合协调与协同推进研究》等国家级、省部级、厅局级课题20余项。相关学术研究成果荣获国家哲学社会科学成果文库奖励、教育部人文社会科学优秀成果二等奖、中国政府出版奖提名奖、刘诗白经济学奖、张培刚发展经济学优秀成果奖等各级奖励20余项。

近年来，任保平主持了中共中央宣传部、国家发展改革委，以及陕西省委宣传部、省政府研究室、省决咨委、省发改委、省社科联及西安市有关部门等委托的研究课题10余项，带领团队紧密围绕国家和地方经济高质量发展、供给侧结构性改革、市场秩序规范、数字经济发展等问题深入开展调查研究，形成了多份研究报告和《决策咨询建议》。

任保平组织团队撰写出版的《中国经济增长质量发展报告》系列丛书已连续出版13本、《陕西宏观经济发展报告》系列丛书已连续出版5本，多年来成功组织举办"《中国经济增长质量发展报告》发布会暨经济高质量发展论坛""《中国西部发展报告》发布会暨中国西部经济社会发展智库论坛"和"《陕西宏观经济发展报告》发布会暨陕西发展高层论坛"10余次，为国家和陕西经济社会发展提供可靠智力支持。

任保平先后培养指导硕士、博士研究生和博士后近200人，在长期的教学实践中提出了以学生为中心的经济学专业创新型教学模式和人才培养模式。2019年，西北大学中国西部经济发展研究院和陕西宏观经济与经济增长质量协同创新研究中心双双入选中国智库索引（CTTI）来源智库。如今，在中国经济学界，提起"经济增长质量理论"，人们最先想到的就是西北大学经济管理学院，就是任保平和他的团队。

（熊晓芬）

寄　语

期望这所西北的百年名校能守正创新，坚持守正和创新相统一，走正道、守正气，保持正气长存。在守正创新的基础上，继往开来，继承前人的事业，开辟未来的正路。

朱晓渭

朱晓渭，男，1968 年 11 月出生，陕西渭南人，1991 年 7 月参加工作，1994 年 7 月加入中国共产党，研究生学历，历史学博士。现任西安建筑科技大学党委书记，中国共产党陕西省第十四届委员会候补委员。

1987 年 9 月—1991 年 7 月在陕西师范大学物理学专业学习，毕业并获理学学士学位；1991 年 7 月—1995 年 1 月，在宁夏回族自治区公安厅政治部宣教处工作；1995 年 1 月—1997 年 8 月，在陕西省国家安全厅工作，历任科员、副主任科员、正科级党委秘书；1997 年 8 月—2014 年 11 月，在陕西省委组织部工作，历任主任科员、正科级秘书、副处级秘书、宣教干部处处长、经济干部处处长（其间：2004 年 9 月—2007 年 7 月，在西北大学行政管理专业学习，获得管理学硕士学位；2008 年 9 月—2011 年 7 月，在西北大学考古学及博物馆学专业学习，获得历史学博士学位）；2014 年 11 月—2018 年 10 月，任陕西省机构编制委员会办公室副主任；2018 年 10 月—2019 年 10 月，任陕西省委机构编制委员会办公室副主任；2019 年 10 月—2021 年 6 月，任陕西省委教育工委委员、陕西省教育厅副厅长；2021 年 6 月起担任西安建筑科技大学党委书记。

寄 语

希望母校继续传承百廿名校传统底蕴，弘扬百廿名校精神品格，扎根西北，谱写时代新篇，笃行致远，再铸西大华章。

李华轮

李华轮，男，汉族，1969年2月出生，陕西咸阳人，博士。1991年7月毕业于西北大学经济系，获经济学学士学位；2007年7月毕业于中欧国际工商学院EMBA，获工商管理硕士学位；2019年8月毕业于明尼苏达大学卡尔森管理学院，获全球管理博士学位。有近30年证券从业经验及20余年投资团队管理经验，1991—2007年先后任职于陕西省人民政府体改委、中国工商银行陕西信托投资公司、西部证券股份有限公司等。2007年创立朱雀投资，现任朱雀股权投资管理有限公司董事长，陆家嘴金融城理事会常务理事单位代表，西北大学理事会副理事长。

努力持续创造价值

20世纪80年代的中国，充满着变革的生机，新思想新事物如潮水般涌入，"股票""证券""金融"都是新鲜词汇。在经济领域，无论是理论研究还是实务操作，都处于"摸着石头过河"的阶段，其时经管人才尤为紧缺，高等院校财经专业的录取分数线都要高出一截。

1987年秋天，18岁的李华轮怀着兴奋的心情，前来西北大学经管学院报到。在那之前，西北大学经济系已经培养了张曙光、刘世锦、魏杰、张维迎、王忠民等一批杰出的青年经济学家。"一只绵羊等于两把斧头这个等式，把我们引入了经济学殿堂。"

在"文革"时期出生，在"科学技术是生产力"的口号中开始求学，在提出"建设有中国特色社会主义"时读中学，在大学求学期间见证交易所敲钟开市……包括李华轮在内的一代人，赶上了扭转乾坤的时代。

能力建设乃立身之本

大学时期，李华轮有幸师从何炼成、韦苇、杜丽萍、郭立宏等诸位老师，"厚基础、宽口径",系统地学习了从《资本论》到《西方经济学》,包括经济学说史、财政、会计、货币银行等课程。他一边努力学习理论知识,一边积极开展课内外实践。1991年,李华轮毕业后进入陕西省经济体制改革委员会,开始将所学应用于实际。他在工作中见证了国家范围内"砸三铁(铁饭碗、铁交椅、铁工资)"等经济体制改革举措,并积极投身到股份制改革和股票发行试点工作中去。

两年后,李华轮来到工行信托(西部信托前身),先后负责经纪和自有资金证券投资业务。1999年,李华轮加盟了筹备中的西部证券,起初负责自营业务,之后则全面负责公司资产管理和研究工作。他任职期间,西部证券自营创下连续盈利的纪录。

从学习参与政策制定到积极实践,从一级新股到二级市场,李华轮逐步形成了对中国特色资本市场的立体认知。投资,成为李华轮生活的一部分,更成为他毕生的事业。

在2019年西北大学的毕业典礼上,李华轮作为校友代表发言:"人生的确定性不是来自你的亲密恋人、你的父母家庭,甚至包括以后你的子女,而是自身的能力。今天你们离开学校,但绝不能离开学习,通过自驱上进、终身学习,才能持续补充能力。有了足够的能力,就能坦然面对甚至拥抱不确定,给自己人生更大的自由度、更好的机会,给家庭和社会带来更大贡献和价值。"

尊重历史　敬畏人性

2007年是中国阳光私募"元年",许多公募基金经理开始"奔私"创业。这年夏天,李华轮离开了西部证券,创建朱雀投资,成为一名私募管理人。

朱雀的第一只产品成立于2007年9月,彼时上证综指站上5500点,牛市已是强弩之末。2008年全球金融危机爆发,A股一年多中下跌了大半。朱雀保守的天性有助于规避系统性风险,严控仓位,产品净值最大回撤到0.9元附近稳住。李华轮在年末给客户的信中表示:"居安思危,才能在各种恶劣环境中生存。朱雀首先要感激熊市,一方面熊市给予我们思考成长路径、磨砺抗风险能力、积累自己核心竞争力的机会和时间,另一方面带来了用合理甚至便宜的价格买入有长期投资价值公司股票的机遇!"

李华轮没有让客户失望。时至今日,几轮牛熊之后,该产品净值已经超过8元,在同期产品中无疑是佼佼者。回顾20余年的投资生涯,李华轮认为,成功除了要建设能力之外,"尊重历史,敬畏人性"不可或缺。

资本市场的背后是社会发展。尊重历史和客观规律,意味着谨慎看待已知和主观假设,给予常识和因果更高的权重。踏踏实实做研究,不投机取巧、谨慎弯道超车,是李华轮秉持的原则。

投资反复考验着人性。恐惧与贪婪、自大与狭隘、刻板与从众……人性的种种弱点在投资中都会被无限放大。成功的投资始于不安，危险的投资始于狂热。李华轮认定，要做投资中的逆行者，必须做到"人弃我取，人取我与"，愿意在能力圈内"下闲棋、烧冷灶"。

大部分人喜欢追求安全感，为了得到对未来的确定性，在人多的地方扎堆；但造化弄人，通常导致更大的不确定性甚至失误、失败。在李华轮看来，清晰的方向是在混沌中产生的，不确定性本身是确定存在的，是世界运行的本质，没有人能够回避。"心态上从容面对不确定并视为常态、在实践中积极应对不确定性，习惯于在高度不确定的环境中作决策，寻求概率优势，是我们需要反复练习的。"无论做事还是为人，在近30年里，李华轮始终保持着难得的清醒和冷静。

生生不息　创造价值

创业15年，朱雀实现了管理规模由2亿元到500亿元的突破，为客户、社会和自身都创造了一定价值。相较数字增长的结果，李华轮更关注增长逻辑的可持续性。

首先，能力要建立在规模前面。李华轮记得，2007年创业之初，投研人员刚来到朱雀时，收入都打了很大的折扣，为此，朱雀注册为上海首家合伙制企业。相比公司制更多地体现"资合"——大小股东根据各自出资额享受对等的权力，合伙制体现的是人的价值，强调"人合"。"朱雀的未来，属于最有价值的人，属于最能保证朱雀可持续创造价值的成员。"此后的15年里，合伙文化始终贯穿了朱雀。

其次，要保证业绩的可持续性。投资是科学与艺术的结合。投资者看到的只是净值的波动，而管理人自身清楚，哪些业绩是凭借运气，哪些业绩是真正有把握的。李华轮认为，运气不可持续，加强投研的确定性非常重要。由此他提出"从王重阳到七子剑阵"，再到"剑阵组成的方阵"——依靠稳定的投研体系，而非个人英雄主义，实现可持续的回报，为持有人和公司带来双赢。

为了打造强大的"剑阵"，李华轮要求投研团队"做行业专家，像内部人一样理解公司"。研究是投研工作的重中之重，投资经理也不能脱离研究一线。在此基础上，通过产业链上下游交叉验证以及产业链组之间的方阵协作，构筑一套具有强大生命力的投研体系。

今天，朱雀已是上百人的大家庭，市场条线与投研团队的梯队建设基本完成。"我们迎来了最好的年华，与历史上任一阶段相比，都更具竞争力与信心。然而，越是如此，越不能掉以轻心。唯有不断'自我革命'才能持续进步进化。"展望未来，李华轮信心满满。

十年树木　百年树人

人的一生中,大学阶段无疑是最难以忘怀的激情岁月。在这里,人们体察、历练、求索,锻造独立的思想,领悟科学的真谛,编织人生的梦想。

"十年树木,百年树人",国家、民族、家庭只有做好人的培育,才能得以接续、繁衍、传承。李华轮希望尽己所能支持母校的教育事业,为莘莘学子打开一扇门窗。

2015年7月,朱雀股权向西北大学捐赠1 000万元,以此成立专项基金,采取市场化运作方式,并将基金收益主要用于丝绸之路经济带协同创新发展等人文社科项目研究、新型智库建设、大学生创业等方面。

2018年9月,偕同其他校友一起,朱雀股权向西北大学捐赠200万元,发起设立陕西西北大学朱雀教育发展基金会,建立了支持西北大学教育事业发展的可持续机制。

2020年10月,西北大学朱雀金融研究院正式成立。研究院将充分调动西北大学校内外优质资源,打造金融改革与实践创新智库;构建高水平研究中心,开展现代金融前沿理论和金融体制改革研究;为西北大学师生开展实践教学、校友创新创业提供平台和支撑。

岁月如川,青春如舟。三十余载飞驰而过,李华轮的初心从未改变:"希望同广大校友一起,为中国经济进步、民族振兴,乃至社会文明,努力做出积极有效的贡献。"

寄　语

建设能力,尊重历史,敬畏人性,生生不息。

冯 岩

冯岩，男，1969年3月出生，山东潍坊人，中共党员。1991年毕业于西北大学经济学系，获经济学学士学位；2006年6月获得清华大学EMBA学位。1991—1995年就职于西安市第一商业局。1995年至今，担任米旗食品股份有限公司董事、总裁，兼任中国焙烤食品糖制品工业协会副理事长、陕西省烘焙行业协会理事长、陕西省食品协会副会长、陕西省食品安全协会常务理事、西安市碑林区政协委员、西安市商业联合会副会长、西安市质量协会常务理事等多项社会职务。

2001年率领米旗在西部糕饼行业首家通过ISO9001国际质量认证；米旗品牌连续4年荣获"中国烘焙行业最具影响力十佳品牌"。个人曾获得中国烘焙最具影响力十大人物、中国最具学习力企业领袖、中国改革开放40周年焙烤食品糖制品产业"先锋人物"、中国焙烤食品糖制品产业杰出人物、陕西食品行业功勋人物、陕西烘焙行业卓越贡献奖等多项殊荣。

西大激励我创出个"中国名牌"

"人民大众不仅需要美食，还需要美食带来的精神享受。食品业要更好地为人民服务。"虽然从西大已经毕业30多年了，但母校的"公诚勤朴"校训、"艰苦创业，自强不息"的西大精神和西大智慧一直都在激励和鼓舞着冯岩，用所学的知识在"精、专、强"上不断拓展前行，服务社会。

初入经济学"伊甸园"

"陕西西北大学朱雀教育发展基金会就是我们班长李华轮发起设立的，我也参与其中，并担任了监事一职。这是我们毕业后为母校做的一件非常有意义的事。"身为陕西省烘焙行业协会理事长、米旗食品股份有限公司总裁,冯岩还有一个永远不会忘记的身份:西北大学经管学院 1987 级学生。

1987 年,冯岩以优异成绩考取了心仪已久的西北大学,进入经济管理学院政治经济学专业学习。"两年后学院又增设两个专业方向,一个是市场营销方向,一个是国际贸易方向。"当时的冯岩选择了国际贸易方向。

"老师们不仅仅教给我们知识,更教我们做人。西大老师们的品格深深影响了我。"在校学习期间,何炼成教授给冯岩留下了深刻的印象,"何老师是西大的标志性人物,给学生讲授马克思的《资本论》,让学生了解到社会主义建设的理论奠基和精髓。"刚留学归来的王忠民教授讲授的西方经济学流派等课程,开拓了同学们的视野。郭立宏老师留校后作为班主任接手的第一个班就是 1987 级经济学,他和学生们亦师亦友,相处得像朋友一样,经常组织班级活动,没有一点老师的架子。还有韦苇、田丰、师萍、杜丽萍、石高宏……诸位老师的言传身教,让冯岩获益匪浅:"西大治学严谨,老师们水平高要求严,学习氛围浓郁,所学的基础理论对我后来经营企业帮助很大。"

"西大的校园活动丰富多彩,培养了我接触社会的能力。"冯岩所在的班级有 45 名学生,来自全国各地。在大学期间为了锻炼自己,他积极参加一些学生组织和活动,最令他难忘的是加入学校的英语俱乐部。这个俱乐部由经管学院 1985 级的常广义同学创建,冯岩后来担任了负责人。英语俱乐部组织了很多活动,不仅锻炼了冯岩的胆量,更提升了他的沟通、组织、协调能力。

"在西北大学学习、生活是我人生中非常重要的经历,终身受益。"回望在西大求学的时光,冯岩深有感触。"首先,是对所学的专业有了一个系统性的了解,学习的很多基础理论,比如说微观经济学、宏观经济学等课程知识到现在还在应用,指导了企业经营。其次,大学是人生观、事业观和价值观形成的重要阶段,老师传授的不仅仅是专业知识,同时也对学生'三观'塑造有很大影响。"4 年的学习和集体生活,培养了冯岩"学好专业,为社会奉献"的价值观,树立了独立自主、自我约束、突破自我的精神。在大学生活中,冯岩还收获了珍贵的爱情——西大生活对于他而言,已不仅仅是难忘。

练就过人的胆识

1991 年冯岩毕业,全班 45 名学生中,只有他被直接选拔到西安市政府工作。"当年市政府从全国各院校选拔了 49 名应届大学生和硕士生,在市编办组织下深入基层锻炼了一年。"冯岩被分配到西安市北郊谭家乡锻炼,主要工作是整理、汇编乡政府历年的管理制度和下乡调研。在那一年时间里,冯岩几乎跑遍了谭家乡的自然村和乡镇企业,还参加了第三次社会主义教育。"那时吃住都在乡里,一周只能回家一次,要骑一个半小时的自行车。"这一年的下乡锻炼,是冯岩成长过程中的一笔宝贵财富。

一年锻炼结束后,冯岩被分配到西安市第一商业局业务处工作。当时一商局主要管理西安市的大型百货商场。20世纪90年代初,随着对外开放不断推进,境外投资也慢慢多起来,为了迎合业务发展,一商局就把对外合作的具体管理工作划归业务处负责,而冯岩的专业恰好是国际贸易,于是对外联系、合资企业办理等具体经办工作都交给了他。1993年6月,冯岩因工作中的良好表现光荣加入了中国共产党。

1996年初,市政府完成了机构改革,西安市第一商业局和第二商业局合并成立了西安市商业局。合并之后,机关人员大幅压缩分流,冯岩被留在局计划处工作。"西大培养了我爱岗敬业的品质,工作上从来没掉过链子。"冯岩说。

1996年由冯岩的父亲创办的西安米旗食品有限公司准备发展东北市场,父亲想让他到公司负责西安本部的经营管理工作。"是一辈子在机关从事管理工作,安稳地生活;还是运用所学知识进行社会实践,磨炼自己,发展食品产业?"面对人生道路的抉择,27岁的冯岩经过反复考虑,于1996年3月放弃了政府公务员的"铁饭碗",担任西安米旗食品有限公司总经理。

米旗食品有限公司成立于1994年,当年冯岩就经常利用业余时间帮助公司出谋划策。米旗品牌LOGO设计、企划、宣传都是冯岩主导的,他还参与了米旗西饼店项目的考察、筹备工作。1994年12月20日,第一家米旗西饼店在民生百货大楼开业,其中凝结着冯岩的心血和智慧。

米旗食品创造了陕西省乃至中国西北烘焙行业的多个第一:第一家给生日蛋糕冠以品牌的烘焙企业,成为优质蛋糕的代名词;第一家投入电视和报纸广告宣传的烘焙企业;第一家建立连锁门店的烘焙企业;第一家聘请林志玲等明星代言的烘焙企业,宣传品牌和时尚健康生活理念……

做行业翘楚和标杆

冯岩向往实业已久。担任西安米旗食品有限公司总经理后,冯岩更是励精图治。在他的管理推动下,米旗公司进入到一个快速发展期。2002年米旗第一个买地自建的食品工厂在西安经济技术开发区落成;2004年哈尔滨占地100亩的工厂在哈尔滨经济技术开发区落成;2010年长春占地40亩的工厂在高新北区落成,同时在咸阳三原清河食品工业园占地45亩的配套工厂落成;2012年米旗冷饮公司占地40余亩的工厂在经开区草滩落成;米旗成为中国烘焙企业10强。目前,米旗涉足烘焙、营养快餐、原料加工、冷饮四大行业，旗下拥有6个品牌、9家全国子公司、6家中央工厂、4 000余名员工、300余家专营店，覆盖了25个城市，为国家解决就业、创造税收做出了应有的贡献。

米旗诚信经营快速发展受到社会高度评价。2005年在国家品牌战略规划中，经有关部门严格评审，米旗月饼荣获国内含金量最高的质量荣誉奖项"中国名牌"称号。冯岩2013年10月当选陕西省烘焙行业协会理事长，2019年11月连任至今；2017年他当选中国焙烤食品糖制品工业协会副理事长。每天为超过10万名消费者提供美食和服务，米旗以高品质开创性产品为陕西烘焙行业的发展做出了专业引领示范的贡献。

为了迎合新的消费需求，米旗食品正在实施企业新的五年规划。冯岩说，未来米旗食品会在西安经济开发区投资兴建规模更大、更加现代化、专业化的绿色食品工业园，在烘焙食品、农副产品深加工、冷冻食品等领域深耕细作，不断提升核心竞争力；融合线上线下等新零售营销模式，不断拓展本地及全国市场。

"米旗食品品牌要成为消费者心中永远飘扬的旗帜！"一直以来，冯岩都在朝着这个目标奋进。现在的米旗已经跻身中国月饼十强企业，入选中国焙烤行业最具竞争力十大品牌。米旗月饼连续8年获得中国"国饼十佳"称号，其中"法式乳酪月饼"、老口味月饼（果仁蜜饯）荣获中国食品工业协会"中华名饼"称号。未来米旗会围绕家庭消费全场景和饮食消费新趋势，开发出更多样、更美味的产品，服务更多的消费者。而在冯岩心中，米旗食品的使命，就是为人们创造美食生活，为顾客提供安全、美味、健康的食品和便捷、周到的服务。

（王京臣）

寄　语

在学习中成长，在锤炼中坚强，在风雨中前行，坚守初心，不忘使命！愿母校秉承校训，继往开来，培养出更多的栋梁之材！

于天忠

于天忠，男，1969年4月出生，辽宁盘锦人。1991年7月毕业于西北大学地质学系石油与天然气专业，获理学学士学位；2008年毕业于中国科学院流体力学专业，获工学博士学位；2008—2013年在中国石油大学（北京）油气工程专业进行博士后研究。1991年在辽河油田参加工作，历任开发项目管理部副主任、二次开发项目部主任、开发处处长、曙光采油厂厂长、辽河油田公司总地质师，现任辽河油田公司副总经理，教授级高级工程师。

曾获省部级科技进步奖4项，发表著作4部、论文15篇，授权专利10项。2013年入选辽宁省"百千万人才工程"百人层次，荣获中国石油集团公司"优秀共产党员"、辽河油田公司"劳动模范"等荣誉称号。担任国家能源稠（重）油开采研发中心副主任、中国石油学会理事会理事、辽宁省石油石化学会理事会常务理事、辽宁省科协第九届委员会常务委员。

传承百年校训　彰显石油担当

1991年，带着石油报国的雄心壮志，从西北大学毕业的于天忠来到位于东北辽宁的全国"油老三"——辽河油田。2022年，已经担任辽河油田总地质师的于天忠，带队再回西北，目标直指鄂尔多斯盆地辽河矿权区1.3万平方千米的油气勘探开发。

曾经面对过职业生涯中的诸多难题，于天忠又迎来新的挑战。从桃李年华到天命之年，经过31年的深耕，他先后获得省部级科技成果4项，出版著作4部，发表论文15篇。在与地下油藏迷宫对垒的进攻战和持久战中，于天忠始终践行着石油科研攻关领头人的担当。"公诚勤朴"如钉子般扎进血液骨髓，让他历尽千帆，归来仍守初心。

初心不改　事业为"公"

1995年，辽河油田产量冲上1 552万吨的历史峰值，正当全体辽河人摩拳擦掌、准备再攀高峰时，油田产量却开始递减。2006年，为提高老油田采收率，辽河油田成为中国石油集团公司各油田中利用水平井实施老油田上产的先行者，于天忠负责整体推进水平井部署工作。

经过5年的探索实践，辽河油田先后实施水平井1 060口、建产能395万吨，在中石油率先实现井数超千口、累产超千万吨的"双超千"目标。低品位储量得到有效动用和规模开发，实现了"从直井评价向复杂结构井评价转变，从直井建产向直平组合立体建产转变，从直井挖潜到以水平井为主的多层系立体驱替转变"。"辽河油区低品位石油储量复杂结构井开发技术及应用"项目成果获辽宁省科技进步一等奖。

2014年，于天忠担任二次开发项目部主任，负责老油田提高采收率及重大开发试验工作。此时，辽河整体进入勘探低谷期，资源接替严重不足。他带领科研人员深化机理研究，创新核心技术，集成关键技术，进一步大幅提高采收率、降低开发成本，持续改善二次开发效果。齐40蒸汽驱规模转驱，采收率达到60%；锦16二元驱采收率突破72%，达到三元驱水平；蒸汽辅助重力泄油（SAGD）建成国家试验基地，采收率75%，同时为加拿大麦凯河油田进行技术支持，使其产量提高75%，实现了对技术发源地的反向输出；火驱年产油40万吨，建成世界最大的火驱开发基地。上述技术的应用与突破，增加技术可采储量4 402万吨，多项核心及关键技术在国内外处于领先水平，对辽河千万吨稳产形成了强有力的技术支撑。《辽河油区老油田二次开发关键技术研究与应用》出版，并获得中国石油集团公司科技进步奖一等奖。

临危受命　尽心竭"诚"

唯有心诚，方能事成。

2019年，辽河油田曙光采油厂陷入发展危机。2019年10月，技术干部出身、从未主政一方的于天忠，临危受命，走马上任。人员老、成本高、效率低、设备旧、隐患多，这个厂已到了不破不立的境地。特别是2020年，国际油价遭遇史上最严"寒冬"，这对于以稠油开发为主、运行成本天生较高的曙光采油厂来说，更是雪上加霜。然而，这一切并没有让于天忠动摇。在曙光采油厂工作的476个日日夜夜，他只休息了21天，越到节假日、越往基层跑。通过打破固守思维、确立精准匹配的开发路线，实现提能力；打破粗放管理、树立精打细算的思维习惯，实现提效益；打破职责界限、建立精简高效的倒逼机制，实现提速率；打破各自为战、创立精诚团结的干事队伍，实现提形象；打破故步自封、设立精益求精的工作标准，实现提水平。面对低油价和疫情的双重大考，他交出了一份"投资减，成本降，产量升"的精彩答卷，带出了一支"敢挑重担、敢打硬仗、敢扛红旗、敢站排头"的战斗队伍，也实现了从科技领头人到成功管理者的"华丽转身"。

2020年，是曙光采油厂发展史上的里程碑、分水岭。这一年采油厂产量增幅最高，全年原油超产5.6万吨，排名全油田第一；成本降幅最大，队伍干劲最足，超交考核利润3.34亿元，实现从"倒数第一"到"正数第一"的成功逆袭。

力耕不欺　天道酬"勤"

"一勤天下无难事"。所有的一鸣惊人，不过是厚积薄发。1991年，于天忠从西北大学毕业来到辽河油田。从那时起，无论是在生产一线扛管钳、计量油、擦设备，还是在地质所测井位、出方案、编报告，"拼命三郎"成了他的"代名词"。大家都说他干活不要命。即使被任命为辽河油田总地质师，这种劲头也始终没变。

面对辽河勘探程度高、增储难度大的问题，于天忠与技术人员一道，分盆地、分凹陷、分区带，梳理勘探潜力，锁定勘探目标，寻求勘探突破，并通过推动建立研究部署、技术攻关、生产运行的一体化工作机制，努力实现勘探提速、提质、提效。

2021年，辽河油田三级储量均超额完成考核计划指标，并获得股份公司勘探发现成果二等奖、三等奖，实现多项发现与突破。这一年，于天忠负责的科技工作同样硕果累累：与中国石油国际勘探开发有限公司共建的"海外稠（重）油技术支持中心"正式揭牌，国家能源稠（重）油开采研发中心全面建成并通过国家考核评估，提高了辽河影响力；辽河油田获中国创新方法大赛二等奖1项、优胜奖1项、省部级科技成果7项，授权发明专利58件，实现科技增油240万吨、科技降本1.28亿元。资源先行，科技领军。"十四五"征程再出发，辽河油田踏上了勘探开发新高地、高质量发展新台阶。

赤子之心　守真抱"朴"

于天忠的日常生活极其简单质朴，除了长跑，他没什么其他爱好。42.195千米，一个全程马拉松，一个挑战普通人耐力的数字，很多人都望而却步，而他却乐此不疲。在他的影响下，越来越多一起作战的"老搭档"成为一起跑步的"小伙伴"。在于天忠的带动下，"简单生活、快乐工作"从一种理念演变为一种氛围，感染着身边所有人。

除了干好本职工作，于天忠格外重视学习充电。在异常繁忙的工作中，他先后在中国科学院攻读流体力学博士学位,在中国石油大学(北京)进行油气工程博士后研究。在自我成长的同时,于天忠格外注重对年轻人的培养。无论是青年占比近半的开发部,还是拥有 6 000 多人、老龄化严重的曙光采油厂,他总能将干事热土打造为成才熔炉,带出一支支过硬的攻关团队。勘探开发战线的技术精英、生产一线的能工巧匠、机关部门的管理标兵……在他的指导帮助下,一大批年轻人成长为行业带头人、油田顶梁柱,走上领导岗位。

有人经常问:你已经这么忙了,怎么还能抽出那么多精力去培养年轻人?于天忠的答案很坚定:干好工作为国家贡献是事业,培养人、接好班也是事业。

"石油之路,道阻且长,公诚勤朴,一苇以航。"这,就是于天忠——一个纯粹的石油匠人,一个"疯狂"的工作达人。

寄 语

我们都希望不断前进,却又不得不面对各种坎坷。天道酬勤,在看似普通的选择面前不放弃,终究会成就不一样的自己。

王文汇

王文汇，男，1969年8月出生，陕西礼泉人。1991年毕业于西北大学中文系汉语言文学专业（影视文学方向），获文学学士学位。毕业后留校，先后在校长办公室和"211工程"办公室工作；1995年6月进入陕西电视台，先后创办《娱乐IN时代》《第四审片室》《华山论鉴》等7档栏目，并先后担任栏目制片人和卫视频道副总监；2008年获陕西省广电局十佳编辑（剧）称号；2010年获评正高职称；2016年4月起，任陕西广电影视文化产业发展有限公司副总经理。

担任制片人和导演，拍摄首部朱鹮题材电影《鸟语人》，先后获得第九届印度诺伊达国际电影节最佳导演奖和2022巴塞罗那环球国际电影节最佳故事片奖。出版有长篇小说《爱的箴言你的弦》、诗歌散文集《斯文的狂野》等。是中国广播电影电视学会电视文艺研究委员会理事，陕西省作家协会、陕西省电影家协会、陕西省书法家协会会员。

梦想，从母校启程

1987年秋日，王文汇踏入西北大学的校门。

关于西安秋之味的记忆，便定格在那一天。秋阳散发出的成熟的清香和未知的魅惑，让他对这个校园和已然开始的四年大学生活，充满了浪漫的憧憬。

作为中文系第一届影视文学专业的学生，王文汇和班上所有的同学一样，都有一个影视梦。大学四年，或在老师们神采飞扬的讲课中如坐春风，或在逸夫楼的图书海洋里忘情游弋，或在由张学良先生首倡修建的大礼堂里登上"黑美人"的舞台，或在木香园的清香中沐浴阳光初见爱情……当时的王文汇还料想不到，那些美好的瞬间，在毕业多年之后，会沉积发酵成一部长篇小说《爱的箴言你的弦》。而在西大四年的光阴里，在母校丰沃的土壤中，他关于影视的梦想，从最初的一颗种子，渐渐发了嫩芽，并蓬勃生长……

  1991年，是国家对大学生进行统分的最后一年。按当时哪里来哪里去的分配原则，王文汇已经满心向往分配到咸阳电视台。就在毕业方案即将公布的前一天，辅导员老师告诉他有一个留校的名额，问他是否愿意，而留给他考虑的时间只有一个小时。虽然非常感谢老师给了这个珍贵的机会，但咸阳电视台是能够实现影像梦想的地方，王文汇在心底早已确定了方向。他不好直接拒绝老师的好意，便说一小时后再作回复。关键时候，是《爱的箴言你的弦》的女主原型的一句话，让他改变了主意。于是当同学们东飞伯劳西飞燕时，他继续留在了母校。

  在西大上学4年，又工作了4年。王文汇从这里步入伊甸园，吸纳了养分，历经了浪漫；也从这里走向社会，磨砺了心志，坚定了信念。他感恩母校给予的机会和空间，但关于影视的梦想，一直萦绕于心，从未间断。1995年的夏天，王文汇在1000多人的招聘考试中榜眼及第，进入陕西有线电视台工作。6年之后，有线无线合并，成为陕西电视台；再后来电视广播合并，成为陕西广播电视台；2020年，广电再次改革，成立陕西广电融媒体集团。在陕西广电事业改革发展的大潮中，王文汇也历经了人生发展的重要阶段：2002年，他创办了陕西第一档娱乐资讯节目《娱乐IN时代》，和北京光线、湖南卫视、凤凰卫视等顶级娱乐节目携手并肩，成为替观众横扫影视娱乐圈的千里眼；在他的策划运筹下，崔健、杨坤、周杰伦、任贤齐、许绍洋、辛晓琪、高慧君等来到西安举办歌友会；2006年，他再次创办了深度解读电影的栏目《第四审片室》，是陕西四套影视频道历时10多年而不衰的常青树；2006年，他又在陕西卫视创办了陕西独家收藏栏目《天下宝物》，挖掘展示陕西厚重的历史文化，为藏家提供专业的宝物鉴定平台，该栏目2008年获得中国广播电视学会"全国百家文艺节目评选"金奖；2012年，随着陕西卫视改革的进一步深化，他离家赴京，集结故宫博物院等国家级文物收藏机构的专家资源和北京影视圈的明星资源，创办了《华夏夺宝》栏目，成为与央视《鉴宝》、北京卫视《天下收藏》、河南卫视《华豫之门》并驾齐驱的全国知名收藏节目；2015年，他将《华夏夺宝》升级改版为《华山论鉴》，至今依然是陕西卫视的主打品牌栏目。

  进入电视台20多年，王文汇共创办7档栏目。从策划到创意，到最后播出，每一个栏目的诞生，都要经历最艰难的阵痛：有创新时的烧脑推敲，有重建团队时的人才挖掘，有审核通过时的反复打磨……每一个栏目的创办，也都是他自己的一次涅槃。虽然栏目做得风生水起，但是他很清楚一点，常态化节目的流水运转，让他不得停歇。栏目自身的局限，也让他和影视梦想之间有一些距离。但他没有气馁，依旧在等待着机会。

  2002年，一个偶然的机会，王文汇参加了曾任中央电视台副台长的洪民生先生组织的一次采风活动。洪民生1980年担任中央电视台副台长兼文艺部主任，主管总编室和电视文艺工作，1988年兼任中央电视台总编辑，是央视春晚诞生和发展的重要组织者和推动者。退休之后，他致力于率领全国电视人在各地进行采风拍摄，用镜头展示秀美风光、挖掘人文历史。参加了2002年在四川的采风，王文汇第一次与洪民生相识。他在拍摄乐山大佛所在的凌云山时，将刚刚走入人们生活的QQ引入其中，构思拍摄了一部短片《约会凌云山》，打破了固有的解说词配音加画面的传统表现方式，用一段浪漫的网恋爱情故事，把凌云山的历史和文化呈现出来。洪民生看过该片后说的一句话，后来在圈内广为流传："没有想到这个陕西'土包子'，还整出了这样创意的作品。"从那以后，王文汇成为洪民生采风队伍中的骨干，每年都要随行外出拍摄。他陆续拍摄了《采风前童》《情定云台山》《爱会随心而蔓延》《鹤与鹤羽的对话》《断桥遗梦》《卓玛传奇》等10多部电视文学。这些作品有角色出演，有故事构成，像一个一个小电影，所以很受欢迎，先后获得全国金奖、银奖和省级一等奖等20多项奖励。在腊子口拍摄的《卓玛传奇》让王文汇走进了人民大会堂，从赵忠祥手中接过了奖杯。电视文学的拍摄，不只为他赢得了荣誉，最重要的是，让他在制作常态电视节目之外，有了和自己梦想更接近的途径，为他之后拍摄电影打下了基础。

2016年4月，王文汇从陕西卫视调入陕西广播电视台旗下的陕西广电影视文化产业发展有限公司，开始了从一个电视人向电影人的转型。在创作电影剧本的同时，他以制片人和导演的身份拍摄制作了首部朱鹮题材电影《鸟语人》（英文名：We Need to be with Each Other）。20世纪80年代，全世界只有日本仅存四只朱鹮，且不能生育，人们眼看着这个物种将从地球上消失。1981年5月23日，在汉中洋县发现了7只朱鹮，世界为之震惊。因为洋县优质的生态资源和洋县人的精心呵护，朱鹮现在已经发展到了7 000多只。王文汇深为这个鸟类保护的奇迹和当地人无私奉献的精神所感动，他将一只受伤朱鹮的救护和一对父女的情感愈合对应交织在一起，拍摄了生态环保和亲情陪伴相融合的电影《鸟语人》。影片被商务部、中宣部、财政部、文化和旅游部、新闻出版广电总局五部委共同评为国家文化出口重点项目，并先后获得第九届印度诺伊达国际电影节最佳导演奖、2022巴塞罗那环球国际电影节最佳故事片奖。

王文汇毕业之后，工作大多时候在西安，虽然离母校不远，但也充满了思念。有时间他就回到母校转转，在校园中流连忘返，并将心中的感恩和感慨变作文字，创作了长篇小说《爱的箴言你的弦》。木香园的情影清香，罗大佑的歌声流淌，学生饭厅的周末舞会，大学南路的胖嫂排骨面……小说所呈现的丝丝缕缕，相信是每个西大学子共有的情感记忆。贾平凹先生为这本小说写了推荐语，并于2021年11月13日举办"贾平凹邀您共读书第 111 期——王文汇长篇小说《爱的箴言你的弦》分享会",王文汇也因此被贾平凹文化艺术研究院授予"读书使者"称号。

游子走得再远,最思念的是故乡;学子离开再久,最难忘的是母校。王文汇在他的第一本书《斯文的狂野》序言中,这样介绍自己:

> 世为秦人,好为秦音。
> 内心狂野,外表斯文。
> 求学西大,四度秋春。
> 业攻影视,涉猎缤纷。

短短几句话,可见母校西大在他人生道路和性格形成方面产生的重要影响。离开西大几十年来,王文汇像极了舞台上如痴如醉抱着吉他歌唱的罗大佑的样子。在人生的舞台上,他尽情地展示着自己的才艺,从没停止演绎自己的梦想。王文汇更像一根弦,弦上的音符不断更迭着一首又一首美丽的乐章。弦音之外,更让我们感受到一个深邃悠远的人生意象。

(陈述)

寄 语

生命是一条船,西大是我船上的帆。西大 120 年华诞,送上最美祝福:祝母校赓续文脉,再谱华章!

蔡鑫磊

蔡鑫磊，男，1969年10月出生，陕西礼泉人，中共党员。2002年毕业于中南财经政法大学工商管理专业，获管理学学士学位；2005年毕业于西安交通大学高级管理人员工商管理专业，获工商管理硕士学位；2010年毕业于西北大学人口资源与环境专业，获经济学博士学位。现任正高级会计师、高级国际财务管理师，陕西燃气集团党委书记、董事长，中国石油企业协会副会长。

1997年以来，先后在十多家国有企业任重要职位，曾任陕西省煤田地质局审计处处长、财务资产处处长、投资发展处处长，陕西省煤田地质集团公司党委委员、副总经理，陕西燃气集团公司党委委员、董事、副总经理兼总会计师、总法律顾问。曾获煤炭工业部"全国煤炭审计工作先进个人"，中国煤田地质总局"全国煤田地质审计先进工作者"，中国煤炭经济研究会"煤炭经济研究先进工作者""全国优秀中青年经济研究人才"，中国总会计师协会"中国百杰财务管理师"等荣誉。

寄 语

百廿年弦歌不辍，数代人艰苦创业，乘风破浪、无畏前行，以时间和行动诠释了"公诚勤朴"。西大永远是照亮我们远航的灯塔，愿母校继往开来，再谱华章！

张　鹏

张鹏，男，1970年10月出生，山西忻州人。1992年毕业于西北大学物理系光学专业，获理学学士学位；1995年毕业于中国科学院安徽光学精密机械研究所，获理学硕士学位；1998年毕业于中国科学院大气物理研究所，获理学博士学位。1998—2001年，就职于日本宇航局（EORC/NASDA）；2001年11月回国，就职于国家卫星气象中心至今，其间在法国气象局（CMS/Meteo-France）和美国威斯康星大学（CIMSS/SSEC/UW-Madison）研究访问。现为国家卫星气象中心副主任，二级研究员，博士生导师，风云三号气象卫星地面系统总指挥，世界气象组织（WMO）卫星事务协调专家。

长期从事气象卫星应用系统工程设计和卫星资料遥感应用工作，入选新时代气象领军人才计划，先后主持完成国家级项目10项、欧盟项目1项，在国内外核心刊物发表学术论文160余篇，获得国家发明专利7项、省部级奖励4项。

风云如画　气象万千

1988年9月，当我国首颗气象卫星游弋太空时，张鹏还是一名刚刚进入西北大学物理系的大学新生，他不会想到之后将同风云气象卫星渐行渐近，并最终融为其中的一分子。

我国的卫星气象事业始于1970年，那时虽然没有我国自主研制的气象卫星，但是前辈学者们已经瞄准着国际上这个方兴未艾的事业起步了。有幸作为卫星气象事业的同龄人，张鹏和我国的卫星气象事业一起已经迈入大衍之年。50载春秋，中国气象卫星遥感应用取得了举世瞩目的成就。张鹏说，正是在前人铺垫的基础上，他们这批团队恰逢时机，迎来了飞越发展的新时代。

风云直上八百里

2008年5月27日，长征四号火箭在山西太原卫星发射中心成功发射。这一次踏上宇宙之旅的，是我国第二代极轨气象卫星的首发星——风云三号A星，标志着我国的风云卫星定量遥感和服务跨入了一个新的时代。

风云三号A星搭载了10台全新研发的遥感仪器，是当时国内最为先进的对地观测卫星。为什么要研制这些仪器，定量观测指标怎么设计？这些问题都需要张鹏他们这个团队来解答。"我们建立了气象卫星观测的仿真模拟系统，通过计算机仿真在卫星发射之前研究卫星的定量遥感能力，在工业研制和气象科学需求两者之间找到最佳的平衡点，告诉仪器研制人员光谱应该设在哪个位置，仪器的信噪比应该设计多大。这样既保证了新型仪器研制的技术可能性，又能使新型仪器具有更高的技术先进性。"

这些工作得益于张鹏在西北大学学习阶段打下的扎实的物理、数学基础。在大学学习阶段，张鹏成绩优异，多次获评校三好学生，获得年级优秀学生奖学金，并在校数学竞赛、校物理竞赛等中获得奖励。大四时，张鹏在老师指导下进行的毕业设计，为日后从事卫星遥感打开了专业大门，而他也被学校保送到中科院安徽光机所继续深造。

资料处理平地起

2001年底，我国新一代极轨气象卫星工程开始立项前的准备，面对我国亟待发展的卫星气象事业，张鹏放弃了国外的优厚待遇，怀着卫星强国的梦想和笃志报国的情怀，义无反顾地投身我国的卫星气象事业。

风云三号A星地面应用系统是一套全新的系统工程，同第一代风云极轨卫星相比，遥感仪器数量增加了10倍，数据量增加了100倍，建设这样一个项目的难度可想而知。张鹏利用在日本宇航局工作中学习到的系统化工程设计思想，以严谨的工作态度，全身心地投入到风云三号应用系统的工程设计和建设当中。他带领团队独立自主设计、从无到有研发了风云三号核心的43种定量遥感产品处理和资料应用系统。系统业务运行，自动处理全球紫外、可见、红外和微波波段的多载荷定量遥感产品，部分产品达到欧美同类产品精度。

2007年初，距离卫星发射只剩下了一年多的时间，为了确保风云三号应用系统能够高质量地按时投入运行，身为地面应用系统副总设计师的张鹏身先士卒，整整一年奋战在封闭式集中开发的第一线。为了做好产品生成系统的设计，张鹏带领团队不知度过了多少不眠之夜。白天的工作太过投入，在睡梦中张鹏还在同大家大声争论着工作，同宿舍的同事常拿此事开玩笑，为那段紧张的生活平添了事后回忆的乐趣。

2008年5月27日，当风云三号A星发射升空，张鹏带领团队经过为期半年的星、地在轨测试。产品生成系统经受住了考验，在青岛海区浒苔监测、"海鸥"等登陆台风监测、奥运期间北京城市气溶胶监测、极冰和全球臭氧监测等方面取得了广泛的应用成果，显著提升了风云卫星的国际影响力。

黎明点亮中国星

2021年7月5日，被誉为开启新征程的风云三号E星"黎明星"搭乘长征四号丙运载火箭在酒泉卫星发射中心又一次成功发射。世界气象组织（WMO）向中国气象局来函表示，黎明星的发射将填补全球天基气象观测系统的空白，中国成为全球极轨气象卫星观测序列的第三大支柱。

"黎明星"的成功发射，是一次拓展，填补了国际气象卫星领域的一个空白区；是一次腾跃，代表中国气象卫星科技攀升到一个新高度。时间退回到2009年，世界气象组织发布了《2025年全球观测系统愿景报告》，提出建立上午、下午和晨昏轨道三轨卫星组网观测，以确保数值天气预报业务每6小时一次的全球观测资料的完整性。张鹏作为活跃于国际气象卫星遥感领域的中国学者，参与了报告的编写，敏锐捕捉到风云卫星发展的这一战略机遇，提出了我国发展"黎明星"的设计思想。张鹏通过世界气象组织、世界气象卫星协调组织等国际机构的帮助，在全球范围遴选了包括美国、欧洲气象卫星的首席科学家组成了发展黎明星的国际专家论证组，牵头撰写了"黎明星"应用效益评估报告，确保了"黎明星"的顺利立项。

2019年，历经1000多个日夜的技术攻关，在国家公益性行业科研专项支持下，张鹏带领团队攻克了"黎明星"资料处理和应用中的多项关键技术。验收组组长、国家最高科学技术奖获得者、气象学家曾庆存院士评价"项目在应用领域的研究工作将明显推进晨昏轨道卫星发射后资料的应用速度和应用效益，将进一步提升风云卫星的国际影响力"。"黎明星"发射后，已经向全社会发布了"看太阳""看大气""看地球"三个批次的结果，并在2022年1月通过在轨测试总结转入业务试运行阶段。作为黎明星地面应用系统的总指挥，2021年11月张鹏受邀作为开讲嘉宾在央视一套"开讲啦"介绍了黎明星的故事。

科技创新谋未来

在投身风云气象卫星应用系统工程建设的同时，张鹏还活跃在卫星遥感领域的相关科学研究工作之中。他说："风云卫星的良性发展要做到使用好一代、研制好一代、谋划好一代，这些都离不开科学研究的支持。"

在 2003 年和 2005 年，张鹏曾先后前往法国气象局空间气象中心（CMS/Meteo-France）和美国威斯康星大学空间科学与工程中心气象卫星合作研究所（CIMSS/SSEC/UW-Madison）进行短期的工作访问。其间，他从事了星载红外高光谱大气探测、遥感仪器性能评估和卫星红外遥感沙尘暴三项研究。这些研究工作处于国际同类研究的领先水平，算法已被包括欧洲和美国的多家国内外卫星遥感机构所采用，并获得了北京市科学技术协会"第九届北京青年优秀科技论文评选"一等奖，"沙尘暴发生发展机理及监测预测和灾害评估研究集体"获得中国科学院杰出科技成就奖。

2004 年至 2012 年，张鹏连续两届担任中欧合作"龙计划"卫星高光谱大气遥感领域中方首席科学家，积极推动了国内星载高光谱大气遥感仪器的研制和应用工作，开展了新型遥感仪器的观测模拟仿真，组织团队先后开发了卫星遥感大气组分的方法。研究具有先导性和示范性，两次获得科技部和欧空局颁发的"龙计划突出贡献奖"。2015 年他担任科技部全球二氧化碳监测科学实验卫星工程地面应用系统总指挥。2016 年 12 月碳卫星成功发射，2017 年 10 月碳卫星数据正式对外开放共享，标志着继美国、日本之后，中国成为第三个可以提供碳卫星数据的国家。

张鹏积极参与国内外学术组织的各种活动，是世界气象组织（WMO）卫星事务协调专家、IEEE GRSS 北京 Chapter 副主席、全球气象卫星协调组织（CGMS）第三工作组联合主席、国际多项大气科学研究计划的科学指导委员会委员，国内外多个气象、遥感类期刊编委会委员，还是中国科学技术协会"风云气象卫星及其应用领域"首席科学传播专家。2014 年，张鹏当选国际气象卫星互定标权威组织全球卫星交叉定标系统（GSICS）执委会主席，在 GSICS 成立的研究活动和远景规划中发挥了巨大作用。2015 年开始，他先后主持国家"863 计划""空间辐射测量基准源研制"、国家重点研发计划"国产多系列遥感卫星历史资料再定标技术"项目，2021 年"风云三号业务卫星兼容北斗/GPS 的大气掩星数据处理与应用关键技术"获得卫星导航定位科技进步奖一等奖。

以科技促创新，以创新带发展，在国家民用航天发展规划和气象发展规划的宏伟蓝图下，张鹏和他的团队秉持"笃志报国、实干创新、博采众长、精益求精"的精神，瞄准一项项高新技术攻关项目，在蒸蒸日上的卫星气象事业中孜孜不断地探索和前行。张鹏说："我们希望用我们这一代人脚踏实地的努力开创，可以换取我国卫星气象事业更加辉煌的明天。"

寄 语

笃志报国、实干创新、博采众长、精益求精。

吕 科

吕科，男，汉族，1971年3月出生，宁夏西吉人。1999年毕业于西北大学数学系，获理学硕士学位；2003年毕业于西北大学计算机系，获得工学博士学位；2003年到中国科学院自动化研究所复杂系统与智能控制国家重点实验室田捷研究员团队从事博士后研究，2005年到北京航空航天大学电子学院张军院士团队从事第二站博士后研究。在中国科学院大学先后任副教授、教授、长聘教授、特聘教授。现任中国科学院大学智能信息处理实验室主任，中国科学院大学特聘教授，深圳鹏城国家实验室双聘教授，博士生导师，入选国家级人才计划、科技部"中青年科技创新领军人才"，北京市高等学校高层次人才引进与培养特聘教授，享受国务院政府特殊津贴。

长期以来从事图像处理、智能信息处理技术研究工作。承担国家自然科学基金、国家重点研发计划、国家"973计划"项目、中科院仪器设备研制项目、国家行业专项等科研项目40余项，在国内外学术期刊和国际主流会议上发表学术论文160余篇，研究成果先后获2004年度、2009年度国家科技进步奖二等奖、2012年度北京市科学技术奖二等奖、2012年度中国电子学会电子信息科学技术奖二等奖，2017年中国科学院成果转化奖，2021年带领的团队获第一届全国博士后创新创业大赛银奖。入选陕西省省级人才计划，先后担任西北大学、南京理工大学、合肥工业大学、南京邮电大学、西安理工大学、三峡大学等国内10多所高校的特聘教授或客座教授。

近年来，主要围绕我国对地观测领域中风云（FY）气象卫星、高分卫星地面业务系统及特定行业中图像处理的关键技术问题开展了相关的研究工作，提出算法理论研究、原型系统构建与卫星地面系统的有机结合，创新性成果大部分已经在国家气象卫星地面业务系统和气象卫星在轨测试中得到成功应用，推广应用到中电集团第45研究所、总参第57研究所、航天503所、北京空间飞行器总体设计部等单位，促进了我国遥感卫星图像导航技术的进步，突破了国外的技术封锁，具有显著的社会效益。研究成果也被北京市科委选定参加了第十六届中国北京科技产业博览会。

针对超声无损检测领域中的重要难点和关键技术问题，在中国科学院仪器设备项目、北京市教委重大项目的支持下成功研制超声检测显微镜平台，实现超声数据采集、处理、缺陷识别一体化，使相关科研领域和工业领域的研发人员高效快捷地检测工件或材料的缺陷，为超声缺陷检测装置的进一步精密化、自动化和实用化奠定基础。2021年获第一届全国博士后创新创业大赛银奖，相关成果很好地专业应用到深圳大成、无锡祥生等超声检测公司。

多次担任多个国际学术会议主席或程序委员会主席等，担任多个国际学术刊物的编审、客座编辑、助理主编等，先后受邀到访30多个国家和地区参加国际学术会议，作学术报告和进行学术交流。

寄　语

在西北大学学习生活的7年时光是我人生中难以忘怀的记忆。值此母校西北大学校庆之时，祝愿母校为祖国培育更多的优秀人才，创造新的辉煌。

李举纲

李举纲，男，1972年3月出生，陕西咸阳人。1993年毕业于西北大学考古学专业，获历史学学士学位。现任汉景帝阳陵博物院党总支书记、院长，兼任中国博物馆协会理事、中国博物馆协会考古与遗址博物馆专业委员会副主任委员、陕西省博物馆协会副会长等职，研究馆员（三级）。

陆续完成国家社会科学基金青年项目《西安长安区元代刘黑马家族墓地发掘报告》，国家社会科学基金重大项目《元代北方金石碑刻遗存资料的抢救、发掘及整理研究》子课题《元代北方地区遗存金石碑刻汇录·陕西卷》等课题，出版专著多部，发表论文50余篇，在蒙元考古、文物研究、法人治理结构改革及博物馆管理等领域均取得了重要成果。

做文化遗产的守护者和传承者

李举纲的职业经历，遍及陕西文物系统诸多单位和领域。在每一个工作岗位上，他都勤于思考，善于学习，在完成工作任务的同时，积极探索，不断创新。

正是无数和李举纲一样长期坚守在考古一线，传承母校精神，扎根基层，发挥专业优势，默默为中国的考古事业奉献的西大学子，用他们的青春和激情，汇聚起西大人以学报国的磅礴力量；更用他们的实干和成就，树立起了西大考古品牌。

积极践行"让文物活起来"

出生在陕西咸阳一个工人家庭的李举纲，从小热爱文史，高考填报志愿时，他毫不犹豫地选择了西北大学考古学专业。在学校期间，在王世和、戴彤心、段浩然、张宏彦及韩国河等前辈师长的悉心教导下，李举纲接受了系统性专业训练。1991年，他积极投身陕西扶风案板遗址第五次发掘项目，其间充分积累了田野发掘、资料整理、报告撰写及学术研究等经验,参与撰写的《陕西扶风案板遗址第五次发掘》简报发表在《文物》1992年第11期。这是李举纲学术生涯的首个研究成果,坚定了他为文博事业奋斗的信心和勇气。

"愿中国青年都摆脱冷气,只是向上走,不必听自暴自弃者流的话。能做事的做事,能发声的发声。有一分热,发一分光,就令萤火一般,也可以在黑暗里发一点光,不必等候炬火。"鲁迅在《随感录四十一》中发出的恳切寄语,激励了一代又一代的普通青年脚踏实地、勇敢向前。刚刚走上工作岗位的李举纲常常以此激励自己,他下定决心,无论在哪个岗位上,都要充分发挥自身所学,贡献自己的光和热。

1993年,李举纲毕业后进入碑林博物馆担任讲解员,开始了他的文博生涯。碑林博物馆历史悠久,藏品以历代碑刻、墓志及石刻为主,汇集了古代文献典籍和石刻图案,也是中国古代书法艺术的宝库。碑林博物馆每年吸引了大量的游客参观,但是对于大多数游客来说,看碑林犹如"读天书"。在工作中,李举纲面对博物馆众多类型的观众,认真梳理研究文物藏品,不断扩展知识广度,在综合分析的基础上撰写分众化讲解词,因人施讲,把深厚的文物考古知识大众化,让更多人了解西安碑林博大精深的文化内涵,在参观体验中感受5 000年不间断的中华文明。

因为善于将专业知识融会贯通于讲解中,李举纲受到了游客的欢迎。他的讲解幽默风趣,融知识性和趣味性于一体,每一次都会得到观众的热情回应。在被问及毕业院校时,李举纲总是骄傲地说:"我毕业于西北大学考古专业。"

凭借在母校学习到的专业知识和不断自我跨越的坚韧毅力,李举纲在碑林博物馆承担的工作内容越来越多,肩负的责任也越来越重。他积极协调日常各项业务工作,参与编辑多部《碑林集刊》,拓宽了问题研究视角,积累了业务研究经验。他参与编撰的《西安碑林全集》是梳理整合西安碑林悠久历史和丰厚资源的一项重大工程,体量巨大,内容充实,为他日后业务研究奠定了扎实基础。为适应经济社会发展形势和社会主义先进文化建设要求,碑林北扩成为共识,李举纲作为年轻的专业技术人员,积极主动地参与到了这项艰巨的历史任务中,并协助完成了北扩项目计划的前期编撰工作。如今这项全省重点文物工程已顺利开展。

致力考古发掘研究

2009年,李举纲调入陕西省考古研究院工作。在考古院他组织参与了多项考古发掘项目,不论环境多么艰苦恶劣,不论情况多么复杂曲折,他都以一代代西大人吃苦耐劳的品质和不畏困难的勇气勉励自己,传承着"艰苦创业、自强不息"的精神。

2009年，李举纲参加了元代刘黑马家族墓的考古发掘。刘黑马是元太宗窝阔台所立的汉军三万户之首，其家族是蒙古国至元朝初期极为重要的一支政治势力。刘黑马家族墓是迄今陕西地区发掘规模最大的元代家族墓地，出土文物种类多样，尤其是细泥灰黑陶俑和明器具有区域文化特色，真实反映了蒙元时期汉军世侯的社会生活、等级制度、丧葬文化与器具组合等重要内容。考古工作充满了艰辛，每一个过程都要付出巨大努力。从工地谈判、青苗赔偿到开方、发掘，从资料整理、深入研究到论文撰写，李举纲都亲力亲为。

经过不断学习和努力，李举纲从一名博物馆人成功转换为考古人。他负责的多项考古发掘项目出土文物补充了博物馆展览内容，申报的多个课题入选了国家社科基金项目，科研成果集结成了厚厚的考古报告。每到这一时刻，他都会在心里默默说道："亲爱的母校，感谢您的多年培养，这是学子给您奉上的一份小小的礼物，请收下。"在这段激情燃烧的岁月里，李举纲练就了过硬的专业技能，也取得了令人瞩目的专业成就。

按照上级部署和工作需要，2013年李举纲调到陕西省文物局办公室（财务处）工作，迎来了工作转型。面对新的工作岗位和要求，他重新沉淀、磨炼，认真学习贯彻落实上级各项文件精神，不断提高政治站位，积极做好机关日常行政事务，持续做好沟通协调工作，扎实推进行政工作的督办落实，为服务保障陕西文物事业发展贡献自己的力量。

李举纲在工作中注重发挥优势，加强与业内同行的联络沟通。他关注母校西北大学发展，积极为母校建设建言献策，主动配合相关部门开展培训调研、学术交流等活动，为深化局校共建尽应尽之力。在日常工作联络中，李举纲看到了众多西大校友在考古战线上兢兢业业、默默奉献，很多人都已成为行业标杆，引领学术前沿，为构建中国特色、中国风格、中国气派的考古学新局面贡献热血年华。每当听到业内人士交口称赞西大毕业生专业底子扎实、作风正、能吃苦、爱钻研、能打硬仗，他都由衷地感到自豪："西大考古，你真牛；光荣啊，西北大学！"

为文博事业而奋斗

从基层工作开始，到走上领导岗位，李举纲在磨砺中具有了更广阔的思维视角，为提升综合本领打下了坚实基础。

2015年，李举纲调任汉景帝阳陵博物院（汉阳陵博物馆）党总支书记、院长。

汉景帝阳陵博物院是李举纲工作的第二座博物馆，具有与西安碑林完全不同的气象和内涵。此时，李举纲的身份已经转换为这座博物馆的管理者，博物馆影响着他，他也影响着博物馆。使命和担当要求他必须脚踏实地，尽职履责，守望文化遗产，传承优秀文化。近年来，汉景帝阳陵博物院发展获得了一定进步，在新一轮国家一级博物馆运行评估中排名大幅提升，部分指标在全国居于前列，国家遗址公园建设的"阳陵模式"受到业界肯定。

在当今博物馆事业日新月异、推进高质量发展的进程中，法人治理结构改革无疑是全面深化管理和经营体制改革的重要举措。汉景帝阳陵博物院是中央编办在全国确定的35家事业单位法人治理结构建设试点单位。要怎么发展？没有经验借鉴，只能靠自己思考摸索，走出新路。李举纲学思并行，从审议重大事项到研究管理层人事任免及考评等各方面，充分发挥理事会领导和决策作用，不断探索符合博物院实际的管理体制和运行机制，坚持以社会教育为纽带，全面推进大遗址保护利用。在试点工作顺利通过验收时，中央编办明确指出："该单位在新的体制运行后，整体工作全面提升，取得了显著成效，已成为全国文化系统试点单位的经验典型。"其间百余家单位到汉阳陵考察调研，中央广播电视总台《新闻联播》、《人民日报》等主流媒体都对博物院运转模式进行了宣传报道，社会影响力不断增强。

博物馆管理是一项系统工程，对管理者的工作能力有较高的要求。近年来，党和国家高度重视文博事业发展。怎样才能不负使命，带领阳陵人走在高质量发展的新路上？李举纲自感压力倍增。这时候，母校的老师和校友们给予了他更多关注和支持，让他更深切地感受到了母校的温暖，感受到作为一名西北大学毕业生的光荣。他经常对新入职的西大校友说："一定要努力工作，今后不论走到哪里，都要记得我们是西大人，牢记'公诚勤朴'校训，让老师、让母校以我们为荣。"

寄　语

希望大家继承西北大学优良传统，不负韶华，努力学习；赓续前贤，继往开来；用自己的行动，为母校增光添彩！

孙周勇

孙周勇，男，汉族，1972年5月出生，陕西岐山人。2002年毕业于西北大学文化遗产学院，获历史学硕士学位；2007年7月毕业于墨尔本 La Trobe 大学考古学专业，获哲学博士学位。现任陕西省考古研究院党委书记、院长，西北大学特聘教授、博（硕）士生导师。兼任陕西省考古学会会长、《考古与文物》主编、中国考古学会理事等。

长期从事田野考古发掘与研究工作，研究方向为新石器及商周考古。主持发掘的石峁遗址荣获"世界考古重大田野考古发现""全国十大考古新发现""田野考古奖"一等奖等荣誉。主持国家社科基金重大项目《石峁遗址考古发现与研究》等中省科研项目多项。发表学术论文90余篇、出版专著6部，其中英文专著1部。享受国务院政府特殊津贴，获得"有突出贡献中青年专家"、中宣部"文化名家"暨"四个一批人才"等称号。

执着信念　稽古揆今

立足学术，秉持着科学严谨的态度，从遗迹的缝隙间，捡拾人类散落已久的记忆。在长期的田野考古发掘与研究工作中，陕西省考古研究院研究员、石峁遗址考古队队长孙周勇主持考古调查、发掘项目40余项。由他主持发掘的石峁遗址，先后荣获"世界重大田野考古发现""全国十大考古新发现""田野考古奖"一等奖等荣誉。

勤于探索　格古通今

孙周勇的研究方向为新石器及商周考古，先后承担了神木大保当汉代城址、扶风纸白汉代墓地、眉县柳巷汉魏城址、黄陵寨头河戎人墓地、靖边五庄果梁、周原遗址、石峁遗址等40余项考古调查与发掘工作。他主持或参与的多个项目入选"全国十大考古新发现",积累了丰富的田野考古工作经验。

考古学的生命力在田野。孙周勇常常笑着说他的工作就是长年累月和泥土、烈日、风霜打交道。带领着自己的学术团队,孙周勇的足迹踏遍了三秦大地。"晴天一身土,雨天一身泥。历史得靠我们的手把它挖出来。坚持了20多年,就是因为喜欢,有感情在里面。"说起心爱的田野考古工作,孙周勇深有感触,"'吃不了苦,考不了古'是考古人一贯坚持的信条。考古学是一项实践的学科,纵有万苦,甘之如饴。"

在废墟处挖掘,在瓦砾下探索,孙周勇常年奋战在田野考古工作第一线,栉风沐雨,坚持创新,取得了多项重大成果。他主持发掘的眉县柳巷汉魏城址,揭露了一处重要的东汉晚期城址(董卓眉坞城),解决了众多历史悬疑。2002年,孙周勇带领团队在周原遗址齐家西周制玉作坊的考古发掘与研究工作取得了重大突破,解决了中国早期制玉工艺及商周时期手工业生产等相关核心问题。

2011年起,孙周勇带领团队踏查测量了石峁遗址,最终确认了这是一处公元前2000年前后中国所见规模最大的城址,被誉为21世纪最为重要的考古发现之一。

"考古也是一项集体劳动,需要团队来通力协作,我要特别感谢这么多年来和我一起奋斗的同仁们。"文物是陕西最具优势的核心竞争力之一,以重要考古发现及文物为重要载体的历史文化资源,在全省文化乃至整个发展中具有重要地位和作用。而低调务实、甘于寂寞、默默坚守的考古工作者们,正在用他们取得的硕果累累的成就,丰富着陕西的历史,再现周秦汉唐曾有的辉煌。

石峁遗址入选了全国150处大遗址及世界文化遗产后备名单,是被作为中华文明探源工程的核心的四大遗址之一。中央电视台《新闻联播》、《光明日报》、《人民日报》等媒体对其进行了多次报道,引起了社会各界及中、省各级政府的高度关注,促成了"中国石峁遗址公园"的建设。石峁遗址的考古工作,对于资源性产业特征明显、产业结构单一的榆林市也产生了巨大的社会效益,是践行习近平总书记"让文化遗产活起来"重要指示、深化中华文明探源工程、展示中华文化独特魅力的重要举措。

上下求索　成绩斐然

2004年,孙周勇远赴澳洲,在墨尔本La Trobe大学师从刘莉教授攻读博士学位。刘莉教授毕业于西北大学考古专业,后获得哈佛大学博士学位。因为留学期间的优异表现,2006年,孙周勇获"国家优秀自费留学生"称号。2007年5月,孙周勇完成了博士论文,一度创下了La Trobe大学博士研究生毕业最短时间的记录,论文外审时获得了加州大学罗泰教授、哥伦比亚大学李峰教授的高度评价。2008年,英国牛津考古出版社出版了孙周勇的博士论文《西周手工业形态研究》(*Craft Production in the Western Zhou Dynasty*: *A Case Study of a Jue-earrings Workshop at the Predynastic Capital Site, Zhouyuan, China*)。孙周勇关于早期手工业形态的研究开创了中国考古学中同类研究的先河,其研究方法、分析手段及研究成果受到加州大学、哥伦比亚大学、斯坦福大学等国际同行的高度认可。

孙周勇曾赴日本大阪参加 JICA 文化财产修复国际培训,任美国加州大学洛杉矶分校访问学者。他先后出访日本、美国、智利、菲律宾、加拿大、韩国、瑞士、秘鲁、墨西哥等国家大学或科研机构,应邀赴哈佛大学、哥伦比亚大学、马尼拉大学、俄勒冈大学、加州大学洛杉矶分校、韩国庆州文化财研究所、新加坡亚洲艺术馆、东亚考古学会等著名学府及学术机构发表演讲。在多次的出访交流合作中,孙周勇与海外学者建立了良好的关系,并积极推动陕西与海外学术机构及高校开展全方位合作。

2009 年,陕西省考古研究院、西北大学、加州大学联合创办的"中美田野考古学校"在陕西高陵杨官寨遗址开班,孙周勇出任中方校长。如今,"中美田野考古学校"已经成为海外考古学专业与人类学专业学生了解中国文物考古动态及研究方法的重要平台,也成为陕西文物考古走向世界的一个重要媒介。百余位从"中美田野考古学校"走出去的学生,进入了哈佛大学、牛津大学等国际著名学府攻读博士学位,并将未来的从业愿景放在了从事中国文物考古研究方面。

厚积薄发 锲而不舍

"路虽迩,不行不至;事虽小,不为不成。"自学成归国以来,孙周勇在考古研究的道路上,用自己的人生实践,矗立起人生价值选择的最佳坐标。

"考古工作者就是要以重现人类历史的辉煌为己任。"在文化的河流中发现历史、解读历史、实证历史,对孙周勇来说,最大的幸福莫过于看到在自己的努力和参与下,历史的轨迹被一点点勾勒出来。多年来,他先后在《考古》《文物》《考古与文物》等专业核心杂志发表学术论文 90 余篇、出版学术专著 6 部。他主持的国家社科基金项目《周原——2002 年度田野考古发掘报告》出版,改变了周原遗址考古工作 40 年来无专著问世的局面,填补了学术界空白,受到同行专家学者的高度赞扬。

2008 年 8 月,孙周勇获得"陕西省优秀回国留学人员"称号。2014 年被评为陕西省宣传文化系统"四个一批"人才。2015 年获得国家"有突出贡献中青年专家"称号,2016 年享受国务院政府特殊津贴,2017 年获得中宣部"文化名家"暨"四个一批人才"称号。由于在考古研究领域的丰硕成果,他还兼任了陕西省考古学会会长、中国考古学会夏商专业委员会副主任委员、中国考古学会新石器专业委员会委员、西北大学、武汉大学博士生导师等职务与工作。

在从事考古管理事业的过程中,孙周勇也积累了较为丰富的行业管理和领导工作经验。2017年,孙周勇出任陕西考古研究院院长,积极思考经济建设中文化遗产保护与经济建设的关系,提高考古成果利用水平,促成了韩城梁代村芮国博物馆、石峁遗址博物馆建设。孙周勇任职期间,陕西考古研究院获人社部及文化部联合颁发的"全国文物系统先进集体"荣誉称号,获评陕西省委组织部"全省干事创业好班子"(2020年),被中组部、科技部、中宣部等授予"全国专业技术先进集体"(2020年)。

2020年,孙周勇率领陕西省考古研究院与西北大学签署全面合作协议,开展全方位、深层次、多渠道的全面合作,积极探索有效整合双方优势资源的新途径,不断开拓促进学科发展、人才培养、教学科研的建设和发展。在考古发掘与研究、文物保护与利用等方面,研究院与西北大学文化遗产学院携手奋进,共同谋划,凝聚力量,熔炼智慧,为陕西文化遗产事业贡献考古力量,也为新形势下全国文物考古工作提供可资借鉴的院校合作新模式。

寄 语

在考古的世界里,立足现在,回望过去。因为我们深信,看得见多远的过去,就能走向多远的未来。祝福西北大学考古专业再创辉煌!

王良军

王良军，男，1972年5月出生，贵州赤水人。1994年毕业于西北大学地质学系岩矿地球化学专业，获理学学士学位。2005年12月获成都理工大学石油与天然气工程专业工程硕士学位。1994—2002年，在滇黔桂石油勘探局工作；2002—2007年，在中石化南方勘探开发分公司工作，历任研究院研究室副主任、主任；2007—2021年，在中石化勘探分公司工作，历任分公司技术专家、研究院总地质师、川南项目部主任和油气勘探管理部经理等职务；2021年7月至今任中石化河南油田分公司副总经理，正高级工程师。

先后获中国石化股份公司油气勘探重大发现一等奖2项、二等奖2项、三等奖4项。发表学术论文28篇，参与编写学术专著3部，获省部级科技进步二等奖2项、三等奖2项，国家发明专利2项。2005年被中国石化集团公司评为"青年岗位能手"，2007年被评为"中国石化优秀青年知识分子"。作为郭旭升院士领衔的"海相天然气勘探创新团队"核心成员，与团队入选2020年度科技部"创新人才推进计划重点领域创新团队"。

基层是最好的课堂　　实践是最好的教材

即使时光已经过去了28年，王良军仍然牢牢记得本科毕业时实习导师邱树玉教授给自己的临别赠言："莫道毕业为功名，踏入事业习门径，立志攀登地质科学新高峰；天生我材必有用，灵活机动苦攻关，不断寻找祖国需要生长点。"多年来，王良军投身石油天然气勘探领域，长期从事油气田地质研究和勘探部署工作，经过多个重要岗位历练，从一名普通技术人员成长为油田勘探技术的"领头羊"。

一线深耕　厚植根基

1994年大学毕业后，王良军满怀着对油气勘探事业的向往，来到当时国内最小的油田——滇黔桂石油勘探局工作，成为位处四川盆地南缘的赤水气矿地质科研所一名勘探技术员。虽然王良军的专业背景是岩矿专业，所从事的工作却是石油地质勘探，但他坚信"基层是最好的课堂，实践是最好的教材，唯有一步一个脚印才能收获不一样的成长"。他主动从地质录井工岗位干起，向老同志学习，从最基础的挑岩屑、描岩心、磨薄片、跑野外、打标本、绘草图开始，用踏实、认真、勤奋、执着，默默地书写着自己的人生。通过长驻现场的随钻跟踪、野外地质调查和井位部署研究，王良军很快熟悉了钻、测、录井、测试等现场工作流程和动态规律，也迅速掌握了石油地质研究与勘探部署的基本思路与工作方法，积累了扎实的基本功。

为了遏制赤水气田天然气产量急剧下滑的势头，2000—2002年，王良军积极参与到赤水官渡气田的会战中，承担了赤水及邻区陆相碎屑岩新领域的勘探研究工作。在工作中深入学习借鉴国内外致密砂岩勘探经验，通过两年多的研究，率先提出该区"多期运移聚集，断层裂缝联合输导，喜山期调整成藏"的"深源浅聚"陆相碎屑岩远源成藏模式。应用这一模式在官渡区块部署多口探井，在须家河组中钻获工业气流，官9井首次在四川盆地南部下沙溪庙组钻获日产90.6立方米的高产原油，取得历史性突破，有效遏制了赤水气田产量递减，获得局级科技进步奖一等奖。

笃志勤学　锐意进取

2002年4月，中石化南方勘探开发分公司组建成立，拉开了南方海相勘探序幕。得到消息，时年30岁的王良军激动不已。经过申请，2002年6月，王良军正式调入南方公司研究院川东室，融入南方海相的勘探事业中。通过参加普光特大型海相气田如火如荼的大会战，王良军迅速被锤炼成一名经验丰富的海相油气勘探科研技术骨干。2004—2007年先后担任研究院川东室副主任、川东南室主任，重点负责川东南地区油气地质勘探评价研究，组织开展了全区系统的二维地震资料解释和地层、沉积相等基础地质研究工作，提出"涪陵-建南地区发育两期台缘相带"的认识，得到了上级的高度重视，支撑探明了兴隆场长兴组台地边缘礁滩气田，随后部署的泰来2井、泰来201等井在川东万县复相斜区新发现台洼边缘礁滩气藏新类型，拓宽了川东高陡褶皱带油气勘探领域。2005年王良军被中国石化集团公司评为"青年岗位能手"，2007年被评为中国石化集团公司"优秀青年知识分子"。

2007年，根据工作需要，王良军调到研究院规划部署室主持工作。虽然以前从未做过大区油气勘探规划工作，但出于对科研工作的一份责任，他毫不犹豫地接受任务，全身心投入到新的工作领域中，承担了分公司年度勘探计划、中长期油气勘探规划以及向国家部委、总部的各类综合汇报材料的编制工作。在工作中，王良军始终秉持"严细实"的作风，在组织公司"十二五"油气勘探规划编制项目中，对每个区块存在的问题进行详细分析，并提出相应处理措施，顺利完成了公司"十二五"规划工作。通过多个大型专项材料的编制，王良军进一步熟悉和了解了南方各探区的地质特点、勘探现状。

2011—2014年，王良军被相继提任院副总师、分公司石油地质技术专家和研究院总地质师，负责研究院地质技术工作，并入选公司海相勘探创新团队，参与元坝大气田的勘探与评价工作。他以超深层成藏富集机理研究为攻关方向，组织团队开展了元坝超深层碳酸盐岩成储、成藏规律研究与气藏精细描述攻关，通过烃源对比研究，创新提出吴家坪组—大隆组深水陆棚相烃源岩是川北地区主力气源岩的新认识，解决了元坝超深层气田的气源问题；系统组织开展礁滩体动态精细描述和探井转开发井的一体化评价与方案研究，为高效探明元坝这个国内埋藏最深的生物礁大气田做出贡献。2013年，王良军获得四川省科技进步奖二等奖。

开拓创新 笃行致远

随着普光、元坝千亿立方米大气田的相继探明，四川盆地川东北地区勘探进入到蓬勃发展阶段。但中石化四川盆地川南—川东南近2万平方千米探区却长期处于勘探沉寂阶段。2015年，组织上调任王良军到新成立的川南项目部主持川南探区勘探工作，力求实现中石化南北探区"两翼齐飞"，这无疑是严峻的挑战。王良军临危受命，上任后立刻投入到紧张的工作中。针对川南探区前期以茅口组岩溶缝洞气藏为主要勘探对象，长期未获规模发现的难题，他带领团队解放思想，从夯实基础工作入手，立足全盆和重点区带，通过老井复查、野外调查及区域二维格架线解释，持续深化构造沉积充填、成藏条件、成藏富集规律研究，突出新层系、新类型目标识别评价研究，创新茅口组成藏体系新认识，积极寻找规模增储目标，先后发现和落实了川东南茅口组热液白云岩、茅一段灰泥灰岩等多个千亿方级新类型勘探目标。

2022年，王良军被中石化党组任命为河南油田主管勘探的副总经理。河南油田历经50余年的勘探开发，探明程度高，剩余资源贫化。王良军到油田后深入基层调研，积极了解各探区油气地质特征、资源潜力与面临的难题。他始终坚持"老区有新作为，新区有大作为"的勘探理念，提出加快把油田的勘探对象从"中浅层到深层，从常规到非常规"转变，加强"思路、地质认识、技术"三个创新。通过对多口深层系探井开展体积压裂，均试获高产工业油气流，在探明程度已达 57% 的泌阳凹陷落实了深层致密砂岩油气增储规模 5 000 万吨，获得 2022 年中国石化油气商业发现三等奖。目前王良军正带领攻关团队向陆相页岩油领域发起新进攻，以钻探泌阳凹陷页岩油为目的的阳页油 1 井已开钻，河南油田三新领域高质量勘探迈出了坚实步伐。

王良军扎根一线岗位 20 多年，无怨无悔刻苦钻研，一直用实际行动诠释着母校"公诚勤朴"的校训精神，积累了丰富的油气地质综合研究知识与勘探经验。站在新起点，为了"能源的饭碗必须端在自己手里"，王良军正带领河南油田勘探一路员工，以更加坚忍的意志和必胜的信心，坚持理论技术创新、精细严谨，力争勘探大突破、新发现，让老油田再度焕发青春，为河南油田可持续高质量发展做出新贡献。

寄 语

希望同学们始终牢记"公诚勤朴"校训，积极进取，为母校争光，为母校发展添砖加瓦。

洪新敏

洪新敏，男，1972年11月出生，福建尤溪人。1995年毕业于华东政法大学，获法学学士学位；2016年毕业于中国政法大学，获经济学硕士学位；随后入读西北大学经济管理学院，2018年获得高级工商管理硕士学位，同年获得宾夕法尼亚商学院工商管理学博士学位；2019年获得菲利普斯研究大学荣誉博士学位；2021年进入西安交通大学马克思主义学院攻读政治经济学博士学位。已发表法学、管理学、经济学论文30余篇，出版法学著作3部，管理学和经济学著作各1部。

现任海南祥瑞律师事务所创始合伙人、主任律师，同时担任西北大学兼职教授、海南热带海洋学院兼职法治副院长、三亚市政协委员及提案委员会委员。2017年被中央统战部、司法部、全国律协评为"全国律师服务团第二批帮扶活动优秀团员"。

人生因奋斗而精彩

从"面朝黄土背朝天"的农家子弟，到知名律师事务所创始合伙人，洪新敏的人生道路上，深深镌刻着"奋斗"二字。从背起行囊，告别故乡的那一刻起，他用不断的奋斗改变了自己的命运，并在不断的奋斗中，回报社会，领悟学识的力量和人生的意义。

奋斗中的苦乐年华

"儿子呀，你快要考试了，休息几天去考试吧！"1995年7月，洪新敏从华东政法学院（现华东政法大学）毕业后，回到了农村老家与父母姐妹一起挥汗如雨地"双抢"。其时距全国律师资格考试只有一周时间，在父亲的劝说下，他才放下锄头，关起门来备战律考。"那时候，由于家里穷，即使大学毕业了，也不知道自己将来会怎么样。"在参加了律考后，迷茫中的洪新敏决定去海南这个中国最大的经济特区寻找机会。

挤上从海口到三亚的公共汽车,在黄土路上颠簸六七个小时进入三亚市区时,洪新敏却害怕了。在从小学课本上就知道并神往的鹿回头和名满天下的天涯海角,他丝毫没有感受到椰风海韵的浪漫,唯有比在家乡时更加恐惧和茫然。"到了三亚市,口袋里只剩下50元钱,我得以最快的速度找到工作,当时就只有这一个念头。"强烈的求生欲迫使这个年轻人满大街找工作。在得知南方大酒店"包吃包住,还有工资"招保安后,他毫不犹豫跑去应聘。"当年,酒店同事们都说,晚上查岗时,只看到大衣看不到人的,一定是小洪同志。"回忆往事,洪新敏笑出了眼泪。在保安队伍中个头最小的他,夜间瘦小的身躯在宽大的军大衣的包裹下几乎看不见了。

次年,通过律考的洪新敏几经辗转,终于进入三亚一家比较知名的律所担任主任助理。"非常知足"的他玩命工作、学习,同事们都说小洪是"法条百事通"。

1997年,在取得律师执业证书后第8天,洪新敏接到一个刑事法律援助案件,被告人杀死2人、重伤2人。经过对案件梳理、调查取证和缜密论证,他大胆作了正当防卫的无罪辩护,在庭后遭到被害人家属的围堵谩骂。三亚市中级人民法院以防卫过当判决被告人8年有期徒刑,被害人亲属不断上访,案件惊动了海南省高院、最高法院、全国人大,最终认定该案件判决是正确的。"也许是运气能让我接到这个案件,案件的判决体现了律师的价值,坚定了我对法律的信念。"法院专门给市司法局行文表彰了洪新敏。这一"空前绝后"的案件让他在当时小有名气,更让社会认可他是一位很认真负责任的律师。

幸福是奋斗出来的

2000年4月,洪新敏开始担任海南省司法厅直管律所三亚分所的主任,那时候,他才执业两年有余。他常说:"担任主任也是赶鸭子上架,也没有过多的想法,干就是了。"次年业绩上升明显,诉讼案件的标的高达2亿元,同时洪新敏还担任多家政府机关和大型企业的法律顾问。两年后,洪新敏偶然得知全国律协与英国律协有互相委派律师交流的机会,在征求领导的意见后,他当机立断前往西安外国语学院(现西安外国语大学)进修英语。"那时候我国的涉外律师只有200名左右,如能成为涉外律师,自己就能进入一个更高的层次。尽管后来由于种种原因没能成行,但看到了自己与高水平律师之间的差距。"

2002年洪新敏辞去了分所主任,前往佛山发展,担任当地律所副主任。"广东的律师是主动服务当事人的,海南的律师是靠当事人'请'的。"在广东执业4年,他看到了两个地区律师行业的差距。2007年3月,洪新敏回到三亚创建了海南祥瑞律师所,开启了新的创业之路。

在洪新敏的带领下,创立不久的祥瑞律师事务所在当地异军突起。"同行没人知道我采取的'非诉联动诉讼'的业务扩张手法。"说起自己的"杀手锏",洪新敏微有得色。因为业绩突出,祥瑞律所、洪新敏及律所其他同事分别获得了诸多荣誉,其中多项都是省内业界的唯一,如2013年省商务厅对祥瑞律所资金奖励20万元,祥瑞律所党支部2014年被省司法厅评定为全省律所唯一先进党支部等。

"我从业的终极目的到底是什么?难道是一直庸庸碌碌地做业务?"随着业务的发展,洪新敏开始重新审视自己的职业生涯。"究其到底,还是学识和眼界不足,才会有此困惑。"再学习的念头不断涌上他的心头。洪新敏前往中国政法大学进修法学硕士、博士课程,同时报考了经济学硕士。2016年他法学专业结业,同时取得经济学硕士学历和学位证书。此后,洪新敏在学习深造的道路上执着向前。他报考了西北大学经管院攻读EMBA,并继续在中国社会科学院学习法学博士课程。2018年洪新敏获得了西北大学高级工商管理硕士学位,同年取得宾夕法尼亚商学院的工商管理博士学位,次年被菲利普斯研究大学授予荣誉博士学位。

多年来,洪新敏发表管理学、法学、经济学论文30余篇,出版了《民间金融法律制度研究》《法律理论与实践应用》《民法》《企业管理与人力资源》《经济学基础》等多部著作。

人生的意义在于奉献

"西北大学的学习使我收益良多,尤其是茹少峰教授的耳提面命和郭亚军导师的谆谆教诲,让我难以忘怀。"回忆在西大的求学时光,洪新敏满怀感恩,"在我情绪低落时,茹老师对我说,你还年轻,得有斗志。郭老师对我像亲人一样,师母曹卓老师主动和我一起探讨如何写好论文,大到观点、框架,小到标点符号、错别字,都为我一一订正。"临近毕业,洪新敏开始思考能为母校做点什么。

2018年8月,"洪新敏奖助学金"在西北大学设立。至今洪新敏个人已经捐助现金60万元,资助了百余名法学院学生。在洪新敏的积极联系下,西北大学法学院在三亚市司法局、海南祥瑞律师事务所挂牌成立"西北大学卓越法治人才教学实践基地"。

洪新敏热心社会公益事业。他积极参与乡村扶贫工作,多次到海南少数民族村庄提供法律咨询,并捐款捐物;带领团队与三亚市福利院结对子,为该院和工作人员及孩子们终身提供免费法律服务,并担任法治副院长;作为法律专家无偿或垫资为《三亚市依法治市委员会关于疫情防控和经济秩序恢复提供法治保障的意见》《海南经济特区律师执业条例》《三亚市崖州科技城管理条例》《三亚全面依法治市体制的形成及地方探索创新》《三亚市优化营商环境若干规定》《三亚市土地储备管理办法》《法治三亚建设规划（2021—2025）》《三亚市农村集体经济组织成员资格认定指导意见》等提供论证咨询意见，并受市政府指派为三亚"半山半岛"破产清算重整政府招商提供咨询意见；独立受托无偿为三亚市政府制定《三亚市法律援助管理办法》，其中的"六大"创新受到领导和业界的高度肯定。

2020年初，全国新冠肺炎疫情突发。洪新敏除了多次为湖北疫情重灾区捐款外，还驰援三亚市起草了临时征用酒店作为防疫隔离观察点的政府法律文件；向市司法局提议成立疫情期间专项法律服务专家顾问团，在线上为群众提供法律咨询服务；指导市卫健委补充签订抗疫期间物资采购协议及为该委制定捐赠管理制度等工作；组织祥瑞律所律师助力三亚两个派出所抗疫，签订为期三年的法治合作共建协议。抗疫关键期，因疫情引发的涉法问题凸显，他日以继夜编写了海南省首部《新型冠状病毒疫情法律知识问答汇编》，得到市领导的高度肯定，并汇编成册广泛宣传，三亚电视台等媒体对此进行了报道；向法律顾问单位发出《关于加强疫情期间法律风险防控的意见和建议》《疫情下企业法律文书模板汇编》（三亚版），被称为"及时雨"。为此，洪新敏被海南省律师协会评为"新冠肺炎疫情防控工作先进个人"。

在洪新敏眼中，能为国家、为社会做点儿事，是人生价值的体现。"我还会继续学习，用学识为社会做出力所能及的贡献，等我老了才有值得回忆的东西啊。"2020年，他报考西安交通大学政治经济学专业博士败北，次年再考，终于以高分被录取。"我这一生都在学习和奉献的路上。"洪新敏笑着说，"唯有奋斗和奉献的人生才值得度过。"

寄　语

　　强身健体，好好学习，努力工作，奉献社会，快乐生活。

李　岗

李岗，男，1972年11月出生，陕西西安人。1991—1995年在西北大学文博学院考古专业学习，在校期间曾任西北大学第28届学生委员会主席，获陕西省优秀学生干部称号。毕业后进入陕西文博系统工作，历任省考古研究院院长助理、汉阳陵博物馆副馆长，省文物局文物保护与考古处副处长、省考古研究院党委副书记（主持工作）兼副院长、省文物局办公室（财务处）主任（处长）等职，现任秦始皇帝陵博物院（秦兵马俑博物馆）党委书记、院长（馆长），研究馆员。担任中国博物馆协会常务理事、考古与遗址博物馆专业委员会主任委员，中国考古学会秦汉考古专业委员会副主任委员，陕西省考古学会副会长，陕西省文物交流协会副会长。受聘为西北大学文化遗产学院兼职硕士研究生导师，省人大常委会立法咨询专家，省委全面依法治省委员会办公室"百名法治建设咨询专家"。

在文物保护事业中实现人生价值

从在西北大学考古专业求学时起，李岗已经在文物行业学习工作了30余年。他先后在陕西省考古研究院、汉阳陵博物馆、陕西省文物局、秦始皇帝陵博物院工作，从田野到行政、从业务到党务、从科研到管理，经历了多种工作类型和岗位。岗位在变，工作内容在变，但是李岗的初心从未改变。他用乐观积极的心态和勤奋踏实的工作，践行了西北大学"公诚勤朴"校训的精神，用在西北大学所学为陕西文物保护事业做出了自己的贡献。

立足专业　积极投身田野考古发掘与研究

从西北大学毕业后，李岗被分配到陕西省考古研究所工作。1996年，李岗参加了陕京天然气管线考古队。陕京天然气管线是当时中国陆上输送距离最长的一条天然气管线，考古队主要承担榆林地区管线建设涉及榆林地区文物遗址的调查和发掘任务。

都说塞外好风光，但黄土高原上的野外考古却没有想象中的"诗和远方"。进行田野调查时，经常是早晨七八个人挤在一辆吉普车中，沿着管线的规划线路，像撒豆子一样把队员三三两两撒在几十公里的区域内，然后大家拿着地图和早年文物普查资料，沿着管线徒步行进，天黑前赶到约定地点集中。20世纪90年代后半段，榆林大部分地区还相对欠发达，管线经过的路段大多远离城镇，地形峁梁纵横，交通住宿不便。幕天席地、风餐露宿成为调查工作的常态；面包、火腿肠、老乡家的井水，就是标准的"考古套餐"；驻地旁小河边的乱石滩，就是队员们的天然浴场。多年后李岗最念念不忘就是这段时光："这应该是考古所多年来组建的最大的一支考古队，工作任务也重。我从7月下旬到陕北，一直待到11月底才第一次回家。发掘了府谷郑则峁遗址、神木新华遗址、大保当汉代城址和画像石墓地等，考古报告就出版了两部。参加工作的人多，所以'段子'（故事）也多，而且在陕西考古圈里都流传较广。当时我兼管伙食，每天晚饭结束后大灶不能熄火，所以锅里要存上大半锅水，到半夜的时候钻到厨房用热水擦个澡是最惬意的事。后来大家都知道了，说我'利用职权'在锅里洗澡，这也成了所里一个著名的段子。"

1997年，李岗参加了西潼公路考古队，发掘了著名的华县泉护村遗址。两年"上穷碧落下黄泉，动手动脚找东西"的田野考古生活，不但磨砺出李岗乐观向上、坚韧不拔的性格，也更加坚定了他的初心：做考古不但要有热情，更要耐得住寂寞。1997—2001年，李岗加入汉阳陵考古队，先后参加了南阙门遗址、帝陵东侧外藏坑遗址、陪葬墓园等考古发掘项目。2006—2010年，他又参加茂陵等5座西汉帝陵和"周王陵"的考古调查、勘探和发掘工作。工作成果为西汉帝陵制度的深入研究提供了新的资料，为编制西汉各帝陵保护规划提供了依据，并总结出"全方位调查、大面积勘探、关键部位试掘、高精度测绘及资料数字化"的大遗址考古工作思路。西汉帝陵考古项目入选2009年度"全国十大考古新发现"，荣获2009—2010年度"田野考古奖"一等奖。

2016年，李岗担任陕西省考古研究院党委副书记兼副院长，积极推动江村大墓和秦东陵的考古工作。2017年江村大墓发掘获得国家文物局批准（后入选2021年度"全国十大考古新发现"）；2018年秦东陵一号墓园2号墓考古发掘得到国家文物局批准，李岗担任首任考古领队并正式启动发掘工作，这是我国目前规模最大的高等级墓葬发掘项目。

开拓创新　努力推进大遗址保护利用事业

2010年4月，李岗担任汉阳陵博物馆副馆长。他依托多年对汉阳陵的考古和研究，编制《汉阳陵考古工作规划》，重新启动了汉阳陵的考古发掘工作，并先后主持了汉阳陵东阙门遗址和东司马门道遗址的考古发掘项目。发掘期间，李岗还策划组织了"一把手铲梦回西汉"公众考古体验活动，获陕西省委宣传部2011年全省思想文化工作创新奖。为推进国家考古遗址公园建设，李岗组织编制《汉阳陵国家考古遗址公园规划》《汉阳陵国家考古遗址公园道路规划设计》《汉阳陵东区规划设计方案》，组织实施了汉阳陵南阙门遗址保护加固工程、汉阳陵帝陵园遗址标识展示工程、汉阳陵司马道跨咸铜铁路桥工程等，为汉阳陵的长远发展奠定了良好基础。

2013年7月，李岗调任陕西省文物局文物保护与考古处副处长，此时正值丝绸之路跨国联合申遗工作进入冲刺阶段，并将迎来联合国教科文组织专家的现场考察。在中国申报的22处遗产中，陕西有7处，是涉及的4个省中数量最多的，工作十分复杂而繁重。李岗与同事们一趟趟奔波在西安、咸阳、汉中一线的各遗产点上，逐个检查落实包括考古、保护、环境整治、展示、管理五大类30多条具体任务，经常是早晨还在长安兴教寺，中午就赶到彬县大佛寺，晚上又到了城固张骞墓。世界文化遗产专家狄丽玲博士在实地察看了各遗产点后，对陕西省的申遗工作给予充分肯定。2014年6月，李岗作为陕西代表团成员，出席了在卡塔尔多哈举行的第38届世界遗产大会，见证了"丝绸之路：长安—天山廊道的路网"申报世界文化遗产成功的高光时刻。作为首例跨国合作成功申遗的项目，该项目获得了2014年度"陕西省思想文化工作创新奖"特别奖。

勇担重任　守护好"中华文明精神标识"

2020年6月，李岗调任秦始皇帝陵博物院党委书记、院长，承担起了守护"中华文明精神标识"的重任。

上任之初，李岗就面临着新冠肺炎疫情造成的困难复杂的工作局面。他带领班子深入一线调研，制定系列措施，带领秦始皇帝陵博物院进入"预约时代"，严格落实"预约、限流、错峰"，极大提升了游客参观的体验感和舒适度，圆满完成了疫情防控和游客接待任务。

2021年秋季，在全国疫情相对平稳总体可控的形势下，秦始皇帝陵博物院仍严格执行外省游客和有省外旅居史的本省游客，须持48小时内核酸检测阴性证明入园政策。10月17日，一对上海夫妻从甘肃前往西安旅游，因为计划要参观秦始皇帝陵博物院，他们在离开甘肃嘉峪关前进行了核酸检测。进入西安后，二人被通知核酸检测结果异常，并最终确诊。这两个确诊病例的及时发现不但有效防止了疫情在西安扩散，对当时陕西、甘肃、内蒙古等地散状暴发的疫情也起到了关键的预警作用。一时间，各新闻媒体纷纷以"兵马俑立功了""兵马俑功不可没""严格落实疫情防控政策兵马俑这次值得点赞"为题，盛赞秦始皇帝陵博物院的疫情防控工作。在之后召开的全国疫情防控工作电视电话会议上，秦始皇帝陵博物院也得到国务院领导的肯定和表扬。

铜车马博物馆是秦陵博物院改造提升项目的一个重点工程，一直被列为省上重点文化项目，计划于 2021 年 5 月开放，但因受疫情影响工期严重滞后。李岗到任后，立即成立铜车马博物馆建设工作专班，日夜奋战，迅速推进，并在布展期间组织策划了铜车马搬迁宣传活动。在搬迁过程中进行的现场直播和采访引起社会的广泛关注，相关新闻报道登上热搜，使文物搬迁成为一次文化遗产保护的宣传活动。2021 年 5 月 18 日，在秦始皇帝陵博物院举办的国际博物馆日陕西主场活动上，新铜车马博物馆如期开放，秦陵博物院"一院多馆"发展规划又迈出了关键的一步。

秦始皇帝陵被誉为"世界最大的考古学储备之一"。李岗到任后更加注重推进博物院的考古及科技保护工作。他抓住近年来国家高度重视考古工作的契机，积极组织申报考古发掘研究项目。2021 年，兵马俑一号坑和二号坑、陵西大墓、秦始皇帝陵园外城东门遗址 4 个考古发掘项目同时获批，是博物院获得考古发掘团体领队资质后获批项目最多的一次。其中，持续工作多年的陵西大墓发掘项目获评首届陕西六大考古新发现，秦始皇帝陵园外城东门遗址获评第二届陕西六大考古新发现，并被专家誉为"帝国第一门"。在 2021 年中国考古走过百年历程之际，秦始皇帝陵考古工作又掀开了新的篇章，并向着"建设中国特色、中国风格、中国气派的考古学"努力前行。

寄 语

饮水思源，难忘培育恩泽。百廿风雨，再续绚烂华章。

韦 勇

韦勇，男，1973年3月出生，陕西蒲城人。1995年7月毕业于西北大学化工学院有机化工专业，获工学学士学位。1995年进入中国长庆石油勘探局马岭炼油厂，随之先后在中国石油长庆石油勘探局、中国石油长庆油田长庆炼油化工总厂、中国石油长庆石化公司工作。2005—2021年，任中国石油长庆石化公司党委委员、副总经理、兼任安全总监。现任教授级高级工程师，中国石油宁夏石化公司党委副书记、总经理。

在核心期刊《炼油技术与工程》等发表论文12篇。获得国家专利3项。获得国家级和全国行业级企业管理现代化创新成果、优秀成果二等奖和一等奖各一项。主持承担的项目入选"2014年中国石油十大科技进展"；获得"中国膜工业协会科学技术奖"二等奖，中国石油天然气集团公司科技进步奖一等奖2次和三等奖2次，并被评为咸阳市人民政府2011年度工业经济突出贡献先进个人。

建设绿色安全智能的标杆企业

论产能规模，论职工人数，中国石油长庆石化公司只是一家中等规模的炼化企业，但在中国石油天然气集团公司和全国石油化工行业系统中，它却是一家响当当的先进示范企业。

荣获全国企业管理现代化创新成果二等奖、全国石油石化企业管理现代化创新优秀成果一等奖、国家科学技术进步奖二等奖，被评为"中华环境友好企业""国家智能制造标杆企业""国家绿色工厂"……

巨大荣誉的背后，是全体长庆石化人的拼搏和付出。

韦勇，就是砥砺前行、敢为人先、顽强拼搏的长庆石化人中的一员。在企业深耕23年，他亲身践行和见证了长庆石化从一家小型炼化企业，成长为全国知名的先进的精品炼化企业。

功崇惟志　业广惟勤

1995年7月，韦勇以优异的成绩毕业了。在西北大学化工学院有机化工专业学习的4年里，他勤于思考，注重实践，扎实、全面地掌握了学科知识。为了能将所学更好地用于实践，韦勇没有留在大城市，而是选择去了长庆石油勘探局基层单位马岭炼油厂工作。马岭炼油厂位于陇东，地处黄土高原，条件十分艰苦。韦勇从生产车间的一名普通技术员干起，恪尽职守，忘我工作，攻坚克难，争先创优。由于表现特别突出，他随后又被选拔到长庆石化的前身、当时还隶属于长庆油田的长庆炼油化工总厂工作。

秉承着母校"公诚勤朴"校训，韦勇在奋斗中成长，在奉献中进步。2005年，刚过而立之年的他脱颖而出，被中国石油天然气集团公司党组任命为长庆石化公司领导班子成员，成为该公司当时最年轻的领导干部。

在担任公司领导职务之后，韦勇在繁忙的工作之余，依然潜心研究，刻苦攻关，取得了一系列亮眼的成果，对企业的生态经济效益和技术转型升级、管理提升发挥了突出的引导和促进作用。从2006年起，韦勇在《炼油技术与工程》《当代化工》等核心学术期刊发表论文12篇；获得"一种两段提升管催化裂化防结焦沉降器"等3项国家专利；《以提升生态效率为核心的石化企业管理体系建设》获得第17届国家级二等企业管理现代化创新成果；《生态型企业管理体系建设》获得第23届全国石油石化企业管理现代化创新优秀成果一等奖；《长庆石化公司60万吨/年汽油加氢技术应用与分析》等三个科技攻关项目分别获得长庆石化技术创新成果奖二等奖1次和科技进步奖二等奖2次。

韦勇走上公司领导岗位之初，长庆石化的年炼量只有150万吨，但公司对标业内一流，以建设精品炼厂为目标，通过精细化管理和技术上的不断改造提升，目前吨油的利润、完全加工费、水耗、污水排放量、二氧化硫排放量和管理费用率等各项经济技术节能指标在中国石油炼化企业中名列前茅。根据中国石油规划总院采用2010年数据、应用国际著名机构索罗门公司评价体系进行的炼化企业综合竞争力分析指标，长庆石化综合竞争力在参与的18家企业中排名第一。

以科技进步为支撑　创建生态型绿色企业

长庆石化紧邻渭河，距离咸阳市中心5公里、西安咸阳国际机场12公里、西安市中心20公里，环境和安全风险突出；加之石油石化行业又是安全环保事故的易发高风险行业，企业的安全环保责任特别重大。从 2001 年主管公司的安全环保工作起，韦勇就担起了控制安全环保风险的重任。他始终秉持绿色发展理念，把"硬安全""超净排放""近零排放"落实到生产经营和建设发展的每一个环节，着力打造安全可靠、绿色低碳、环境友好的生态型炼化企业。在 20 年的时间里，长庆石化没有发生一起上报的安全环保事故，成为中国石油天然气集团公司和全国石油化工行业安全环保工作的先进示范企业，获得了中国石油和国家授予的国家安全生产标准化一级企业、"绿色工厂"等各种荣誉称号。韦勇特别自豪的是，长庆石化能够与燕山石化这样的行业龙头企业一同站上"中华环境友好企业"领奖台。

韦勇注重技术创新和管理创新，从 2005 年走上公司领导岗位，到 2021 年调离长庆石化，他主持承担的技术攻关和改进项目就有 17 项。在拥有兰化、吉林石化等众多国内特大型企业的中国石油天然气集团公司，长庆石化的科技进步和安全绿色生态建设走在了前列。

韦勇一贯坚持"科技进步是企业发展进步的支撑和动力之源""绿色生态环保是企业的生命和应承担的政治社会责任"的理念。他瞄准国际市场，放眼行业科技发展趋势，对标一流企业，对症制约公司发展的瓶颈问题，承担组织了集团公司重大科技专项 2 项，主持组织了长庆石化公司油品质量升级、节能减排等 10 多个重大工程项目的新、改、扩建设，引进 30 多项新技术、新工艺，组织主持公司炼化能量系统优化研究、污水原位提升改造等科研项目，贯彻中国石油天然气集团公司数字化转型、智能化发展新要求，建设覆盖生产、设备、安全、能源管理等六大领域的安全绿色数字化智能炼厂。

这些项目和措施的实施，成为公司创新发展的重要引擎，为行业科技进步提供新动能，实现了工艺流程迭代优化和产品质量显著提升，持续推进了产品质量升级和结构调整，促进公司整体效益和技术经济指标不断提升，实现了长庆石化炼油生产能力从 150 万吨/年到 500 万吨/年的跨越式发展，并为长庆石化的稳健发展培育了一支甘于奉献、能打胜仗的技术队伍。

敢为人先　攻坚克难　结累累科技硕果

在长庆石化工作的 20 多年时间内，韦勇紧紧抓住企业建设精品炼厂带来的挑战和机遇，一次次进行技术攻关，解决了公司在技术转型升级中存在的各种难题，取得了一系列突出的成果。

2008—2010 年，承担组织了中国石油天然气集团公司重大科研攻关项目"重油深加工核心技术开发及应用"的子课题——重油催化裂化高效系列催化剂开发"长庆石化两段提升管重油专用催化剂的研制与应用",并组织实施了 LEO-1000 型低结焦催化剂在 140 万吨/年重油催化裂化装置的工业放大试验,创造了以碱渣为主要原料工况下,装置连续安全运行 575 天的国内优良纪录。

2010—2013 年,承担了中国石油天然气集团公司重大科技专项"炼油催化剂研制开发与工业应用"。作为项目经理,韦勇主持了该重大专项子课题"FDS-2 硫化型柴油加氢催化剂制备技术开发与工业应用",组织了硫化型 FDS-2 加氢催化剂在 20 万吨/年柴油加氢装置的工业放大试验,产出产品全部符合国 V 质量标准。该项目入选 2014 年中国石油十大科技进展,为国 V 柴油质量升级提供了技术支撑。

2012—2015 年,承担主持长庆石化污水达标和减排项目——公司污水达标和中水回用技术方案研究。组织完成污水处理系统提标改造和 MBR+RO 技术应用,在"老三套"处理工艺基础上,自主研究集成了内循环生物曝气滤池(IRBAF),膜生物反应器(MBR),反渗透(RO)等污水处理新技术,探索出一条适合长庆石化污水特点的炼油污水处理工艺路线,实现了污水深度处理回用,中水回用率达到 80%。该项目获得 2010—2011 年度"中国膜工业协会科学技术奖"二等奖。

2017—2018 年,主持承担长庆石化酸性气回收装置尾气达标治理项目——公司氨处理技术研究,组织完成杜克烧氨炉+杜邦动力波净化装置建设和投运,建成并投产杜克烧氨炉和杜邦动力波脱硫装置,实现国内第一套新技术投产装置的稳定运行。

2014—2015 年,承担主持长庆石化国 V 柴油质量升级——140 万吨/年柴油加氢精制装置建设和投运项目,建成国内首套应用国产液相循环加氢技术的 140 万吨/年柴油加氢装置,投运后产品达到国 V 车用柴油标准要求。

"信念是一种力量,所有的成功都是来自信念和自信,所有目标的实现都是努力践行信念的结果。"多年来,韦勇秉承着母校"公诚勤朴"校训,自强不息,行稳致远。2021 年,韦勇调任中国石油宁夏石化公司总经理,在这家中国石油西部地区重要的炼化企业,开始了新的征程。

寄　语

树立从小事出发、从平凡做起的沉静心态,在理想和现实之间找到一条符合自己特点的发展道路,坚持长久地做下去。

张建平

张建平，男，1973年3月出生，山西太原人，中共党员。1999年毕业于西北大学中文系；2002年毕业于西安交通大学，获工商管理硕士学位。在广州经营多家物业管理企业，任广东省企业可持续发展研究会常务理事，西北大学校友总会第五届理事会理事；2018—2021年受聘担任西北大学创新创业学院导师，现为西北大学广东校友会副会长，西北大学广东校友企业家联谊会会长，西北大学广州校友会会长。

自西北大学、西安交通大学本科、硕士毕业后，就来到广州，进入在全国处于垄断地位的广东建材、卫浴经营领域工作。经过十几年稳扎稳打，在建材、工程领域取得一定建树后，主导参与经营开发多个商业物业项目，推动了广州城市更新发展。随着直播等新零售模式的蓬勃发展，在白云区"中国日化之都"开发了"蜜植素"品牌，成长为年交易量达2 900万元的有影响力的日化品牌，带动了数以万计的灵活就业人员的发展。

创业开发的广州永平卡慕商务酒店物业管理有限公司、广州卡尔曼酒店物业服务有限公司、广州柏逸物业服务有限公司、广州汇生物业管理有限公司等4家物业管理服务公司带动了区域产业集群聚力发展，在广州直接或间接地创造了上千个稳定的就业岗位，单个公司年纳税额均超过60万元。

在拥有独特鲜明的商业模式和商业文明的广州，走出了一条从晋商到新粤商的发展之路，更成功走出了一条将传统产业与新兴产业相融合的道路。

以赤诚之心投身社会公益，以企业家胸怀支持国家发展，积极纳税，合法经营，主动向社会公益事业提供支持。2020年初，新冠肺炎疫情暴发，先后给武汉红十字会、西北大学捐赠现金，用于购买抗疫物资，并给广州市白云区永平街道、千分之一公益服务中心、武警广东总队捐赠大量抗疫物资。在新冠肺炎疫情的严峻形势下，积极响应政府"六保六稳"的重要政策，所经营的4家物业管理服务公司分别为所属租户提供了不低于120万~180万元的免租，以支持复工复产。

始终心系母校，为母校110周年校庆及各大型活动积极捐款，为广东校友会的各项活动提供资金和各类资源支持。2021年，回校参加西北大学119周年校庆，并在学校组织下参加西商大会,赴陕西进行商务考察,洽谈投资。2022年10月,捐赠现金10万元整,与陕西省楠竹教育基金会一起在长安校区广场建成校史地雕,致敬西北大学120年悠久办学历史。

寄 语

在西北大学的四年求学经历,在我成长中留下永不磨灭的印记。母校是我们永远的心灵绿洲,校友会就是校友春意盎然的家!

甄　峰

甄峰，男，1973年3月出生于陕西汉中。1992年进入西北大学经济地理与城乡区域规划专业学习，1996年毕业后进入南京大学并于2001年获得人文地理学博士学位。现为南京大学建筑与城市规划学院副院长、教授、博士生导师，南京大学智慧城市校友会会长，江苏省智慧城市设计仿真与可视化工程实验室主任。

曾获全国青年地理科技奖（2009），教育部新世纪优秀人才支持计划（2009），江苏省"333高层次人才培养工程"第二层次培养对象（2022）。2020年获得第八届高等学校科学研究优秀成果奖三等奖。从事城市地理与空间规划研究，兼任住房和城乡建设部智慧城市专家委员会委员，中国地理学会理事、城市地理专业委员会主任委员，中国自然资源学会常务理事、国土空间规划研究专业委员会主任委员。

宝剑锋从磨砺出

1992年7月，甄峰从陕南汉中中学考入西北大学城市与资源学系。在这里，他感受到地理学科的魅力，打下了扎实的专业基础。30年后的今天，他已经是国内著名高等学府——南京大学的教授、博士生导师，一位在城市地理与空间规划领域学术成果颇丰、在国内同行中享有学术盛誉、具有一定国际学术影响力的中青年学者。

夯实基础　筑梦未来

从1992年到1996年，在西北大学4年的学习和生活，始终在甄峰的记忆中熠熠生辉。他记得刚刚进校时，正值校庆，学校举办了一系列的庆祝活动。"参加校庆活动于我而言，是非常幸运的事。让我了解了西北大学的历史，尤其是西北大学地理系的发展历程。印象特别深的是聆听了系主任叶树桦教授的入学教育讲话及杰出校友牛文元研究员的讲座。"校庆活动中的很多细节，甄峰至今念念不忘。在敬仰、感慨的同时，他内心对科研也开始产生兴趣。

地理学是以人地系统为研究对象的一门学科，学校开设的城市地理、经济地理、交通地理、农业地理、区域地理、世界地理、人文地理、区域经济学、环境地理、植物地理、土壤地理、地图学与遥感、自然资源评价、地理信息系统、气象地理学等课程，为同学们打下了坚实的地理学理论与方法基础。雷鸣德、刘昌明、陈宗兴等众多教师的专题讲座，更为大家提供了未来学术研究探索的方向。

"在西北大学度过的四年，无论课堂内外，都很精彩。"甄峰说，他不仅从系里开设的城市地理、区域地理、世界地理以及地理学实习等课程中学到了丰富的理论知识，更在学习和实践中与老师、同学结下了深厚的情谊。从中外的城市化、城市体系、城市内部空间结构到城市规划体系，围绕着专业学习，学校系统开设了多门课程。其中尹怀庭老师讲授的城市地理学以及专业英语，刘科伟老师讲授的城市规划原理，范少言老师讲授的城市道路交通规划，李同昇老师讲授的区域经济学，赵荣老师讲授的人文地理学，张阳生老师讲授的房地产规划等，为大家认知城市、理解城市、分析城市、规划建设城市打开了一扇窗口。老师们宽广的知识面、扎实的技能、敬业的精神深深影响了甄峰，也引导他日后走上了教学与科研的道路。

最让甄峰念念不忘的，还有异常精彩的地理学实践。"蓝田灞河的水文学实习，蓝田白鹿原孟村、王顺山、蓝桥的地质地貌实习，南五台的植物地理实习，汤峪的地图及测量学实习，甘肃、青海的毕业综合实习……从大一开始，每年的野外实践都是大家最向往的。"回忆起当年和老师、同学们一起外出实践的情景，想起当时的欢声笑语，甄峰甚至会用"无比幸福"来描述自己的心情。在南五台实习时遇到大雨，康慕谊老师熬了一大锅姜汤，淋成落汤鸡的同学们喝下去，一直暖到心窝。"康老师还给我们讲述他自己当伐木工时常说的顺口溜，'下雨了就不要停，天阴了就不要晴'，逗得大家哈哈大笑。"马融老师在汤峪地图实习时请大家吃"大餐"，而当大家在水库边偶遇伪"气功大师"时，老师表现出的沉着冷静让同学们折服。甄峰更忘不了在灞河做水流测试中忽遇暴雨，当同学们忙着保护贵重仪器时，惠泱河老师在岸边大声呼喊"注意安全"；更忘不了在冯革群老师、杨海娟老师带领下，从河西走廊到湟川河谷的综合实习——青海铝厂、青海湖、青海师大、兰州大学、嘉峪关、武威、张掖……都留下了师生们的脚印。

潜心科研　勇攀高峰

1996年，经过努力，甄峰如愿以偿进入南京大学攻读人文地理学硕士学位。不同于本科阶段的学习，研究生阶段不仅要完成要求的学业，更要参与导师的课题研究。面对新的挑战，甄峰充满信心和勇气："在母校打下的扎实的地理学理论基础，给了我很大的帮助。"他投入了更多的精力进行城市地理与规划研究，并取得了优异的成绩。1998年，甄峰提前攻读博士学位。他的导师，是著名城市地理学家顾朝林教授。

读博三年，甄峰翻遍了校、系图书馆历年的地理学期刊及经典的地理学及规划著作，还利用1999年去香港中文大学合作交流的机会，用1个月的时间精读了中大图书馆地理学、规划英文期刊里关于城市与区域研究的论文及著作。读博期间，他发表了15篇研究论文，多次获得学校奖励。2004年，商务印书馆出版了甄峰的博士论文《信息技术影响下的区域空间结构重构机制与模式》。

2001年博士毕业后，甄峰留在南京大学任教，并于两年后晋升副教授。2008年，甄峰晋升教授，2010年被遴选为博士生导师。多年来，甄峰始终聚焦于"智能技术与城市研究"这一前沿领域开展研究，并取得了丰硕的研究成果。"我一直坚持自己的研究方向，从未改变，正是因为坚持，研究才得以深入，才能取得一些还比较满意的研究成果。"甄峰微笑着透露自己的成功"秘诀"。

多年来，甄峰先后主持国家社会科学重点基金"综合承载和资源优化配置能力评估与提升策略研究"等多项国家级课题，以国家、区域（长三角）、城市（南京）等不同尺度，开展了信息技术影响下的城市空间与居民活动的理论与实证研究。他还担任CSSCI期刊《地理研究》《地理科学》《经济地理》《人文地理》编委。近五年来，甄峰成功举办国内学术会议6次，组织5次国际学术会议（论坛），扩大了国际学术影响。2016年，他成功举办了"ICT，Activities，Time Use and Travel"国际学术会议，并在该领域国际权威期刊 *Transportation* 担任特邀编辑、出版了专栏论文。2022年，甄峰任日本国际组织"空间规划与可持续"国际会议轮值主席（Spatial Planning and Sustainable Development，简称SPSD）。

在对智慧城市理论及规划技术创新进行探索的同时，甄峰致力于政产学研用的融合发展。2017年他牵头成立江苏省智慧城市设计仿真与可视化技术工程实验室（省级工程实验室），是江苏省内首家以城市大数据挖掘和应用研究、智慧城市设计仿真与评价等内容为主的工程实验室；2019年，牵头成立江苏智慧城市研究基地。依托"一软一硬"的研究平台，甄峰积极将理论研究、方法创新成果产品化。甄峰还通过专利成果研发促进科技成果落地转化，搭建了南京大学常熟智慧城市实践基地，探索新型智慧城市"常熟模式"的推广应用，为地方智慧城市建设和城市治理能力提升贡献智慧。

作为国内城市大数据与智慧城市领域的领军学者之一，甄峰在学科发展上投入了极大的精力。在考虑城乡规划学科未来发展的基础上，他在中国自然资源学会下成功申请设置了"国土空间规划研究"专业委员会，在整合城乡规划、土地规划、GIS与遥感、生态环境等领域学术资源的基础上，为国土空间规划领域的理论、方法与实践创新搭建了全国性学术平台。

心系母校　永怀感恩

2016年，甄峰和同学一起组织了1992级经济地理与城乡区域规划专业、资源环境专业20周年返校。当年的学生与教授过他们课程的老教师们亲切交流，回顾当年的学习与生活。甄峰向老师们汇报了自己的成长历程，并代表校友为母校赠送了纪念品。

离开西北大学已经26年了，甄峰始终没有忘记自己是"西大人"。他心系母校，对母校人文地理、城乡规划的学科建设与发展做出了较大贡献，也拓展了母校人文地理与城乡规划学科的学术声誉和影响。在李同昇老师、刘科伟老师和权东计老师的邀请下，甄峰多次回到母校，为师生做学科前沿发展报告。他积极帮助青年教师和学生成长，也指导了多名母校本科生攻读他的研究生。

作为中国地理学会城市地理专业委员会主任委员，甄峰积极创造各种机会扩大母校的影响力。2021年，以"使命和担当——新时代西部大开发背景下的城市地理学研究与实践"为主题的第二届中国城市地理青年学者论坛在西北大学举办，进一步促进了西北大学城市地理学学科建设，扩大了学校在全国城市地理研究领域的学术及社会影响。

"低调"和"务实"，是人们对甄峰的评价。尽管在学术上取得了很大的成就，甄峰却始终保持着谦逊的态度。"母校'公诚勤朴'的校训，一直是我为人做事的准则。无论在哪里，都不能忘记西大人的责任与担当。"作为西北大学的杰出校友，甄峰现任西北大学江苏校友会副会长。虽然平时教学科研工作非常繁忙，他还是在积极促进母校与校友情感、信息的交流沟通，广泛团结校友，实现学校长足发展等方面投入了大量的时间和精力："期待在汤国安会长的带领下，继续为母校人文地理与城乡规划的学科发展及人才培养做出更多的贡献，这是我最大的心愿。"

寄　语

岁月如歌，薪火相承，母校"公诚勤朴"的校训内化于心、外践于行，让我们一起携手，共创母校更美好的未来！

张宏俊

张宏俊，男，汉族，1973年出生，祖籍陕西，高级工程师。1996年毕业于西北大学数学系；中欧国际工商学院EMBA，清华五道口金融学院EMBA，长江商学院DBA在读。1996—2001年，在西安大唐电信有限公司工作，担任研发项目经理；2001—2004年，在上海精伦通信技术有限公司工作，担任产品总监；2004年7月创办上海汇纳网络信息科技有限公司。现任汇纳科技股份有限公司董事长兼CEO。

多年来一直专注于商业零售业数据采集分析领域技术研究及产品推广工作。参与开发了上海市战略新兴产业重点项目、上海市高新技术成果转化项目、上海市火炬计划项目、上海市科技计划项目、联盟计划-难题招标专项等12项科研计划项目，先后获得上海市科学技术二、三等奖，中国商业联合会服务业科技创新奖二等奖，并主持两项国家创新基金项目。

让商业更好服务于人

当前大数据、人工智能不断刷新人们对未来的认知，数字经济已经成为新一轮增长引擎，而张宏俊和他的汇纳科技在18年前就踩在了时代风口上。

从2004年成立至今，汇纳科技已成为中国最大的实体商业数据提供商，市场占有率达70%以上，至今已为全国2 000多家购物中心、百货商场以及超过5万家零售品牌提供数据采集、数据管理及数据运营服务。2017年，汇纳科技正式在深圳证券交易所创业板挂牌上市（股票代码300609），成为A股第一家完全以大数据为主营业务的企业。

知识提高认知　价值源于实践

"当世界与函数、几何、向量结合在一起时，是简洁而美丽的，是天马行空的，是能包容无尽想象的。"1992年，张宏俊考入西北大学数学系，数学的学习和熏陶，让他习惯于用数学思维来认知和描述世界，"胸怀天下而又抱朴守真，这正契合了母校'公诚勤朴'校训的精神。"

在西北大学的校园里，张宏俊非常活跃。大二时，他当选西北大学探索学社秘书长。探索学社当时是学校最大的学生社团，每年都会组织筹办校内各类大型比赛和活动，为学生提供了很多的社会实践机会。社团里成员多、承担的活动种类复杂、工作任务重，这些都没有难倒张宏俊。他定期策划各类活动，从制订方案、组织筹备到具体执行，无不亲力亲为。"现在看来，当年能和一群志同道合的人，为一个共同的目标而努力，是一件很幸福的事。"

相对于丰富多彩的社团活动，数学的学习难免枯燥乏味，让人感到迷茫和困惑。但是在走上工作岗位后，张宏俊发现，数学让自己具备了严谨的底层思维逻辑，对工作和生活思考的认知框架有非常大的帮助。回忆起曾经的校园时光，张宏俊有着更多的不舍："如果能再回到过去，我希望能珍惜每一门课程学习，吸收更多的知识，接受更多的训练。"

"知识提高认知，价值源于实践。"在大学里的学习和社会实践，为张宏俊日后的工作打下了扎实的基础。他长年从事数据分析与数据挖掘领域研究工作，专注于商业零售业数据采集分析领域技术研究及产品推广工作。由他主持开发的"IPVA商业客流分析系统"获上海市科学技术二等奖，"智能视频运动目标跟踪检测技术的研究与应用"获得上海市科学技术三等奖，"现代商业服务业高精度视频客流数据采集、分析与决策系统"获得中国商业联合会服务业科技创新奖二等奖，并主持国家创新基金项目"车载视频客流分析系统"及"面向商业领域的基于视频分析的高精度客流分析系统"。多年来，张宏俊参与开发了上海市战略新兴产业重点项目、上海市高新技术成果转化项目、上海市火炬计划项目、上海市科技计划项目、联盟计划－难题招标专项等12项科研计划项目。

敢啃硬骨头　敢为天下先

2004年是中国零售业发展历史性的一年。正当中国电商欣欣向荣之时，善于思考的张宏俊却洞察到线下的商机。针对线下零售业的客流数据统计，他发现，那些遍布于中国各大城市的购物中心和百货商场，正是自己擅长的视频分析技术的最佳应用场景。"我们是国内最早把视频分析技术推向商业领域应用的公司之一，而且我们的技术不比老外的差，"张宏俊说，"那就干呗，就这么简单！"

2004年，张宏俊创办汇纳科技。虽然事实证明，采用视频分析技术进行客流量数据采集，正是针对中国客户最合理也是最优化的方案，但是，张宏俊在早期也面临"教育"市场的挑战：许多商场经营者还没有充分意识到数据分析的重要性。就这样，他一直啃着大数据领域"最硬的骨头"——线下消费数据的收集与分析，推动着线下智慧购物的科技创新。

汇纳科技目前是国内领先的人工智能和大数据解决方案提供商。公司旗下"汇客云"实体商业数据平台是国内目前最具实时性、准确性和全面性的行业服务平台，为国家商务部和地方政府部门、商业地产、国际知名零售品牌等提供产品和服务。

伴随中国消费升级热潮和零售业的快速发展，汇纳科技也驶入了自己的高速车道。2010年开始，汇纳科技服务网点覆盖全国各大城市。2012年，红杉资本中国基金成为汇纳科技的A轮投资方。2017年，汇纳科技正式在深圳证券交易所创业板挂牌上市。

张宏俊创办汇纳科技，从某种程度上来说，是为整个零售行业构建一个新的基础坐标系。通过这一数据坐标，每个线下零售业态都可以找到自己在行业中的位置，同时提高经营效率和质量。2020年3月3日，在新冠肺炎疫情暴发期间，汇纳科技第一时间向行业免费发布《中国实体商业客流桔皮书》，及时准确地向行业及公众传递了实体商业受疫情影响情况的一手数据及信息；紧接着3月13日，汇客云上线"全国购物中心客流回暖监测"服务，为全国购物中心免费提供全国购物中心客流回暖实况查询，让行业与社会及时了解商业回暖状况。此后在重要节假日，汇纳科技都会持续监测并发布全国购物中心客流数据，为行业提供第一手的"市场情报"，该数据也经常出现在央视、《人民日报》等权威媒体的报道中。为此，汇纳科技也屡获国家商务部表扬。

不断开拓创新　积极回报社会

2019年，张宏俊带领汇纳科技在世界人工智能大会亮相，引发众多关注。在他看来，人工智能作为新的计算机技术，在某些应用层面将会模拟人工、代替人工，甚至超越人工。尤其凭借其高超的运算能力，人工智能将超越人类的某些方面决策能力。

不同于马斯克的悲观——人类能力的被超越，张宏俊更视其为一种人的延伸与发展，运算与决策能力的提升，将带来效率的倍增与新价值的创造。他认为，这样的"超能力"，也击中了传统实体商业的痛点。在实体商业的选址、招商、运营及资产交易等多个环节，如何有效地全面掌握真实数据、进行合理的效果评估、预测商业项目的运营情况，对于众多商业项目的运营者、决策者而言，并不容易。人工智能成为让不容易变容易的答案，这离不开大数据的支持。在建模、学习、测验等过程中，人工智能需要大量的数据支撑，以实现其高效和准确。而这所需的大体量数据，正是汇纳科技的核心价值之一。"汇纳科技主要做两件事：一个是数据的采集，另一个是数据的分析与增值。"

按照张宏俊的规划，汇纳科技的人工智能与大数据系统的应用空间将不仅局限在购物中心和品牌商家。人工智能和大数据将进一步应用于商超、商铺等广泛的商业类型之中，更将突破商业领域，在社会机构、文化旅游、公共空间等人与场景产生互动的领域落地应用。随着人工智能和大数据技术不断成熟和应用的普及，张宏俊带领汇纳科技在产品技术上不断创新，并在不同领域积极开拓市场，目前公司已经成为国内领先的人工智能和大数据应用服务提供商。汇纳科技已经拥有了十几家分公司，在不同的领域都成为行业的佼佼者。

"在国家大力发展数字经济的前提下，每个行业都会面临从数字化到数据化再到智能化的不断演进。"张宏俊希望，汇纳科技能够通过人工智能和大数据技术的不断创新为行业赋能，不断开拓新的行业应用和商业模式，为数字经济的发展添砖加瓦。

18年的时间里，张宏俊坚持做着同一件事，在他心里，这件事仍未完成："真正深度挖掘商业数据的价值，我们才刚刚起步。"在经营好公司的同时，他从未忘怀企业家的责任，积极举办和参与各种公益活动，创立"汇心公益"，支持中国教育事业发展。2018年，张宏俊向母校西北大学捐赠100万元，设立"汇纳科技奖学金"。

寄　语

西大的学习和生活是我人生的重要阶段，感恩西大给了我成长的动力和方向，祝母校永远朝气蓬勃，桃李满天下！

严汉平

严汉平，男，汉族，1974年11月生，陕西鄠邑人，2000年6月加入中国共产党。1995年考入西北大学经济管理学院经济学六年制专业学习，先后于1999年、2001年、2004年获得经济学学士、硕士、博士学位。现任延安市委副书记，市政府党组书记、市长。

2004年7月—2012年4月在西北大学工作，其间于2006年破格晋升为副教授，2008年破格晋升为教授、遴选为博士生导师，先后担任研究生处副处长、经济管理学院副院长、校团委书记，荣获高等教育国家级教学成果二等奖，陕西省科技进步二等奖、哲学社会科学优秀成果三等奖和第二十届"陕西省十大杰出青年"称号。

2012年4月—2016年10月，先后担任延川县县长，宝塔区区长、区委书记，荣获全国县（市）科技进步先进个人、全省优秀县委书记。2016年10月—2022年3月，先后担任延安市委常委、组织部长、延安干部培训学院院长，市委副书记、政法委书记、党校校长，被省委组织部记三等功一次，被全国扫黑除恶专项斗争领导小组、中组部评为全国扫黑除恶专项斗争厅局级干部先进个人。

扎根革命老区　矢志区域发展

2012年，严汉平积极响应组织号召，放弃省城优越条件，被选派到革命老区基层一线任职。10年来，在延安精神的滋养下，他经受思想淬炼、政治历练、实践锻炼，从一名大学教师一步步成长为地方党政领导干部，为推动老区振兴发展倾注了全部心血和汗水。

始终保持勤学善思的好习惯

1995年，严汉平作为陕西户县（现为鄠邑区）的文科状元考入西北大学。在随后的9年时间里，通过孜孜不倦的学习，在西北大学完成本硕博连读，仅读博期间，就发表了30篇论文。凭借优异的成绩和出色的表现，先后获得了全国研究生IET奖学金，获评陕西省优秀学生干部，博士学位论文获评陕西省优秀博士学位论文。

2004年，博士毕业的严汉平留校任教，因教学科研成绩突出，先后破格晋升为副教授、教授，34岁成为博士生导师。在精心授课的同时，严汉平致力于经济体制改革、区域经济发展、企业理论与企业改革发展等理论研究，在中国社会科学出版社等出版社出版专著、编著12部，主持和参与国家社会科学基金重大招标项目、国家社会科学基金项目、国家自然科学基金及企业横向项目30余项，发表学术论文百余篇。

2012年4月，严汉平被组织选派到延川担任县委副书记、县长。"勤学不辍，永不自满"，虽然告别了心爱的讲台，但是他勤学善思的习惯始终没有改变。严汉平系统学习马克思主义基本原理和新时代党的创新理论成果，参加中央党校中青年干部培训班、德国新发展理念与区域经济转型升级培训班等，不断拓宽工作视野，把学习成果转化为谋划工作的思路、推动工作的措施。他经常深入基层一线开展调查研究，到发达地区考察学习先进经验，形成理论文章或调研报告40余篇，其中《用好"五个载体"传承红色基因》在中组部《党建研究》刊发，《新区建设是延安城市发展的必然选择》被省委、省政府评为全省优秀调研成果，《延安市开展新时代"十个没有"平安建设的实践与探索》获全省政法系统优秀调研成果一等奖。

大胆改革创新抓党建强基础

党建引领是一切工作的基石。严汉平担任延安市委组织部长期间，十分重视党建工作集成创新，紧扣市委对组织工作"跑在前列、争当示范"要求，把党建融入业务、融入日常，为推动高质量发展提供了坚强的组织保证。深入推进基层党建"四化"建设，制定出台农村、社区、机关、学校、国企、非公和社会组织7个领域基层党建标准体系和配套考核办法，建立的"互联网+党建"云平台成为全省首个功能健全的智慧党建系统，探索出的问题墙上听民声、回音壁上看作风"问题墙+回音壁"制度入选"全国砥砺奋进"的五年大型成就展，基层党建体系标准化、管理信息化、载体品牌化和服务人性化"四化"建设荣获全省组织工作改革创新一等奖，延安学习书院成为学习宣传习近平新时代中国特色社会主义思想的实体平台。

坚持公道正派选人用人，把选好用好干部作为一项系统工程来抓，在"选用管育"上下功夫，深化运用鼓励激励、容错纠错、能上能下"三项机制"，建立健全干部跨条块、跨领域交流机制，推进研判工作常态化，拟定人事方案时对重要岗位一般都会确定多名符合条件人选，力求做到人岗相适，历次干部选拔任用均没有收到上级批转的信访举报，实现"静悄悄"。

针对延安人才匮乏实际，以"五个一百"工程为突破，启动"延安携手百所高校助推圣地百年梦想"行动计划，成功举办"中国创业者2017延安峰会"。2017年以来，引进紧缺人才4 870名，面向高水平大学定向选调优秀毕业生113人，其中博士11人、硕士51人，全市人才总量达到32.28万人，为全市发展提供了有力的人才和智力支撑。

勇于担当脱贫攻坚历史重任

2015年2月13日，对于严汉平来说，是一个永生难忘的日子。这一天，习近平总书记在延安主持召开陕甘宁革命老区脱贫致富座谈会，吹响了全面打赢脱贫攻坚战的号角，时任宝塔区委书记的严汉平参加了座谈会，现场聆听了习近平总书记的重要讲话。"带领群众脱贫致富的责任感和使命感油然而生。"回忆起当时参加座谈会时的情景，严汉平激动不已。

在担任宝塔区区委书记期间，系统提出"十个避免十个结合""一岗双助"等精准脱贫思路举措，在农村和城区全面加快脱贫步伐，宝塔区获得2015年度全省城区经济社会发展争先进位奖。2018年4月，严汉平担任延安市委副书记，把脱贫攻坚作为首要政治任务扛在肩上、抓在手上。按照市委提出的"坚持用延安精神向贫困宣战，实现村村过硬、户户过硬、全面过硬"目标，认真落实精准扶贫、精准脱贫基本方略，推动延川、延长、宜川3个国定贫困县顺利脱贫"摘帽"，693个贫困村全部退出，7.62万户、20.52万贫困人口如期实现脱贫。延安历史性告别了绝对贫困，全国农业产业扶贫精准脱贫经验交流会和全国消费扶贫现场会在延安召开。延安市委被评为"全国脱贫攻坚先进集体"，延安被确定为全国脱贫攻坚示范交流基地。

"脱贫摘帽不是终点，而是新生活、新奋斗的起点"。延安市严格落实"四个不摘"要求，提早谋划建立完善监测预警动态帮扶、稳定增收带贫益贫等10方面长效机制，健全组织领导、政策衔接、责任落实、驻村帮扶、督导考核五大工作体系，细化财政衔接推进乡村振兴补助资金管理办法，注重用制度机制巩固脱贫攻坚成果，既守住不发生规模性返贫底线，又落实"三个转向"要求推动乡村全面振兴。国家乡村振兴局对延安巩固拓展脱贫攻坚成果同乡村振兴有效衔接的有关做法予以肯定。

当好平安延安法治延安的守护者

严汉平担任延安市委副书记兼任政法委书记时,把党对政法工作的绝对领导落实到政法工作的各方面和全过程,树牢底线思维和风险意识,持续加强和创新社会治理,推动平安延安、法治延安建设取得了显著成效。延安被评为平安中国建设示范市,两次荣获平安中国最高奖项"长安杯"。

"平安是人民幸福安康的基本要求,是改革发展的基本前提。"按照市委"从延安时期'十个没有'的成功经验中汲取社会治理智慧和力量"总体思路,创新推出新时代"十个没有"平安建设标准体系,全域开展新时代"十个没有"系列平安创建活动,深化运用群众说事、法官说法、干部包联便民联动机制,全面推行信访工作领导责任等六项机制。2021 年延安市平安建设满意度达到 97.57%,"十个没有"平安建设被评为全国创新社会治理优秀案例。

在扫黑除恶工作中,发扬斗争精神,敢于动真碰硬,凝聚公检法司和行业部门工作合力,累计打掉黑社会性质组织 4 个、恶势力犯罪集团 42 个、涉恶类犯罪团伙 64 个,查处涉黑涉恶腐败及"保护伞"问题 302 件、处理 407 人,督办的宜川县被拐 26 年母女案件让当事人寻亲夙愿成真,人民群众对扫黑除恶成效满意率达 97.7%,"四个强化深入推进行业清源"经验做法被全国扫黑办肯定。坚持用延安整风精神推进政法队伍教育整顿,以"惩前毖后、治病救人"方针教育大多数、惩处极少数,运用"四种形态"处理政法干警 1 053 人,清除害群之马 4 人,整治顽瘴痼疾 1 450 条,延安市弘扬延安整风精神深入推进政法队伍教育整顿做法在全省进行推广。

扎实推动延安高质量发展迈出新步伐

2022 年 3 月,严汉平被组织任命为延安市市长,承载着全市人民的殷切期望,肩负着继往开来的历史使命。在市委的坚强领导下,新一届政府领导班子坚持完整、准确、全面贯彻新发展理念,立足延安丰富的能源资源、特色农产品资源和文化旅游资源优势,加快构建具有延安特色的现代产业体系。树立大抓产业、大抓项目的鲜明导向,以链式思维谋划布局煤炭电力、石油化工、能化装备制造、新材料等 6 条工业产业链,苹果、畜牧、设施农业、小杂粮等 4 条农业产业链和文化旅游全产业链,以延链补链强链带动产业升级,着力打造 5 个千亿级产业集群。健全完善"谋划论证一批、前期推进一批、重点建设一批、建成投产一批"4 张项目管理清单,在提升项目质量、优化投资结构上下功夫,以高质量的项目支撑高质量发展,奋力把延安既建设成为延安人民期盼的延安，又建设成为全国人民心目中的延安。

"经济要稳住、疫情要防住、发展要安全"是习近平总书记就当前工作作出的重要决策部署。全面落实全国、全省稳经济一揽子政策，结合延安实际制定细化34条具体措施，把政策红利转化为发展实效，促进经济实现质的稳步提升和量的合理增长。牢固树立系统观念和底线思维，全面贯彻"外防输入、内防反弹"总策略和"动态清零"总方针，拧紧"四方责任"链条，科学精准落实常态化疫情防控措施，全面提升应急实战能力，守住了不发生规模性疫情的底线。以时时放心不下、始终如履薄冰的高度警觉狠抓安全生产，严格落实国务院安全生产15条硬措施和陕西省出台的50条具体措施，扎实开展自建房、道路交通等领域安全专项整治，安全形势保持总体稳定。聚焦房地产、金融业、市属国企等重点领域，精准拆弹化解重大风险隐患，努力营造安全稳定的社会环境，扎实推动高质量发展迈出新步伐。

寄　语

学习改变命运，奋斗成就未来。在百廿华诞之际，衷心祝愿母校蓬勃发展、人才辈出，再创"双一流"建设新辉煌。衷心祝愿学高为师、身正为范的老师们身体健康、工作顺利，桃李满天下。衷心希望学弟学妹们珍惜西大时光、不负韶华，传承"公诚勤朴"校训，以学习练就过硬本领，用奋斗书写出彩人生。

路文龙

路文龙，男，1974年12月出生，陕西西安人。1998年毕业于西北大学管理与哲学系（今公共管理学院），获管理学学士学位；2006年，毕业于康科迪亚大学经济系，获经济学硕士学位。曾先后在中国500强企业荣程集团、宗申产业集团等公司担任高级管理职位；2015年，创建华路咨询公司。现任华路企业董事长和执行董事，华路资本创始管理合伙人，兼任中华两岸经贸发展协会名誉会长，科技部直属中国技术创业协会创新型中小企业上市服务工作委员会副会长，中关村资本市场研究会常务副会长，北京市海归科协副秘书长，北京市海归科协数字经济委员会执委，2020年北京市科委双创周中华区双语评委导师，西北大学北京校友会双创中心主任，陕西驻京商会双创导师，河北金融学院客座教授。是北京市重点引进人才，北京市青藤计划引进人才，2020年北京金海归奖获得者。

不忘初心　方得始终

"公诚勤朴"是西北大学的校训。公，"天下为公"，扎根西北、胸怀天下、放眼世界；诚，"不诚无物"，以至诚感动万物；勤，"勤则不匮"，勤勤恳恳、坚韧不拔；朴，"抱朴守真"，始终保持朴素的本真状态。

母校校训时刻伴随与激励着路文龙的成长，一直影响和鞭策着他生活、学习和工作。秉承着"公诚勤朴"的信念，路文龙在人生道路上不畏困难、不畏艰险，勇往直前！

始于长安　胸怀天下

就读西北大学的第一天，父亲就对路文龙说，要好好读书，认真学习，要向詹天佑、唐绍仪、钱学森、邓稼先等留学归国振兴中华的前辈学习，将来能以所学报效祖国。自此，"出国深造"的想法如一粒春天里的种子，在他的心中悄悄生根、发芽。

为了早日实现出国留学的梦想,路文龙抓住了一切可以利用的时间学习外语(英语和法语)。在西北大学求学的那段时光里,每当天蒙蒙亮,路文龙就早早地从床上爬起来抱着书本直奔教室。在外语课堂上,他总是班里听得最认真的那个学生。西北大学的教室里、操场上、图书馆里,甚至在走廊上处处都能见到他发奋苦读的身影。宝剑锋从磨砺出,梅花香自苦寒来。2000 年,在考了 6 次托福、1 次雅思及 2 次 GRE 后,路文龙如愿以偿地收到了远在大洋彼岸——位于加拿大蒙特利尔市的 Concordia U.(协和大学)经济系的 OFFER。

入读协和大学后,路文龙遇到了第一个困难:由于本科期间学习的不是经济学专业,学校要求他必须要先读 3 门经济学的前导课,且成绩优秀才有可能转入经济学专业正式课程学习,否则只能从哪来回哪去了。怎么办?来都来了,总不能无功而返啊,只能破釜沉舟,背水一战!可是当他下定决心,满怀信心地到系里选完课、交完学费、拿到课本后,第二个困难接踵而至:西方的经济学是用数学来分析和解答经济现象及经济问题的,这对只有文科生背景的他来说,可谓是难上加难。怎么办?只有咬紧牙关,知难行易!凭借着在西北大学打下的扎实的学习功底,再加上付出百倍的努力,路文龙最终不仅取得了全科优异成绩,而且还得到了时任经济系主任、著名量化经济学家高斯帕迪诺夫教授的推荐,顺利进入了经济学正式课程的学习。

由于第一年学习成绩优秀,路文龙被选派为魁北克经济智囊团学者、时任经济系高级教授 Bryan Campbell(康贝尔)的助教(TA)。因为出色的助教工作和在经济系良好的口碑,他被诺贝尔经济学奖提名委员会委员、时任经济系高级教授 Gordon R. Fisher(费氏)所赏识。教学严谨的费氏教授亲自指导路文龙的毕业论文,甚至逐字逐句指导订正他的论文写作。

以优异的成绩毕业后,路文龙被推荐到全球顶级的混业经营银行 RBC(加拿大皇家银行)工作。在 RBC 工作的日子里,路文龙一方面将理论和实践相结合,发明了一系列量化技术及计算机技术相结合的模型,来分析企业价值、衡量企业风险及金融产品风险;一方面积极投身社会事务,先后任蒙特利尔华商会执行委员、蒙特利尔中国艺术节理事。2006 年,路文龙负责接待国家体育总局中国游泳运动管理中心带队参加国际游泳锦标赛蒙特利尔站的 100 多名水上运动健儿,因为圆满完成接待工作,他受到时任中国驻加拿大大使卢树民的亲自接见和认可。

谁言寸草心　报得三春晖

蒙特利尔号称"小巴黎",是一个美丽的英法双语城市。在这里生活久了,会觉得格外舒适安逸。但在路文龙的心中，"以学报国"的初心始终在呐喊。每当爬上皇家山，望着远处在阳光照射下如玉龙般闪闪发光的圣劳伦斯河，望着城市中交相辉映的古老建筑和现代建筑，他不由得会在心里发问："祖国母亲怎么样了？"

2006年冬季的一天，路文龙同往常一样爬上皇家山，皑皑白雪覆盖下的蒙特利尔，是那么洁白、美丽和空旷。他抬起头来，看见天空中飘浮着的朵朵白云，多么像曾在古城长安东门上看到的云啊！刹那间，路文龙百感交集，浓浓乡愁穿越浩瀚海洋，一股脑儿地涌上心头。这是故乡的召唤啊！路文龙知道，It is time to back homeland。

2007年的春天，路文龙搭乘开往北京的航班，踏上了以学报国之路。他深知，告别难忘的加拿大岁月，人生即将接受新的洗礼。归国后，为了进一步提升专业素养，他先后就职于国内最大的评级公司——大公国际和全球最大的风险管理咨询公司——DNV。由于展现出出色的工作能力，路文龙被猎头推荐到当时最炙手可热的全国第一家园区建设运营的上市公司做高级管理人员。

当时在国内，数字化分析模型还没有被广泛应用。路文龙在上市公司工作期间，结合国外所学的数字化分析模型，将其动态使用于基金管理、并购及项目投资，收到了良好的效果。随后的几年里，他相继被2家中国500强公司聘用，出任荣程集团、宗申集团的高级管理人员。2015年，路文龙创立了人生第一家公司——华路咨询公司。公司主要面对大型中央企业开展业务，先后为中国交通建设集团总部和A+H股上市公司中国交通建设股份有限公司、中国在澳门的唯一一家中央直属企业——中国南光集团、中央企业中信集团及中央企业中国国际技术智力合作公司（中智公司）等提供服务。

对待每位客户，路文龙都一丝不苟，以诚相待。在一次给中信集团的汇报前，公司开了9次内部会，精心讨论打磨报告内容，以求完美呈现汇报方案。每次当合伙人和工作小组成员觉得没问题时，都是路文龙发现了问题，并且给出了解决方案。严谨的工作精神，严格把关的工作态度，让中信集团领导在看到他们的报告时，连夸优秀："水平比'四大'（四大会计师事务所）还高啊！"

路文龙每天的日程都排得满满的，连轴转工作成了他的常态。一次，为了不缺席客户的会议，他先从北京飞到重庆参加客户会议，结束后匆匆搭乘飞机赶往珠海；然后从拱北口岸出发，于次日上午9:00直达澳门南光集团会议现场，在会议结束后于同一天赶回北京，赶着与其他客户碰面。

年复一年，秉承着专业、职业和敬业的工作精神，不诚无物、勤则不匮的做人做事品格，路文龙逐渐在业界树立了良好的口碑，为日后华路园区运营和华路资本两个板块的构建打下了坚实的基础。从2017年开始，他陆续创建了华路园区运营及华路资本。

心系母校　传承梦想

华路资本主要专注于为六新行业（新能源、新材料、新技术、新消费、新医药、新文化）企业提供并购、境内外上市及基金管理等资本运作服务，先后与全球最大的并购基金——铁狮门合作发展并购及海外上市业务；与科技部下属一级协会合作一同成立全国创新型企业北交所直通车，专注专精特新企业北交所上市；与A股主板上市公司亚太集团旗下金塔股权投资管理公司合作一同发展产业基金。目前，华路资本已辅导境内外上市企业累计6家，基金管理规模从原先的2亿元到现在的120亿元，已在业界取得了良好口碑和商业美誉度。

华路园区运营管理公司主要负责各地政府园区的招商、运营管理等工作，目前运营管理的园区主要在江西省、山东省及陕西省，一共6个园区，每年单个园区企业群纳税总额都达上亿元。

为国家、为社会贡献自己的力量，路文龙践行着当年在西北大学立下的"以所学报效祖国"的誓言。在今后的日子里，他将继续带领团队投身于伟大祖国的建设事业中去，用生命谱写"报得三春晖"的续章。

在工作之余，路文龙积极投身公益事业。他身兼北京市科协海归孵化器的副主任、数字经济委员会执行委员、海归科协双创导师等数职，在近7年时间里，帮助辅导了近百家创新创业企业，其中2家还拿到了欧洲最高创新创业奖——斯巴达克斯勇士奖。

作为西北大学北京校友会双创中心的主任，路文龙自从上任以来兢兢业业，积极开展双创活动。帮助校友企业路演，向社会积极展现校友风采，让更多的投资银行、金融机构、私募基金了解西北大学、了解西北大学的校友企业；积极构建校友经济，搭建平台，让校友之间深入了解，互通有无，无偿帮助校友企业间增加业务；帮助创业公司成长，免费提供办公场地，为初创公司的校友们提供支持；为校友提供人力资源、融资、股权架构及法律方面的支持，帮助校友个人职业发展及企业发展快速提升，给予暂时歇业的校友生活上的支持……有一次，一位朋友对路文龙说："你们校友会双创中心搞得真好，都后悔当年没去西北大学读书了！"

寄　语

每个人都要设立人生目标，每一天都朝着这个目标努力奔跑，含泪播种的人一定能含笑收获。只要秉承初心和持之以恒的精神，每个人的人生目标都会实现！

蔡功文

蔡功文，男，汉族，1975年3月出生于陕西白水，四川蓬安人。2012年毕业于西北大学城市与环境学院人文地理学专业，获理学博士学位。历任《经济日报农村版》办公室主任、农机周刊主编，新疆生产建设兵团十师发展改革委副主任、经济协作办公室主任，《经济》杂志社副社长，农工党中央《前进论坛》杂志社发行部主任，中国法学会《民主与法制时报》总编辑，中国法学交流基金会秘书长，西藏自治区党委政法委副秘书长，西藏自治区人民政府副秘书长、政府研究室主任，兼任自治区人民政府咨询委员会办公室副主任，自治区哲学社会科学界联合会副主席。现为高级编辑、中国社会科学院中国西部开发促进会副会长、北京景星公益基金会理事长。

一个地理生的边疆情怀

"我是学地理的，西北大学的。"爽朗的笑，透着西部人特有的豁达与爽直，每当有人讶异于蔡功文对各地地理、人文掌故的熟悉时，他总是这么说。毕业多年，对母校的培养之恩，他始终溢于言表、感铭于心。30岁进疆、40岁进藏，边疆，是蔡功文这个地理生永远的情怀。

一赴边疆　屯垦戍边

2005年上半年的一天，担任《经济日报（农村版）》办公室主任的蔡功文看到一份文件。经济日报社动员报社干部职工报名援疆。生长在陕西的蔡功文对新疆有着别样的情愫。一条丝绸之路把陕西和西域串联起来，从穆天子西巡的传说、张骞凿空西域的壮举，到西安的回民坊的吆喝声，仿佛都在向他召唤，边疆才是他旷远的精神家园。

在新疆兵团工作生活的三年，让蔡功文变成了新疆人。说起新疆、说起兵团，他头头是道。"我们兵团"成了他的口头禅，"去新疆"也变成了"回新疆"，因为兵团也是他的家。

蔡功文先是担任新疆生产建设兵团十师发展改革委副主任，一年半后又兼任经济协作办公室主任，负责全师固定资产投资和招商引资工作。三年的时间，蔡功文走遍了农十师的所有农牧团场，为发展出谋献策，为稳定尽心竭力，积极向国家有关部委争取项目资金和政策。在他的不懈努力和参与推动下，新疆兵团农十师总共8个农牧团场中，符合条件的7个农牧团场一次性全部纳入国家土地整理项目，这在全国地市中是绝无仅有的。三年里，他到中央部委"化缘"、回经济日报社募捐，为北屯高级中学建起一座援疆图书馆，帮助学校顺利通过兵团重点中学图书馆验收；多次赴杨凌示范区、西北农林科技大学，请对方在农十师共建农十师现代农业示范园，并顺利通过国家发展改革委立项；三年里，他在工作之余，每周撰写一篇文章，发表在《经济日报（农村版）》和自己的微博上，向更多的人介绍美丽的新疆、稳定繁荣的边疆……

三年的时间一晃而过。离别的时刻，蔡功文用了一周时间，又把农十师所有的农牧团场跑了一遍，一路上，他的眼里都充满着泪水。他跟乡亲们说，他要回去了，但新疆是他的家、兵团是他永远的牵挂，他是十师在北京永远不离职的办事处主任，有什么需要他做的他都会竭力去做好。

三年援疆路、一世兵团情。回京多年，每次参加全国性会议，蔡功文都特别留意有没有新疆的代表、兵团的代表。北屯建市以后，他专门致信师、市主要领导，对规范北屯地名提出意见。兵团的三年经历，让他对祖国的边疆永远充满着无限眷恋和深情。

二赴边疆　建功雪域

也许这一生，蔡功文注定与边疆结缘。2015年，一个偶然的机会，蔡功文得知西藏从全国选调干部，他萌生了去西藏工作的念头。

2016年初，蔡功文向组织主动请缨援藏。进藏后，他先后任西藏自治区党委政法委副秘书长，自治区政府副秘书长、自治区政府研究室主任，中央和国家机关援藏干部人才第三组（政法组）组长。他认真学习西藏地方史料、党的民族宗教政策，了解藏民族，学习藏文化，与藏族干部群众交朋友，向当地干部群众学习，主动融入，使自己真正成为一名西藏干部，让自己的思想和工作能够扎根高原。

无论是担任自治区党委政法委副秘书长，还是后来负责政府研究室工作，蔡功文始终把深入实地调查研究作为推进工作的基础。他陪同自治区政府主要领导，几乎走遍了全区74个县（区），多次前往特高海拔的无人区、偏远农牧区、边境一线。2018年一年，蔡功文就跑了31个区县，行程约37 000千米，其间还自带行李在海拔5 000米以上的乡镇干部家里住了十几个晚上。头疼、恶心，剧烈的高原反应和高原夜晚特有的刺骨寒冷伴随着他的调研工作。

蔡功文说，在自治区政府研究室主持工作的两年，是他最可回忆、回味的两年，等退休了，他会讲给孩子们听。这两年里，他参与和见证了西藏经济社会事业的伟大腾飞，和同事们一道，完成了川藏铁路建设、极高海拔搬迁、清洁能源开发、边境建设、雅鲁藏布江下游开发等政策建议。两年时间里，他组织、参与、起草包括《自治区政府工作报告》、经济工作会议材料、领导同志署名文章等各类文稿1 064篇，修改各类文稿418篇，近800万字，差不多每天都有两篇；参与幸福家园新区建设、中国西藏旅游文化国际博览会、自治区民族体育运动会、援藏省市回访等的领导、组织工作；牵头、参与、起草李克强总理、汪洋主席赴藏视察，中央专项巡视，中央环保督察，专项审计，国务院大督查等的相关材料；主持起草、审核生态环保、就业创业、产业发展、招商引资、创新创业、脱贫攻坚等31个政策性文件。

蔡功文是个急性子，干起工作来简直就是"拼命三郎"。进藏之前，他就已经是任职两年的正厅级领导干部，领导和同事们开玩笑说他是"年轻的老干部"。对蔡功文来说，进藏援藏，是职业选择，自己从来没有想过通过进藏援藏谋取什么名利。

工作起来，蔡功文从来都是案无积卷、事不过夜，认真细致、不讲条件。24小时随时待命，"5+2""白+黑"是工作的常态，他始终以饱满的斗争精神践行在120万平方千米的雪域高原上。

理实并重　学习不辍

蔡功文说，啥时候有机会了，他想当个教师，教地理，天天看地图，感觉自己就是在周游世界，幸福感、满足感爆棚。

能到西北大学读书，是蔡功文对自己的要求和希望。没到西北大学读书的时候，他就经常到学校转转，沉浸在西北大学百年名校浓郁的学术氛围里。他常托地理系的老师把地理学术专著从学校图书馆借出来，再转借给自己阅读。市面上找不到傅角今著《琉球地理志略》，得知地理系图书室有，蔡功文就托朋友借出来抄写、复印。

在西北大学攻读博士学位期间，蔡功文以新疆生产建设兵团城镇发展战略为研究方向，发表多篇理论文章，在《光明日报》发表了《生态优先的兵团特色城镇化建设》，并将相关文章结集出版。在西北大学汲取丰富学术营养的基础上，蔡功文又申请在中国社会科学院中国边疆研究所进行博士后研究工作，还担任了中国社会科学院博士后联谊会理事长、北京博士后联谊会副理事长等职务。在站期间，他获得国家博士后科学基金二等面上资助,在工作之余认真梳理研究新疆古代族群的历史流变。蔡功文大胆提出,任何族群的居住地、文化甚至遗传的种族特点都不是一成不变的,迁徙与变化,塑造了千姿百态的族群历史和文化;族群之间的交流融合是形成地区认同的重要因素,有助于建立新型族群关系;在思想认识上要纠正族群与地区的所谓必然联系,推动族群交流交融,反思特定民族优惠政策,以区域自治、区域优惠政策逐步取代民族优先优惠政策。

蔡功文说,是母校西北大学把他引入到了学术的神圣殿堂,母校严谨的师风学风、沉郁的历史积淀、宽广的学术视野让他拥有了更加广博的精神世界,也教导他永远董道不豫,一直向前……

寄　语

学问得寸进尺,做人退让三分。

杨 爽

杨爽，男，1975年7月出生，陕西西安人。1996年毕业于西北大学生物系微生物学专业，获理学学士学位；2001年毕业于西北大学动物学专业，获理学硕士学位，就读期间曾前往国家人类基因组南方研究中心交流完成论文工作；2008年毕业于中科院昆明动物所动物学专业，获理学博士学位。2005年进入北京华大基因研究中心学习和工作，现任深圳华大基因科技有限公司执行副总裁、东区首席代表。

在 *Nature Genetics*、*Genome Research*、*PLoS Genetics* 等学术期刊上发表多篇SCI论文。曾主持或作为主要完成人参与多项国家级、省部级以及地方级科研及产业化项目。有多项发明专利已获得国家知识产权局的专利授权，并有5项PCT专利申请。2012年获国家自然科学二等奖，获评深圳市国家级领军人才（2014年）、深圳市优秀共产党员（2015年）、深圳市盐田区"杰出人才奖"（2017年）。

逐梦"大国重器"的大漠子弟

身为从小生长在戈壁大漠的部队子弟，"两弹一星"精神已经融入了杨爽的血液。父母都是参与了新中国核试验基地建设的科研工作者，早已在言传身教中，将为祖国昌盛、民族复兴做力所能及贡献的种子，深深扎在他幼小的心灵中。为"大国重器"奉献青春和力量，成了杨爽一直以来的向往。

"21世纪是生命科学的世纪"

1991年底，一条"我国著名青年生物科学家陈章良先生获得国际上表彰青年科学家的最高奖项'贾乌德·侯赛因青年科学家奖'，颁奖仪式在巴黎联合国教科文组织总部第七大厅隆重举行"的消息轰动了全国。一时间，"21世纪是生命科学的世纪"观念深入人心,正在紧张备战高考的杨爽深受鼓舞,希望将来能够在生命科学领域有所作为。

1992年杨爽如愿踏入西北大学校门,成为西大生物系的一名新生。美丽的木香园,幽静的教室,喧闹的体育场,处处活跃着杨爽年轻的身影,足球队、班委会、学生会都为他提供了历练的舞台。本科四年里,杨爽亲历了"211工程""西部大开发"等重大机遇给西北大学带来的诸多变化,他打下了坚实的学术基础,拥有了强健的体魄,还遇到了志同道合的爱人。最重要的是,他更加清晰坚定了自己的奋斗目标——努力提升专业能力,未来在中国的生物科技篇章中大展身手!

在西大学习期间,蒙世杰教授和陈五岭教授对杨爽选择未来事业的方向产生了深远的影响。陈五岭教授在应用微生物学方面颇有建树,致力于将前沿科学的成果转化为能够改变生活的产品。在指导杨爽完成本科毕业论文期间,陈老师将"产业应用"的种子悄悄埋在了杨爽的认知中。"蒙老师主讲的《遗传学》课贯穿了遗传学发展的历史并有着严谨的数理逻辑,极具启发性。"出于对遗传学和分子生物学浓厚的兴趣,杨爽决定跟随蒙世杰教授攻读硕士学位。

"蒙老师是一位具有国际前沿视角的老师,对学生的成长非常负责,尽力为每一位学生创造学习的机会。"读研期间,在老师的推荐下,杨爽得以前往国家人类基因组南方中心(简称南中心),在贺林老师指导下完成硕士课题研究。南中心是人类基因组计划中国卷(也称1%计划)主要参与机构之一。1990年正式启动的人类基因组计划,是人类科学史上的一项伟大工程,被誉为生命科学的"登月计划"。杨爽有幸成为国内最早一批近距离接触基因测序的科学工作者。

2002年,杨爽进入中国科学院昆明动物研究所,在刚刚归国的王文教授指导下,协助建立进化基因组学课题组并攻读博士学位。在学习中,杨爽对"生命的本质就是基因"有了更深层次的认识,对于"物种如何进化出新基因"产生了浓厚的兴趣。他完成了《年轻新基因起源和遗传进化的机制研究》的课题论文,历时三年致力于在果蝇基因组的水平寻找更多年轻基因的实例。该项研究归纳和总结了新基因在黑腹果蝇亚组发生的分子机制和进化过程的规律,最终,杨爽作为第一作者在 *PLoS Genetics* 上发表了论文。该项成果作为王文课题组的核心成果之一,相继获得了云南省自然科学奖一等奖和国家自然科学奖二等奖。

伟大都源于勇敢的开始

2005年,杨爽在王文教授推荐下进入深圳华大基因股份有限公司(简称华大)学习和工作。因人类基因组计划而生的华大,致力于通过科学、技术及产业的相互推动开展人类健康、农业、环境和相关领域的研究与应用,继人类基因组计划之后,取得了多项重大科研成果。华大在基因组学领域走在了世界前列,这也是第一次工业革命以来我国首次在一个新兴的自然科学领域,从一开始就跻身于国际前沿。在华大,杨爽遇到了汪建、杨焕明等可以终身追随的前辈导师和一群志同道合的伙伴,意识到这里就是他梦想的实践之地,是他愿意奋斗终生的理想平台。

如何将基因组学这个全新的研究手段介绍给更多的生命科学工作者,以促进新技术在更大范围内服务于科研和应用?这是杨爽进入华大后需要完成的第一个任务。在此之前,高昂的测序费用和生物信息学专业人才的匮乏一度限制了科学家对该技术的使用。为了解决这个问题,杨爽和同事们一道努力将华大的基因组学平台打造成一个公共性服务平台,以便让更多的科学家具备利用基因组学技术促进自身学科发展的能力。平台在搭建到运营的4年时间里,不但促成一大批中外科学家产出了新的研究成果,建立了一支技术过硬的服务团队,平台年收入也自然而然地完成了从几百万到过亿的跨越。平台还带动了基因科技服务行业的兴起和繁荣,如今,基因组学已经是生命科学研究者不可或缺的一项研究工具。

为了给华大拓展更大的发展空间,杨爽先后主动请命参与了深圳和老挝两个基地的建设。在深圳,他协助科研团队快速完成了当时最先进的高通量测序平台的搭建,在全球率先完成第一个黄种人个体基因组测序的"炎黄计划",在 Nature 杂志封面发表了深圳历史上第一篇顶级学术期刊的研究文章,兑现了华大对深圳市政府做出的"打造科技名片"的承诺,也为华大随后将总部迁往深圳打下了良好基础。在老挝,他提出建议,将原来"发展生物能源产业"的项目定位调整为以"生物科技+自然资源"为核心,依托老挝丰富的自然资源,结合自身先进基因科技成果,在老挝开展重要粮食作物、热带经济作物种质资源收集、鉴定和品种选育等工作,探索生物科技"走出去"的创新发展模式,并同步在深圳组建了华大的农业平台。2017年8月,在科技部项目支持下,老挝华大现代农业技术中心建立,并成为农业部挂牌的第一批海外高技术中心。

最后的胜利来自坚持

2010年,随着高通量测序技术发展,对于孕妇外周血中胎儿游离 DNA 的解读首次实现了在临床的应用——无创产前基因检测,该技术带来了出生缺陷防控的革命性变化。"生命科学发展带给人们生产和生活方式的改变,正随着科研成果的快速积累而越来越显现。在医学方面,临床90%以上的疾病都和基因相关,但在人类基因组计划之前由于缺乏对疾病和基因之间因果关系的认识,鲜有相关应用。"为了尽快使新技术造福于大众，杨爽又一次转身投入医学基因检测业务应用的推广，并先后负责了华大在华东、西北和华中的业务发展。今天，基因检测技术已经在出生缺陷防控、肿瘤早筛和靶向精准用药、传染感染疾病的病原快速准确诊断等多个临床领域得到了广泛应用，华大的这一检测技术造福了千万以上的家庭。

为了更好地应对集团快速发展的挑战，2013 年，杨爽又一次选择突破自我，出任集团人力资源总监。任职期间，他为华大重塑了适应产学研深度融合发展的人力资源管理和人才发展体系的基本框架，使人力资源量化和可视化的先进管理理念和工具，得以与华大自身坚持科学第一性原理和大目标导向的文化传承相结合，构建了组织可持续发展的重要保障。

回顾求学和工作经历，杨爽认为自己"从来不是表现最优异的那一个"，但基于对生命科学特别是基因组学发展趋势的信心，基于对一路相伴的良师益友的信任，尤其是基于对华大这个平台的信赖，他坚信，无论遇到多大的困难，"最终都能挺过去"。

2015 年，杨爽出任集团轮值 CEO。在新的工作岗位上，杨爽维护了各业务板块间的团结稳定，实现了业务上高增长的发展态势，探索了适合华大集团的可持续发展模式。在他先后担任 CEO 和 COO 的两年半时间里，华大迎来了国家基因库项目的正式运营，实现了第一家产业公司的上市，也正式发布了第一台拥有完全自主知识产权的国产化基因测序仪。这一摆脱了被国际竞争者"卡脖子"的产业链最上游的高端设备，终于圆了杨爽儿时的"大国重器"梦。

如今，继高通量测序仪已形成系列并领先行业之后，高通量的 DNA 合成仪、单细胞测序及时空组学等一系列新技术和新设备不断在华大的平台上涌现，不但为生命科学研究增添了更多利器，也预示着产业发展即将迎来新的篇章。随着基因科技产业链的高端工具在手，中国在相关领域的科研和产业发展都将获得更大的自主发展空间。在华大这个平台上，杨爽将继续奋斗，而"大国重器""基因科技造福人类"的理念是他不断挑战自我、突破前行的永恒动力。

寄 语

一个新的以生命健康为主题的经济时代正在到来，希望年轻的校友们能够抓住机遇，找准平台，锲而不舍地实现理想和抱负。

杜岩岫

杜岩岫，男，1975年11月出生，江苏常州人，中共党员。1998年毕业于西北大学经济管理学院投资管理专业，获经济学学士学位。现任西安投资控股有限公司董事长。

1999—2005年，任职于国泰君安证券公司、东吴基金管理公司；2005—2015年，任职于西安世界园艺博览会筹备委员会办公室、西安浐灞生态区管委会，负责西安世博会筹备工作；2017—2021年，任西安市投资合作委员会副主任，牵头制定了西安市招商引资"十项服务机制"、招商项目"落地1+6"工作体系、招商引资考核奖励办法；2021年8月，任西安投资控股有限公司董事长，形成了以资本运营为核心，以金融、资产运营为支撑，以实业运营为基础，以智本运营为驱动的发展模式，致力将公司打造成为西安加快发展的金融引擎。

鹰击长空振翅万里 不负时代砥砺前行

从证券研投到招商引资，再到资本运营，西北大学经济管理学院投资管理专业1994级校友杜岩岫秉承"公诚勤朴"校训，遵循"惜时重效，勤思好悟"的传统，践行"恪尽职守，砥砺前行"的作风，在投资行业做出了杰出业绩，为西安经济发展注入了驱动力。

以"勤"为先：勤学好问，天道酬勤

一日之计在于晨，一年之计在于春，一生之计在于勤。无论在哪个时代，"勤"都是一项优秀的品质，为人称颂。杜岩岫的"勤"，一是体现在求学路上的勤奋，二是体现在工作上的勤恳。

一勤天下无难事！自求学以来，杜岩岫就牢记"书山有路勤为径，学海无涯苦作舟"，时刻保持着刻苦学习的品格，成为身边同学学习的榜样。进入西北大学后，他深知作为大学生的责任，在学习上更是从不懈怠，努力学习专业知识，不断提升综合素养，自习室、图书馆、花园长廊……都留下了他勤学的身影。在专业课学习取得好成绩的同时，杜岩岫还广泛涉猎文学、金融、哲学等诸多领域。那时的他，最喜欢的是在校园里和志同道合的同学一起畅谈古今。即使在离开西大之后，在学校养成的勤学好问的好习惯依然伴随着他。2005年，杜岩岫在繁忙的工作之余完成了工商管理专业研究生的课程学习。

杜岩岫在工作中总是行政、学术"一肩挑"，专业研究和管理服务并重。自2021年担任西安投资控股有限公司董事长以来，杜岩岫不断优化资产结构，调整业务构成，迅速组建了规模不低于100亿元的抗疫恢复基金，让公司保持行业优势，持续高质量发展。

以"勇"为基：勇者不惧，奋勇向前

孔子有云"勇者不惧"。孟子对"勇"更有深入阐述，指出真正的"勇"是深明大义、敢于担当。杜岩岫的"勇"，一是表现在勇猛、果敢上，二是表现在勇气、担当上。

杜岩岫认为，"勇"是一种状态、是一种气性，是面对困难时迎难而上，是面对责任时一往无前。2013年，西安浐灞生态区获得外交部正式批复设立西安领事馆区。2015年，杜岩岫团队承担了此项光荣而艰巨的任务。西安既不沿边、也不靠海，但杜岩岫暗下决心：一定要通过自己和团队的努力，为西安成为"一带一路"倡议的重要节点城市和平台做出积极贡献。他带领团队上北京、下广州，穿梭于成都、重庆等各个城市之间。时间紧任务重，再加上人生地不熟，有时候驾车好久也找不到目的地。于是杜岩岫常常穿着笔挺的西装、携着公文包"骑上共享单车去对接项目"。2017年7月，在杜岩岫离开浐灞生态区之前，已经有多个国家总领馆、签证中心等机构落户西安领事馆区。现在，这里已经成为西安国际化大都市对外交往最亮丽的桥梁和窗口。

2017年8月，杜岩岫接到了一项更为艰巨的任务——配合组建西安市投资合作局。他立刻认识到，今天招来的商、引来的资，就是明天省市经济的增长点、结构升级的发力点、创新能力的提升源。抓住了招商引资，就抓住了经济工作的主动权。在西安市投资合作局成立之初，杜岩岫迅速扑下身子，一面学习招商引资先进地区经验做法，积极完善西安招商引资工作体系；一面真抓实干，带领全市招商系统在极短的时间内取得耀眼的成绩：2017年，西安签约招商项目847个，签约额2.35万亿元；2018年，西安签约招商项目760个，签约额2.45万亿元。一大批国内外知名企业通过招商引资相继进驻西安，为西安高质量发展积极贡献力量。

以"毅"为本：刚毅不屈，强毅果敢

"毅"指的是坚强果决，得不忘形、失不灰心。杜岩岫的"毅"，一是展现在永远保持坚定的信心，二是展现在具备超越常人的毅力。

杜岩岫说，任何事情都不是一蹴而就的。有了毅力，人才能有弹性、能抗压，才不会一蹶不振、轰然坍塌；有了毅力，人才能坚忍坚守、永不放弃，久久为功，走向胜利。

从2017年至2019年，为了拓展西安招商引资战果，杜岩岫认真思考招商形势，从全市优势产业及短板入手，找出工作突破口。他带领团队四处奔波，专程远赴日本、韩国、德国、荷兰，在北京、上海、深圳、广州、杭州、成都等40余个国内外城市走访目标企业，对接洽谈重点客商300余家。杜岩岫年平均出差里程达3万千米以上，同事们经常笑称他一遇到招商项目，就立刻变成"拼命三郎"。

2021年8月，杜岩岫出任西安投资控股有限公司董事长。面对公司经营业绩下滑、存在金融风险等问题，他迅速带领团队复盘梳理、查找问题，解决困难、提升改进，制定出新的战略规划和实施方案，并以时不我待的姿态聚焦投资驱动产业发展，放大财政资金杠杆效应，重点围绕着先进制造、电子信息、生物医药、军民融合、新材料等重点领域，累计发起设立41只子基金，总规模达677.54亿元、累计带动产业总投资2 733.54亿元、带动就业62 712人、带动税收28.34亿元，为西安经济社会发展贡献了西投力量，展现了西投担当。

以"诚"为荣：竭诚相待，精诚团结

"诚"是本心本性的存有，最能直接体现人的自然之性、生命之真。杜岩岫的"诚"，一是不忘初心、诚心待人，二是精诚所至，带出一流团队。

在杜岩岫看来，"诚"是一种无形的力量，是巨大的财富，是连接友谊、形成强大战斗力的无形纽带。多年来，他始终坚持待工作以"诚"、待同事以"诚"、待众人以"诚"。

2020年，在新冠病毒最为肆虐的那段时间，杜岩岫以普通党员身份，每天坚持10多个小时奋战在抗疫一线。口罩勒破了脸、风雪冻裂了双手，他告诉自己："不能退！"自己背后守护的是亲人家园，面前维护的是希望明天。同时，杜岩岫牵头对全市重点招商引资项目进行跟踪，逐一研究服务事项，助力企业加快复工复产。他积极推进"云洽谈""云签约"，疫情期间组织开展6场线上线下签约活动，签约项目87个、总投资756.57亿元，为西安奋力夺取疫情防控和经济社会发展"双胜利"贡献了力量。

2021年底,疫情再度来袭,西安经历了短暂"停摆",杜岩岫带领公司各参控股企业累计320人次下沉社区参与抗疫工作,积极展示国企担当;同时带头向相关部门、社区捐献价值近1 000万元的各类防控物资。他用实际行动诠释了,共产党人越是在紧要关头,越会冲锋在前。

寄　语

青春是一本足够动人的书,里面的故事流光溢彩;成长是一首意味悠长的诗,其中的韵味耐人品鉴。祝同学们一路风景、一生芳华!祝老师们桃李芬芳、幸福安康!

卢 涛

卢涛,男,1975年12月出生,陕西西安人,高级工程师、注册城市规划师。1998年7月毕业于西北大学城市与资源学系经济地理与城乡区域规划专业(城市规划方向),获理学学士学位;2001年毕业于西北大学城市与资源学系自然地理专业(国土资源开发与管理方向),获理学硕士学位。

2001年9月进入中国城市规划设计研究院从事规划设计工作;2004年1月进入西安曲江管委会工作,曾任管委会规划建设环保局副局长、局长,环保曲江分局局长等职务;2010年2月调任西安曲江文化产业集团副总经理;2012年7月调入陕西文化产业投资控股(集团)有限公司工作,历任集团总经理助理、副总经理;2019年9月担任陕西文化产业投资控股(集团)有限公司党委副书记、总经理。现任陕西文化产业投资控股(集团)有限公司董事、党委副书记、总经理,入选陕西省宣传文化系统"四个一批"人才。

激情付出 为陕西文化强省建设奉献青春

"让陕西文化走向全国、让中华文明走向世界"是陕西文化产业投资控股(集团)有限公司的企业使命,更是卢涛的人生理想。自2019年9月担任陕文投集团党委副书记、总经理以来,卢涛就带领集团积极主动融入文化强国、文化强省战略,坚定文化自信,坚持把社会效益放在首位,努力实现社会效益和经济效益相统一,推动陕文投集团实现了产业布局、经营业绩和品牌影响的显著提升,不断彰显陕西文化产业高质量发展的良好形象,擦亮了文化陕西的亮丽名片。

母校精神的滋养照亮人生前行方向

1994年9月,18岁的卢涛走进了西北大学的校园,成为城市与资源学系经济地理与城乡区域规划专业（城市规划方向）的一名新生。即使隔着近 30 年的沧桑岁月，卢涛仍然能感受到刚走进母校时激动的心情。

作为我国西北地区成立最早的高等学府，西北大学汇聚了众多名师大家，培养了大批才任天下的杰出人才。置身于古朴宁静的校园，每天穿行在厚重沉稳的建筑中，在师长同学的指导和陪伴下，母校独有的文化气息和精神特质滋养着卢涛的心灵。每每回顾当年的求学之路，卢涛都非常感慨："在母校的求学时光和之后 20 年的工作经历，都让我切身感受到母校'公诚勤朴'校训和文理工管兼修的人文氛围是个人成长的关键因素。"

西大良好的学风，老师们诲人不倦的奉献精神、严谨的治学态度让卢涛获益匪浅。同时，不同专业的报告会、艺术节、辩论赛、英语角、露天电影、周末舞会等多姿多彩的校园活动，散发着综合性院校特有的人文气息。这些都令卢涛在多年后仍然念念不忘："西大学子严谨中不乏幽默，率性中不失理智，顺境中多了一份兼爱、逆境中平生了更多执着，科学理性与诗意浪漫，潜移默化地在我们身上实现了平衡统一。"

1998 年，卢涛本科毕业，并被评为"陕西省优秀毕业生干部"。因为优异的成绩和出色的表现，他被免试推荐在西北大学城市与资源学系自然地理专业（国土资源开发与管理方向）攻读硕士学位，继续在母校深造。三年后毕业的卢涛，再次获得"陕西省优秀毕业生"的殊荣。

"天下为公、不诚无物、勤则不匮、抱朴守真"，在卢涛看来，"公诚勤朴"既拓展个人的格局眼界，又陶冶诚实勤劳的中华美德，最终达到朴素无华的人生修养。母校校训是每一位西大学子一生的必修课，也永远深深地烙印在卢涛心中，激励着他在人生征途上孜孜以求、抱朴守真。

在干事担当中成就人生梦想

2001 年 9 月，卢涛进入中国城市规划设计研究院从事规划设计工作，开始将在母校所学真正运用于实践。他参与了《西宁市总体规划》《东莞市主城区战略规划》《山东东营经济开发区总体规划》《北京房山区良乡总体规划》《惠州市城镇体系规划》等 10 多项规划编制工作，并于 2003 年 6 月获得注册城市规划师资格。

2004 年 1 月，卢涛调至西安曲江管委会。在管委会工作的 6 年时间里，他先后担任管委会规划建设环保局副局长、局长，环保曲江分局局长等职务，参与了首批国家级文化产业示范区、国家旅游度假区、国家级生态区、国家 5A 级景区曲江新区的规划建设工作。在曲江新区的规划建设管理、基础设施、生态景观、夜景照明、文化风貌、二期扩区和经济发展中，卢涛都做出了贡献，推动曲江文化风貌和生态大格局形成，使文化与生态成为曲江新区最显著的特征，曲江新区也获评联合国人居环境范例奖。

2010 年 2 月，卢涛调任西安曲江文化产业集团副总经理。他在任内组织了曲江新区二次提升、曲江国际会议中心、楼观道文化展示区等重大文化项目建设。2012 年 7 月，卢涛调至陕文投集团工作，先后担任集团总经理助理、副总经理等职。2019 年 9 月，卢涛成为陕文投集团党委副书记、总经理。

"干字当头，实字为先"，文化产业是朝阳产业、民生产业、幸福产业，要做出成绩必须干字当头，必须敢于迎难而上。卢涛牵头建设的韩城古城景区，走出了古城保护与旅游融合发展的新路，形成了隍庙古街、文渊阁酒店、金城大街、美食一条街、精品民宿等约 20 万平方米的历史文化街区，荣获"中国最佳历史文化旅游项目"金奖，有力提升了韩城历史文化古城的品牌影响力。同时，在他的带领下，团队仅用 4 个多月就出色完成了富平习仲勋故居项目，从整体规划、建筑设计到布展思路都集中代表了陕文投的眼光、标准和执行力，被称赞为"小而美"的精品项目。

作为国有文化企业的领导干部，卢涛时刻牢记自身的使命和担当，传承弘扬优秀文化，用创新的思路建设创新的项目。在建设黄帝陵文化园区时，他深刻领悟习近平总书记来陕视察时提出的"黄帝陵是中华文明的精神标识"的精神要义和文化内涵，创新性地发起举办"黄帝陵国家文化公园规划设计大师工作营"，编制完成"黄帝陵国家文化公园概念性规划设计方案"，并在工期极度紧张的情况下，实现了黄帝陵文化园区"中华始祖堂"如期开放，成为展示黄帝文化、弘扬爱国主义、传播民族精神的重要平台，受到广泛关注。2022 年 5 月，火出圈的西安曲江"长安十二时辰"全唐市井沉浸式体验街区项目，更是在卢涛督导指挥下打造出的陕西文化旅游又一个新品牌新名片。另外，榆林大剧院、统万城国家考古遗址公园、陕西考古博物馆等重大项目规划建设，无不浸透着卢涛的辛劳和付出。

为文化强省建设贡献更大力量

陕文投集团扎根陕西文化沃土，坚守文化使命担当，锐意进取、守正创新，形成了以影视生产、文化旅游、文化创意、文化金融为支撑，拥有 25 家全资和控股子公司的大型文化产业集团。陕文投不仅是陕西省成长速度最快、资产规模最大的省属文化企业，也是全国 20 多家省级文投中综合实力和文化品牌影响力最强的文投集团。作为陕文投集团总经理，卢涛表示，要对照文化强省、文化强国战略部署，面对陕西特有的文旅资源潜力，环顾身边快速崛起的新兴文化企业，瞄准全国文化企业 30 强和主板上市的发展目标，"我们绝不能懈怠停滞，只有加速奔跑"。

当前,在以卢涛为代表的陕文投集团经营班子带领下,陕文投集团制定了"十四五"和中长期战略规划,以文化旅游产业高质量发展为主题,抢抓文化强国、文化强省建设历史机遇,做亮影视、做大文旅、做精文创、做优金融,努力成为全省文化国企的创新发展平台,引领陕西文化走向全国、走向世界。

卢涛说,陕文投集团正在大力推动深化改革、开放合作,全力为推动文化强省建设做出贡献。在影视制作方面将高质量打造陕西文化精品,认真总结电视剧《逐梦蓝天》《黄土高天》的创作经验,用心用情用力把电视剧《大西北》《大西迁》等拍摄成影响广泛深远的精品力作。同时,着力推进文旅融合,全面提升照金红色小镇、"延安1938"主题街区红色文化内涵和旅游综合配套,建设全国一流红色文旅体验地。"十四五"末,把韩城古城、安康瀛湖建设成享誉省内外的旅游目的地。加快数字化转型步伐,依托"陕西文化旅游网"、"游陕西"App,建设具有陕西特色的"一机游"智慧旅游平台。加快书画艺术品光谱鉴定和大数据市场化应用,打造全国领先的艺术金融平台。同时,面向市场以品牌、人才、技术、资本等,加大对外合作力度,推动混合所有制改革,构建有较强竞争实力的文化产业发展生态。

文化是人类璀璨的星空,注定要抬头仰望;文化产业是希望的田野,需要更多人低头耕耘。而卢涛的心愿,就是和众多志同道合的人们一起,守正创新,默默奉献,用踏踏实实的工作实绩,为陕西的文化产业创造更加灿烂的未来。

寄　语

祝母校风华正茂、基业长青,实际寺故址开枝散叶、英才辈出!

张伟武

张伟武，男，1975年出生于陕西礼泉。毕业于西北大学政治经济学专业、日本一桥大学MBA，高级经济师，现任中国工商银行党委委员、副行长。

1993年9月，就读于西北大学经济管理学院政治经济学六年制专业，1999年7月获得经济学硕士学位，同年加入中国工商银行总行工作。1999年7月—2010年3月，先后在工行总行住房金融业务部、总行股份制改革办公室、总行董事会办公室工作，其间于2006年9月—2007年7月，公派至日本一桥大学攻读MBA。2010年3月—2013年2月，先后担任工银欧洲阿姆斯特丹分行筹备组组长、分行总经理，其间荣获荷兰副首相费尔哈亨颁发的"荷兰经贸使者"荣誉称号、阿姆斯特丹市长范德朗颁发的"阿姆斯特丹市荣誉勋章"。2013年2月至2017年1月，担任工行新加坡分行总经理，其间负责首家海外人民币清算行在新加坡的筹建与开业，并带领分行荣获"走进东盟最佳企业"称号。2017年1月，担任工行总行国际业务部总经理。2021年3月，担任中国工商银行党委委员。2021年6月，担任中国工商银行党委委员、副行长。

寄 语

"公诚勤朴"校训指引和伴随一代又一代西大学子走出校门，走向全国和全球。百廿华诞之际，愿母校厚韵满誉，桃李芬芳，继往开来，踔厉奋发，再创辉煌！

王 训

王训,男,1976年3月生,河北辛集市人。1998年毕业于西北大学化工系化学工程专业,获工学学士学位;2001年毕业于西北大学化工系化学工程专业,获工学硕士学位;2004年7月毕业于清华大学化学系,获理学博士学位并留校工作。历任清华大学化学系助理研究员、副教授、教授;曾先后担任清华大学化学系副主任、清华大学化学系主任。

主要从事功能纳米材料控制合成、组装及性能研究,带领团队在亚纳米尺度材料概念提出、类高分子性质等方面取得了系列进展。先后发表 SCI 论文 200 余篇,主持或完成国家自然科学基金委重点项目 3 项,目前担任国家重点研发变革性技术关键科学问题项目首席科学家。曾获"国家自然科学奖"二等奖(第二获奖人)、"中国化学会—英国皇家化学会青年化学奖"、"中国青年科技奖"、国家杰出青年科学基金等奖励或荣誉,先后入选教育部"新世纪优秀人才"支持计划、北京市优秀青年知识分子、国家级人才计划等。

公诚勤朴是支持我前行的动力

1994 年,王训考入西北大学化工系化学工程专业学习。本科毕业后,他于 1998 年被保送至本专业继续学习,攻读硕士学位。2001 年,王训顺利毕业,并于同年考入清华大学化学系攻读博士学位。在西北大学长达 7 年的系统学习,培养了王训良好的基础科学素养,也让他对纳米材料化学产生了浓厚的兴趣。此后的 20 多年里,他一直从事着化学、化工领域的研究工作。

回忆在西大求学的岁月,王训印象最为深刻的是学校对本科生的严格管理。读大一和大二时,王训和同学们每天早上起床后都要做早操,吃完早餐再匆匆忙忙赶到教室早读,直至 8 点开始上课。"学生会负责(此项工作)的同学会每天点名,累计(每个人的）不到场次数，直至取消奖学金评选资格。"时至今日，王训依然能感受到当年点名时的紧张气氛，"这个优良传统直到今天仍然觉得非常难得，既锻炼了体魄，也培养了良好的英文阅读习惯。"让王训念念不忘的，还有西北大学每年召开的全校运动会。在王训记忆里，全校运动会的召开可谓是当年的盛事。运动会期间，学校停课，学生们按照系和班级建制分列在操场上。比赛中的运动员每次通过本系看台时，看台上总会旗帜飞舞，瞬间爆发出震耳欲聋的掌声和加油声。化工系的规模较大，学生人数较多，声势自然也更浩大。那一刻同学们迸发出的热情和感受到的集体主义精神，在多年后仍令王训激动不已："（进行的）所有集体主义精神教育可能都不如这一刻来得直接。"

因为成绩优异，临毕业前，王训被保送到本系攻读硕士研究生学位。他开始思考自己未来的专业学习方向，却苦于一直没有头绪。1997年冬天，寒假来临前的一个晚上，王训和平时一样在自习室里学习，卫志贤老师突然出现在他身边，询问他对于寒假和毕业设计的安排，并邀请他和自己一起开展科研项目研究。

卫老师曾为王训所在的班级主讲"化学反应工程"课程，在他心目中，成绩优异的班长王训是一棵搞科研的好苗子。当和祖庸老师一起开展纳米氧化锌中试的相关研究时，卫志贤老师产生了吸收王训进项目组的想法。正在为自己苦苦寻觅研究生阶段学习方向的王训听到老师的邀请，眼前一亮，连想都没想就满口答应下来。卫志贤老师非常高兴，并把随身携带的一本书交给了王训，嘱咐他自己先学习、了解一下。

这本书正是张立德和牟季美合著的《纳米材料和纳米结构》。当时纳米科技领域的研究在国内才刚刚起步，作为一名本科生，王训甚至根本没听过"纳米"这个词汇。带着新奇，他开始翻阅《纳米材料和纳米结构》，并立刻被书中描绘的神奇的纳米效应吸引住了："真的没想到世界上还有这么有趣的领域，感觉整个物质世界都可以通过纳米的角度重新构筑。"对于王训来说，读到这本书，就像一个一直幻想着开疆辟土、建功立业但又毫无头绪的年轻人，突然之间看到了征服世界的希望，哪怕只是一丝丝机会，也足以带来无穷的动力。

"当时国内高校科研水平普遍还很低，像我这样的本科生更是没有机会接触高水平的科技前沿。"参加工作之后，王训常常想起1997年那个冬夜，想起自己跟随祖庸和卫志贤两位老师一起开展科学研究的日日夜夜，更怀念在西北大学求学的岁月："真的非常感谢祖老师、卫老师把我引入了纳米领域，还要感谢我的硕士导师郭人民教授和郭晓英、李晓娥两位师姐，他们都对我这段时间的学习提供了非常多的帮助。"

在西北大学完成了纳米材料化学方向的启蒙教育之后，王训于2001年经过考试进入清华大学化学系，师从李亚栋教授攻读博士学位。读博期间，王训在著名的学术期刊

《美国化学会会志》、德国《应用化学》和《先进材料》上面以第一作者发表学术论文 5 篇。2004 年，王训博士毕业留校任教，并于 2005 年在《自然》上以第一作者身份发表论文 A General Strategy for Nanocrystal Synthesis；2007 年，王训获得国家杰出青年科学基金，并破格晋升教授；2008 年 1 月 1 日，刚过而立之年的王训开始独立领导自己的课题组开展研究工作。多年来，王训专注于无机化学领域的教学和研究工作，在纳米材料合成方法学、新型纳米材料设计及功能调控等方面取得了创新性研究成果。他带领团队提出了亚纳米尺度材料的新概念，发展了良溶剂-不良溶剂合成策略，并以此为基础发现了亚纳米尺度无机纳米线的类高分子性质，提出亚纳米尺度是有机-无机材料性能调控的桥梁；发展了亚纳米尺度一维材料、二维材料、零维团簇的合成及组装方法，并研究了新颖组装体的构效关系。2022 年，王训带领团队取得新的突破，在《科学》杂志上发表了学术论文 Locking volatile organic molecules by subnanometer inorganic nanowires-based organogels。

随着在科研道路上的前行，王训的研究方向从西大期间的纳米粉体研究、博士期间的一维纳米线研究、刚在清华大学参加工作时的单分散纳米晶体研究，逐渐过渡到了自己提出的亚纳米尺度材料研究。"头脑中的图像越来越清晰，我的信心也越来越坚定。"一路走来，有苦有甜，对于追求心中所描绘的纳米世界，王训始终初心不改。"我是河北人，在西北求学 7 年。燕赵的慷慨悲歌、西大人的公诚勤朴和西北人的质朴勤奋早已深深融入了我的血液，也早已成为支持我继续前行的根基和保证。"

寄　语

希望学弟学妹继续秉持"公诚勤朴"校训，不懈奋斗，努力展示西部学子的风采。

田 丰

田丰，男，1976年4月出生。1997年毕业于西北大学计算机科学系计算机应用专业，获得工学学士学位；2000年毕业于西北大学计算机科学系计算机软件专业，获得工学硕士学位；后赴中国科学院软件研究所攻读博士学位，2003年获得工学博士学位。现为中国科学院软件研究所二级研究员，入选国家级人才计划，国家优秀青年基金获得者，享受国务院政府特殊津贴专家，首批国家重点研发计划项目首席科学家。现任中国计算机学会人机交互专委会副主任、中国人工智能学会智能交互专委会副主任、中国图像图形学学会人机交互专委会副主任等职。担任 ACM Transactions on Interactive Intelligent Systems 等人机交互领域著名国际刊物编委。

长期从事人机交互相关研究工作，在笔式界面模型和方法、复杂笔迹结构理解和智能交互技术等方面取得了多项代表性研究成果。3次获得人机交互领域国际顶级学术会议 The ACM CHI Conference on Human Factors in Computing Systems（ACM CHI）最佳论文提名奖（Honourable Mention Award），在 ACM CHI, ACM Symposium on User Interface Software and Technology（UIST）、ACM International Conference on Ubiquitous Computing（Ubicomp）、The International Journal of Human-Computer Studies（IJHCS）等国内外重要期刊会议上发表学术论文百余篇，合作出版专著2部、译著1部。

在关键技术研发方面取得了出色成果，所主持研发的笔式人机交互系统已广泛应用在教育、医疗和体育领域，产生了显著的经济和社会效益。田丰作为第一完成人领衔获得了2018年度国家科技进步奖二等奖、2015年度北京市科学技术奖一等奖。2016年作为项目首席科学家承担首批国家重点研发计划项目。

带领团队用所开展的人机交互技术积极进行科普和医疗下乡等公益活动。为约2万人次的北京市初中生开展科普课程教学，为超过3 000人次的老年人义务进行帕金森等神经系统疾病的初步筛查工作。在2018年获得了中国科学院"新时代科技报国"优秀共产党员荣誉称号，并获得了2015年度中科院"京区优秀共产党员"荣誉称号。

寄 语

建议母校提供更多计算机前沿技术的课程和动手实践机会给本科生,培养更多兼具理论和实践能力的优秀学子。

李卫斌

李卫斌，男，1976年7月出生，陕西武功人。1994年进入西北大学数学系基础数学六年制专业学习，2000年毕业，获理学硕士学位；同年免试进入西安电子科技大学攻读博士学位，2004年毕业，获工学博士学位。2005年破格晋升为副教授，2007年破格晋升为教授，2008年赴美国威斯康辛大学进行学术访问，担任副研究员。2010年起担任公司技术总监、副总经理、总经理、董事长等，2018年起担任陕西电子工业研究院总工程师，2020年3月起担任西安电子科技大学教授、博士生导师。现任西安电子科技大学人工智能学院华山学者特聘教授，博士生导师，西安电子科技大学杭州研究院人工智能实验室主任，西安电子科技大学北斗时空智能研究中心主任，兼任陕西电子工业研究院总工程师。

长期从事时空智能、卫星遥感应用以及工业智能等领域的研究与开发，入选陕西省省级人才计划，是陕西省重点科技创新团队负责人、陕西省创新创业人才，中国大数据西北联盟副理事长，陕西省卫星应用产业联盟秘书长，陕西省北斗卫星导航应用示范项目首席技术专家。主持总装第二代卫星导航重大专项3项、国防预研重大课题，国家重点产业振兴计划课题、科技部中小企业创新基金项目、陕西省科技计划课题、陕西省重大科技创新工程项目等各级各类项目30余项，申报发明专利10余项，软件著作权30余项，获得陕西省科学技术一等奖2项、三等奖1项，西安市科学技术一等奖2项，陕西高等学校科学技术一等奖2项。

积极承担社会责任，先后担任西安交通大学、西北大学、陕西师范大学、长安大学、西安科技大学等高校的兼职教授，担任军队重大专项专家组成员，中华人民共和国第十四届运动会信息化特聘专家，长期担任省水利厅、工信厅、财政厅、发改委、网信办技术专家。

寄　语

　　智慧从事，善良待人，胸怀天下。

车　涛

车涛，男，1976 年 11 月出生，陕西周至人。2000 年毕业于西北大学城市与环境学院（原城市与资源学系）地理信息系统与地图学专业，获理学学士学位；2000—2006 年在中国科学院寒区旱区环境与工程研究所学习，获得理学博士学位。现任中国科学院西北生态环境资源研究院研究员，遥感与地理信息科学研究室主任，中国科学院黑河遥感试验研究站站长。

长期从事冰冻圈遥感研究，首创了适用于我国积雪特性的遥感反演算法，并制备了我国第一个长时间序列雪深数据集，被业内学者广泛认可并应用于气候变化、水文水资源和生态研究领域。发表学术论文上百篇，出版专著 10 余部，2021 年获得国家杰出青年科学基金，作为主要完成人获得中国科学院杰出科技成就奖、甘肃省自然科学一等奖和国家测绘科技进步一等奖。

冰雪上的遥感人生

冰冻圈是地球系统五大圈层之一，不仅直接影响全球气候、海平面、湖泊和河流的变化，还会对生态和环境及社会经济可持续发展带来影响。

从事冰冻圈遥感研究的车涛，常年坚持在高寒条件下进行观测和考察，在学术圈，人们将他首创的适用于我国积雪特性的遥感反演算法称为"车算法"，而他发布的高精度长时间序列雪深数据也被称为"车数据"。

"中国积雪遥感的新星"

间隔着 26 年的时光，车涛依然能感受到当年收到西北大学录取通知书那一刻，发自内心的喜悦和自豪。"我中学时学习成绩一般，通过后期不断努力，成绩才得到了提高，才得以考上西北大学。"回忆年少求学的经历，车涛说，资质差点儿不要紧，重要的是肯学，"只要一个人想学、肯学，就一定能赶上。"

"大学期间一定要加倍努力学习，掌握更多知识，提高自己。"走进西北大学的校门，车涛暗自下定决心。幸运的是，车涛在城市与资源学系遇到了一批优秀的专业老师，无论是袁勘省、张仁霖、张友顺、王清泉等老教师，还是赵牡丹、刘永梅、刘万青、梁小英等年轻教师，都给他留下了深刻的印象。大三的时候，车涛遇到了刚刚留学回国的教师汤国安。汤老师不仅带来了国际上最先进的地理信息系统技术和遥感知识，更是以深入浅出、理论实践相结合的精彩讲授，让车涛爱上了自己的专业。通过对地图学、遥感、地理信息系统等专业基础课程的学习，他建立了完善的专业知识体系，更重要的是开拓了专业领域的视野，并学会了科学的思维方式。

在西北大学的4年让车涛"脱胎换骨"。除了正常的上课时间，他去得最多的地方就是自习室和操场——他早晚都会在操场跑四五圈，周末时间充足的时候跑十来圈。运动不仅能保持身体健康，也使人快乐。打篮球是车涛最喜欢的运动，通过打篮球，不仅锻炼了身体，还培养了团队协作能力。车涛被同学们戏称为"学习机器"，每天晚上去教室上自习的习惯令他受益匪浅，不仅将课堂上的知识融会贯通，也锻炼了自学能力，为后期研究生阶段的学习打下了坚实的基础。

2000年，车涛以优异的成绩考上了中国科学院寒区旱区环境与工程研究所的硕士研究生，两年后转为博士研究生。学习期间，车涛查阅了大量文献资料。他发现，作为全球地表能量和水循环最重要的要素，积雪可以被可见光遥感技术很好地识别，但是积雪深度却很难估算准确——也就是说哪里有雪哪里没有雪容易识别，但是估算积雪量有多少，能产生多少融水是个难题。在导师李新研究员的指导下，他确定了利用微波可以穿透积雪的特性来反演积雪深度的研究方向。

当时国际上在该领域已经开展了数十年的研究，但我国在这方面的研究起步很晚，对微波在积雪中的辐射传输过程了解不多，对积雪颗粒大小的体散射效应等微波机理还不清楚。如果直接应用国际算法，会严重高估我国的积雪深度。要赶上国际一流水平，没有捷径，只有肯学肯干。经过6年的不懈努力，车涛多次开展微波遥感野外实验和室内数值分析，终于解决了我国积雪深度被严重高估的遥感难题。为掌握我国的积雪水储量估算、寒区水文循环、水资源管理等提供了科学支撑。积雪遥感领域的前辈、南京大学冯学智教授在审阅车涛的博士论文时，欣喜地评价"看到了我国积雪遥感的新星"。

"车算法"和"车数据"

2006年，车涛博士毕业并留所工作。当时中国改革开放已近20年，经济飞速发展，东西部的经济差距持续增大，吸引了中西部大量人才往经济更发达的东部和东南沿海地区迁移。面对被人们戏称为"孔雀东南飞"的人才流失现状，车涛并没有受外部环境影响。"西部的科学问题还需要西部人研究"，为了进一步提高山区和林区积雪遥感的精度，他坚守在兰州，为建设西北贡献自己的一份力量。

在参加工作的十几年里，车涛一直致力于冰冻圈遥感、模拟和观测，无数次前往青藏高原、北疆和东北等地区开展野外观测和考察工作，在高寒条件下获取第一手实地数据。在远离城市，交通极其不便，没有手机信号的山区，持续一两个月的野外观测也是常事。野外工作之后，还要开展数据分析，探索方法，再次求证，他经常工作至深夜。

在博士研究成果的基础上，车涛对地形复杂的山区和下垫面复杂的林区遥感算法进一步改进，通过大量的实地观测，提出了将积雪特性作为先验信息的遥感算法、森林微波透过率优化等一系列创新思想，最终发展了适用于我国积雪特性的被动微波雪深反演算法，并正式发布了第一个中国长时间序列雪深遥感数据产品。车涛的积雪数据因为精度高而被大量采用，在学术圈被称为"车算法"和"车数据"，获得首届优秀共享开放遥感数据集"十大最受欢迎年度数据集"称号以及国家青藏高原科学数据中心2021年度"十佳数据"称号。

让"中国声音"在冰冻圈越来越响亮

2015年，车涛担任中国科学院黑河遥感试验研究站站长。担任站长期间，他加强黑河流域生态水文观测，特别是在上游祁连山地区建立了分布式生态水文监测网络，并公开发布了高质量的高寒生态水文时间序列观测数据，为该领域科学研究提供了可靠的观测数据。他组织开展了全国范围内的积雪特性调查，首次对我国积雪特性进行了全面的调查，获得了我国东北—内蒙古、新疆以及青藏高原三个典型积雪区的积雪特性时空分布特征，为我国水资源管理和灾害预警提供了有力的数据支撑。

多年来，车涛承担了多项国家级重点科研项目，均以优异成绩通过专家的评审。2021年，车涛获得了国家杰出青年科学基金，作为主要完成人获得了中国科学院杰出科技成就奖、甘肃省自然科学一等奖和国家测绘科技进步一等奖。

作为知名的积雪遥感专家，车涛不但研究成果丰硕，还积极参与遥感和冰冻圈科学领域的社会服务，兼任冰冻圈科学学会积雪工作组组长、全国遥感技术标准化技术委员会委员、国际数字地球学会中国国家委员会微波遥感专业委员会副主任、青藏高原研究会理事、国家遥感应用协会理事、甘肃省遥感学会秘书长，《地理科学》《遥感学报》《冰川冻土》《遥感技术与应用》等期刊编委。他在国内外学术期刊发表论文上百篇，出版《雪冰遥感》《中国积雪地面观测规范》《冰冻圈遥感学》《北半球积雪及其变化》《地球三极：全球变化的前哨》等教材和专著，其中《中国积雪地面观测规范》是我国首部地面积雪观测规范，较国内外现有的相关规范更为系统和全面。车涛的著作为积雪观测任务和积雪科研工作奠定了坚实的基础，为研究生以及积雪观测、积雪遥感等相关研究人员积累了宝贵的经验。

"冰冻圈是地球系统科学的研究对象，关乎全球变化，不能只停留在中国的领土上，未来的工作要走向极地。"车涛认为，在"后疫情"时代以及国际关系发生变化的形势下，冰冻圈遥感技术将在极地冰冻圈研究中发挥更大的作用。目前车涛正在计划制作一套高精度的全球积雪遥感数据产品："这将为全球和区域气候变化、水文和生态过程等科学研究提供支撑，也有助于提高我国在国际相关领域的话语权。"

寄　语

坚持把一件事做到最好，你就成功了！

丁鹏勃

丁鹏勃，女，1976年11月出生。1995—2001年在西北大学历史学、考古学及博物馆学专业六年制本硕连读；2007年毕业于北京师范大学考古学及博物馆学专业，获历史学博士学位。2001—2004年任西安美术学院讲师；2007年至今在中国国家博物馆工作。现任研究馆员，中国国家博物馆副馆长，学术委员会委员，《中国国家博物馆馆刊》《博物馆管理》期刊编委，藏品定级专家，北京市宣传思想文化系统"四个一批"人才。兼任中国博物馆协会第七届副理事长，《中国博物馆》期刊编委，中国社会科学院大学历史学院学术委员会委员等。

长期从事陶瓷考古研究，曾参与越窑、景德镇明清御窑等地的考古发掘。代表作有《明代藩王墓出土瓷器研究》《花开未觉岁月深：二十四节气七十二候花信风》等，后者获评"2019年全国优秀科普作品"。

西北望处是心乡

1995年的高考结束后，丁鹏勃大着胆子在志愿表"提前招生"栏里填报了"西北大学历史学六年制本硕连读专业"。

等待的日子是紧张而惶恐的，直到终于在电视滚动屏上看到了自己的准考证号、姓名和"西北大学"字样，丁鹏勃悬着的一颗心才放下来。不久后，她收到了来自西北大学的录取通知书。虽几经辗转，丁鹏勃至今还珍藏着当年装着《录取通知书》的信封（到校报到时通知书需要交还学校）、准考证和成绩通知单。

"西大，我心启航的地方"

隔着25年的时光，丁鹏勃依然记得那一天所有的细节。1995年9月15日，她平生第一次踏进建校近百年、占地600余亩的西北大学太白校区。虽然对未来还是一片未知，丁鹏勃知道，这里将成为她心路历程的首航之地。

1995年高考录取的程序还是先报志愿，后出成绩。丁鹏勃在咸阳渭城中学参加完高考后，之所以填报了西北大学，完全是由于听从了母亲"女孩儿不要离家太远，只选省内高校"的建议，而西北大学当时正是省内文科力量最强的高校。不过当时丁鹏勃并没有想到自己将来会转学考古，毕竟老师曾特意对她说过："学历史挺好的，可千万别选考古，女生干这个太苦了！"

1995年的西北大学已经开始实行并轨招生，学生缴费上学，自主择业。不过，学校对于提前录取的六年制本硕连读专业的学生学费减半。"六年制专业的日子其实并不好过。"丁鹏勃笑着说。本硕连读实行淘汰制，不仅实施末位淘汰——每年成绩在班里的最后两名会被淘汰，而且平均成绩低于85分也会被淘汰，本科毕业时未通过英语六级还会被淘汰。班里的同学都是来自各个市县的尖子生，学习压力还是不小的。压力也是动力，丁鹏勃和同学们也因此更加发奋。本科学习阶段，她还在学校辅修了国际经济法专业。那些泡在西大图书馆里的日夜，为她日后的工作和研究打下了良好的基础。

和很多年轻人一样，丁鹏勃被中国近现代史上那些寻找救亡图存、变革兴国之法的先贤们所吸引、打动和激励，把关注点放在了东西方文化的比较上。她本科论文的内容是关于中国现代化进程与梁漱溟的研究，并在学术期刊《华夏文化》1998年第1期上发表了《评梁启超开民智的努力》。

"兴趣引导我择一事终一生"

进入硕士阶段的学习后，丁鹏勃有了一次在文博学院选择专业和导师的机会。"当时和考古班的女生住在一个宿舍里，经常听她们聊考古工地的趣事、专业老师的特点，笑谈老师们有多么风趣，不由得就时常心向往之。"纸上得来终觉浅，她觉得，如果能亲手挖出历史的"证物"，岂非更好！思忖良久，尽管明白会面临全面补上考古学本科课程以及田野考古专项技能的沉重学业压力，丁鹏勃还是决定从自己的兴趣出发，选择考古学及博物馆学专业。

相较于选择专业，丁鹏勃在选择导师时，可以说是"毫不犹豫"地选择了周晓陆老师。"之前早就多次听学长们谈论过周先生的渊博和豪迈。周先生的研究领域广，可选择的方向也多。"丁鹏勃还是从兴趣出发，选了自己最感兴趣的陶瓷考古。并按照老师列出的书单，从老师那里一趟趟抱回成摞的书，开始恶补。

考古技能的掌握必须在田野考古发掘的现场练就，西大当时的考古工地中暂时没有窑址。1999 年，经周晓陆老师联系，丁鹏勃参加了北京大学和浙江省文物考古研究所在浙江慈溪联合发掘越窑寺龙口窑址，其间她一直跟随北大考古文博学院权奎山教授学习，学会了田野调查、布方、发掘、绘图、整理材料、编写报告等许多本事。"就连力气也得到了长足增长。刚到工地时端一筐箩瓷片都费劲，一个月后一编织袋的瓷片也能轻松从 4 米深的探方拎上来。" 3 个多月后，丁鹏勃离开工地时，已经从一个白皙瘦弱的女生变成了结实的女汉子，当初送她到工地的老师再见面时愣是没认出来，直感叹考古工地对人的改变之大。2001 年 7 月丁鹏勃获历史学硕士学位，硕士论文的题目就是《越窑寺龙口窑址初步研究》。读研期间，她还出版了两本专著《中国古瓷器真伪鉴别》《中国玺印真伪鉴别》（安徽科技出版社，2001 年）。

硕士毕业后，丁鹏勃就职于西安美术学院，先后取得考古学讲师资格和艺术学高等学校教师资格。3 年时间里，她累计开设了 10 门课程，却总有些专业不对口的遗憾，毕竟她原本是想将陶瓷考古进行到底的。"考古专业就像有魔力。在工地的时候，累得要死，恨不得化身天师祈雨，下雨工地不开工就可以去参观博物馆。但若久不下工地，却也想念得紧。"终究难息回归专业的念头，丁鹏勃报考了博士研究生。

2004 年，丁鹏勃被北京师范大学历史学院考古学及博物馆学专业录取，专业方向是陶瓷考古。当年 10 月，她参加了北大和景德镇市陶瓷考古研究所对明清御窑遗址的联合发掘，以《江西景德镇明代御窑的考古学研究》作为自己的博士学位论文，并在刊物上发表了多篇学术论文。2007 年 7 月，丁鹏勃获历史学博士学位。

笃初诚美　慎终宜令

"笃初诚美，慎终宜令"是说重视事情的开始当然很好，但到结束时更应慎重，务求圆满。这句话，丁鹏勃念兹在兹。她很明白考古工作只是开始，它的最终意义是通过物来证史，以史为鉴知兴替、明得失，指导实践。

博士毕业后丁鹏勃入职中国国家博物馆，仍是在陶瓷考古领域致力于以物证史研究。利用文物和展览讲好中国故事、传播好中国声音是文博工作者义不容辞的时代责任，也是考古和文物的时代价值所在。因为负责编撰《海外藏中国古代文物精粹》丛书，担任《英国国立维多利亚与艾伯特博物馆卷》《英国大英博物馆卷》分卷主编，丁鹏勃先后在大英博物馆工作 70 天，与英方就中国文物的价值和意义进行了面对面的充分交流。《英国国立维多利亚与艾伯特博物馆卷》在 2015 年被英国指定为"中英文化交流年"官方礼品，威廉王子访华时，将此书作为国礼赠送中方。

丁鹏勃的专著《花开未觉岁月深：二十四节气七十二候花信风》获评"2019 年全

国优秀科普作品"、外文局优秀外宣作品"十大中文好书"等多个奖项。2020年她入选北京市宣传思想文化系统"四个一批"人才。

2018年国博机构改革，丁鹏勃担任科研管理处处长。科研管理处是一个新成立的部门，丁鹏勃带领部门建章立制，部署、组织100余个科研项目立项，使国博在项目数量、层级、规模、覆盖面上达到了前所未有的程度；规划出版了学者丛书等一批研究成果；有计划搭建了若干国际、国内学术论坛等高水平交流平台，建成文博机构中规模最大的博士后科研工作站，并于2021年获评国家级优秀工作站；开展访问学者项目。以上工作的顺利开展，初步构建了国博科研管理体系。

2020年丁鹏勃担任中国国家博物馆副馆长，分管科研和信息工作，大力推动学术研究和智慧博物馆建设。也许是冥冥之中自有天意，她被委派牵头负责了两件国博和西大合作的重要事项，而这两件事都与考古有关。

2021年7月28日，国博与西大签署战略合作协议，双方将在考古发掘、学术研究、人才培养等方面开展深入合作。丁鹏勃回母校参加签约仪式，心中感慨万千：旧识人面已不知何处去，楼堂馆舍道路树木依旧是那么熟悉亲切。当她收到校方赠送的一方铭有校徽的名章时，喜不自胜："这是值得我一生珍藏的纪念！"

2022年，为贯彻习近平总书记重要讲话精神，建设具有中国特色、中国风格、中国气派的考古学，按照教育部和国家文物局"专项计划"的通知要求，国博与西大就考古学国家急需高层次人才培养，协商签署合作协议。作为西大培养的考古学人，历经国博岗位15年的实践锻炼，代表国博与西大签署考古学人才的联合培养协议，丁鹏勃深感责任重大，更庆幸自己能为母校的发展尽一份力。在她心中，无论身在何方，都会永远惦念着家乡陕西，那里有她的亲人，有她的师长，更有她为之自豪的母校。

寄　语

与在校学弟学妹共勉：年矢每催，寸阴是竞；坚持雅操，渊澄取映。

陈　凡

陈凡，男，汉族，1977年9月出生，湖南浏阳人，高级工程师。1996—2000年在西北大学化学系分析化学专业学习，获理学学士学位；2001—2004年在同济大学环境科学专业学习，获工学硕士学位，同年5月入职宝钢集团环境监测站。2007年离开宝钢自主创业，创立上海北裕分析仪器股份有限公司，任公司董事长。担任全国工业测量控制和自动化标准化技术委员会分析仪器分技术委员会委员、《分析仪器》杂志编委，上海市宝山区人大代表、宝山区总商会执委等。

长期从事分析仪器研制以及人工智能在监测领域的开发应用等，入选国家级人才计划、科技部"创新创业人才推进计划"，参与制定6项国家及行业团体标准制定，拥有专利技术38项，发表学术论文多篇。创立的上海北裕分析仪器股份有限公司，从事科学分析仪器制造、研发、销售等，2016年9月成功挂牌"新三板"。企业先后获得国家税务总局"纳税A级"、科技部"科技型中小企业技术创新基金"支持、上海市"专精特新"认定、"3A信用等级"，多项主营产品被认定为高新技术成果转化项目，被评为"重合同、守信用单位""上海市和谐劳动关系达标企业""上海市工人先锋号""上海市模范集体""最具成长潜力企业""两新组织党群阵地示范窗口单位"。

寄　语

应当有进取之心，保持清醒头脑，警惕德不配位；按常识做事，不墨守成规。

支振锋

支振锋，男，1977年9月出生，河南驻马店人。2001年毕业于西北大学法律系，获得法学学士学位；2004年毕业于清华大学法学院，获得法学硕士学位；2007年毕业于中国社会科学院法学研究所，获得法学博士学位；2010年在北京大学国际关系学院完成政治学博士后研究。现为中国社科院法学所研究员、博士生导师，《环球法律评论》副主编、《网络法治蓝皮书》主编。入选国家级人才计划、中宣部文化名家暨四个一批人才，并获得第九届"全国杰出青年法学家"提名奖等荣誉。

主要研究法治理论、社会治理、网络法治等。主持国家社科基金重大项目2项，中宣部、中央政法委、最高人民法院等课题约30项。出版著作10余部，在《法学研究》《人民日报》《求是》等权威学术期刊发表论文170多篇，向中央有关部门提交报告30余篇。多次参与国家重要文稿、法规的起草或咨询论证工作。

把学术生命融入到国家发展中去

"我们生活在百年未有之大变局的时代，国家发展处在一个非常重要的时刻，作为人文社科学者，找到自己的学术价值，用学术研究为国家的发展做出贡献，才不算辜负了这个时代。"中国社科院法学所研究员、《环球法律评论》杂志副主编、西北大学特聘教授支振锋说。

正义与文明——一个农村学子的追逐

支振锋20世纪70年代末出生在河南农村一隅，自小勤奋好学的他，1997年以县文科第一的成绩进入西北大学法学院。在西大的4年构建起了他对法学的初步认识和钻研态度。毕业后，满怀着对法理学进一步学习探索的热情，支振锋又先后进入清华大学法学院、中国社会科学院法学研究所深造，取得硕士学位和博士学位。2010年底，支振锋完成了在北京大学国际关系学院的政治学博士后研究。回忆起这段求学经历，支振锋十分感慨："这是一个农村青年对正义与文明的追逐。"

法的秩序与公正培养了支振锋的品性。他踏实做学问，学术上兼收并蓄，在法理学、网络法治（数据法、人工智能法、内容治理）、司法制度等多个领域，研究成果颇丰。在《法学研究》《政治学研究》《马克思主义研究》等权威及核心学术期刊上，他撰写发表了70余篇论文，在其他学术期刊上也发表了近30篇论文。此外，他还翻译并出版法学学术著作6部、出版学术专著或合著10余部。

传承与开新——中国独特道路的求索

"解放思想、实事求是，关注实践、尊重规律始终是我追求学术价值的重要遵循。"支振锋说。一方面，他经历了农业社会、工业社会，如今身处信息化时代的大浪潮中，"正因为'三期叠加'的积淀，才让我更好地认识国家发展。"另一方面，他多次去往美国、英国、荷兰等发达国家著名大学或研究机构做访问学者，体验到了不同的历史文化传统和不同的政治民情。"既开阔了学术视野，也在与国外法学理论的比较中，更加清楚地认识到，要从学术史的角度对中国法学理论进行梳理和研究，且中国法治理论必须植根于自身的法治实践。"他进一步阐释道，"理论研究一定要突破思想的'天花板'与'玻璃门'，既要能对成规定见'祛魅'，也要保持心智的充分开放。在这样一个时空交织的大变革时代，必须有对历史、哲学的认真思索，有对政治、经济、社会、文化的广泛关注，有对中外理论和实践的充分比较，才可能有对法律理论的深刻洞察。这是巨大挑战，也是难得机遇。"

支振锋研究撰写的《西方话语与中国法理——法学研究中的鬼话、童话与神话》《网络主权植根于现代法理》《新时代呼唤中国法治的理论提振》《法治建设的成败之道》等文章、著述，正是现代法理的具体阐释，既有国际视野和国内实践，也打破了现实与虚拟的隔膜。他深有体会地说："中国法治已经走出了一条既借鉴西方，又不同于西方的新道路，它的成就与问题、它丰富而生动的实践，才是我们进行学术研究的最基本的空间与平台。"

转型与回应——数字时代的理论开拓

网络信息新技术更新迭代迅速，对司法领域的影响也十分深刻。支振锋敏锐地抓住了问题矛盾，致力于人工智能与算法监管、智慧司法、数据治理以及网络空间国际治理与供应链安全等研究，主编并出版《网络法治蓝皮书：中国网络法治发展报告》系列皮书，写出了《互联网全球治理的法治之道》《5G时代的网络综合治理体系》《信息化助力法治发展进步》等理论文章，建言献策，产生广泛的社会影响。

特别是在"推动庭审公开"方面，支振锋做了大量的工作。自2016年开始，他连续多年主持调研撰写《人民法院庭审公开第三方评估报告》。据他介绍，这是"对全国法院庭审公开工作的基本状况和所取得的进展进行客观呈现和分析，总结我国庭审公开的成绩和经验，指出其缺陷与不足，并提出改进意见与建议。"此外，他还参与到国家有关部门决策咨询论证工作，以及规章、规范性文件等一系列网信领域重要文稿的咨询、论证、起草或立法工作中。

初心与使命——大地上的学术躬耕

"法律人眼中不仅有法条，还要体察国家大局，要感受民生悲喜，能够深切理解自己的法律文明。"支振锋曾在一篇文章中这样写道。长期以来，他对社会热点始终保持着敏感，"大"到优化营商环境、完善香港选举制度、个税征收改革等国家层面的议题，"小"到中国人要不要过圣诞节、消费者维权、惩治马路"低头族"等贴近民生的话题，他常常撰写文章见诸报网，论据深刻，观点清晰。他说："这也是学者参与社会实践的一种方式。要以问题为导向，拿出更多精力真正俯下身去观察和了解国家，才能在思考研究后给出可参考的解决方案。"

2020年，支振锋荣获第九届"全国杰出青年法学家"提名奖。2021年，他入选国家级人才计划、中宣部文化名家暨四个一批人才、中国社会科学院领军人才。支振锋表示，作为法学家，更要把论文写在祖国大地上。"时代在变，新的问题也在不断产生，只有把自己的研究生命、学术生命和国家民族的命运融合一起，始终保持一颗对祖国的热忱之心，才能真正提炼出中国理论，讲好中国故事。"

（王营）

寄　语

自尊、自立，从自己做起，积极面对俗常生活、热情参与社会实践，我们就有可能实现精神的自足。

杨建鹏

杨建鹏，男，1979年8月出生，陕西西咸新区人，民盟盟员。2003年毕业于西北大学城市与环境学院（原城市与资源学系）资源环境与城乡规划管理专业，获得学士学位；2016年毕业于中山大学岭南（大学）学院工商管理专业，获得硕士学位。现任深圳裕安金控投资有限公司和陕西延华产业投资有限公司法人代表兼董事长，兼任广东省海上丝绸之路文化促进会执行会长、广东省可持续发展研究会常务理事、西北大学广州校友会执行会长、中山大学岭南（大学）学院同学会理事、英卓时尚教育学院校董等。

创业前先后任职中惠熙元房地产集团和中国奥园集团股份有限公司。2020年被广东省工商联（总商会）授予"广东省年轻一代民营经济人士"称号。

跨界是新时代赋予我们的力量

他是驰骋在粤港澳大湾区跨界投资、中医大健康、时尚教育、电商演艺、金融地产等不同领域的商界才俊，是乐于促进他人事业发展的热心"推手"。《新粤商》2021年第2期"重点关注"栏目推出专访《奋斗的青春最美好》，以大量篇幅详细全面地介绍了他的工作创业经历。

他，就是西北大学城市与环境学院（原城市与资源学系）1999级校友杨建鹏。

春华秋实　在地产界磨砺成长

在西大读本科时，杨建鹏就被同学们戏称为"专业学霸"。大三时，他跟随杨海娟老师开展课题研究，多项成果获得陕西省国土资源厅课题一等奖，他的毕业论文《西安市房地产价格构成分析》获评优秀毕业论文。

毕业前夕，已经在老师的推荐下顺利进入西安市国土资源局实习和工作的杨建鹏，在陪同好友参加南方房产企业面试期间，意外被企业总裁一眼相中。虽然杨建鹏并没有参加过该企业前几轮面试筛选，但是总裁却极力招揽他到麾下工作。被总裁识人用人的气度所打动，更憧憬着更为广阔的未来，杨建鹏最终舍弃了在众人心目中前景光明、相对稳定的工作，选择南下广东，入职一个位于珠三角、成立不过10年的民营地产集团——中惠熙元集团。

在西北大学学习期间，李同昇、刘科伟、权东计等诸多良师的指导，让杨建鹏受益匪浅。在中惠集团，杨建鹏如鱼得水，成长迅速。凭借着扎实的专业知识和高昂的工作热情，从中惠丽阳时代到香樟绿洲，杨建鹏操盘了一个又一个让市场叫好又叫座的精品项目。短短6年时间里，杨建鹏就升任集团天津区域公司副总经理，升职速度堪称企业内的"神话"。"加班到凌晨两三点是家常便饭，年年加薪升职，几乎没有停过，一直是集团'学生军'的标杆……"成功来自持续的专注和勤奋的工作，回忆起那段奋斗时光，杨建鹏倍感骄傲，母校"公诚勤朴"的校训一直激励着他奋发有为，一举在众多出身名校的"学生军"中脱颖而出。2006年，中惠熙元集团超越诸多巨头地产企业，跻身东莞"双料（开发面积、销售总额）第一"。

2009年底，上市公司中国奥园集团向已经在业内声名鹊起的杨建鹏抛来橄榄枝。杨建鹏迎难而上，接受中国奥园冲击百亿销售额门槛的挑战。他担任集团主要经营班子成员，为公司的业务推进做出了积极贡献，其精心打造的广州番禺奥园广场商业综合体连年被评为广州十佳购物中心、优秀城市商业地标。不到30岁，杨建鹏就任职奥园最大区域公司总裁。努力工作的同时，他还就读中山大学岭南（大学）学院，获得工商管理硕士学位。

2013年，杨建鹏迎来了职业生涯的转折点。这一年，他放弃优厚薪资，婉拒领导的多次挽留，转身投入创业大军。杨建鹏陆续联合投资单位在广州市天河区及番禺区参与开发两个大型商业综合体项目，后来又联合上市公司力高集团等知名企业共创深圳裕安金控投资有限公司，瞄准地产前后两端，开始发力地产服务的细分领域。

裕安金控已成功合作中国奥园、中惠熙元、美的集团、力高集团、领地集团、万年置业等数十家知名地产企业，业务向纵深不断推进。目前，裕安金控与上市公司中奥到家集团联手开拓内地市场，积极给各地国企提供美元债券和地方融资等服务，助力内地的经济发展。

实业报国　　开拓大健康产业

2018年开始，受制于贷款规模和利率等因素影响，高周转、高杠杆成为房地产行业的普遍游戏规则，很多房企不得已选择了做大企业规模的发展路线。企业大而不强，项目效益微薄，甚至亏损，也给2021年房地产企业还债的暴雷潮下埋下隐忧。作为公司的掌舵人，杨建鹏敏锐提出"去地产化，迅速发展非房业务"，先后投资了赣州的萤石矿、广东澳图光电、广州东奥文化、星世科技、汇科智能有限公司，合作开发贵州波波酱酒等系列国优产品。如今赣州日景矿业已经成长为赣州中型矿企，萤石矿粉的品质在市场上获得良好口碑；星世科技与汇科智能公司在智慧家居和汽车服务等业务领域拥有了较强的市场占有率，洗洋洋自助洗车更是遍布广州各区域，给当地老百姓带来便利。杨建鹏参与投资的澳图光电和东奥文化，是业务涵盖文旅项目策划、演艺设计、工程制作、设备生产、舞台工程、网络直播和投资运营等全系列的文化集团公司，先后获得第11届全国运动会组委会、第16届亚运会组委会庆典和文化活动部、中华人民共和国成立70周年文艺晚会领导小组的表彰。波波酱酒已经成长为贵州省重点发展企业，真正做到了"让普通百姓喝上高品质酱香酒"。

近年来，随着生活水平日益提高，人们对自身健康愈加重视，大健康产业快速崛起，迎来前所未有的发展机遇。杨建鹏早早意识到这一点，开始思考企业未来的健康产业布局。

杨建鹏出身中医世家，太爷爷是当地颇有名气的老中医。亲眼见证过中医药的神奇效果，杨建鹏对中医药一直有着浓厚的兴趣。他认为，中医西医，各有特点，互相取长补短，二者结合最完美。一番慎重思虑后，杨建鹏决定瞄准中医药大健康产业作为投资目标。

杨建鹏请来广州中医药大学博士团队进行产品技术研发，又与广药白云山敬修堂药业进行合作，相继研发推出中医药面膜、眼贴、眼罩、洗眼液、万花膏、肩颈贴等多款产品，消费者反响良好，产品销路逐步打开，在京东和淘宝平台的销量一直在同类产品中遥遥领先。其所投资的广州醒目堂科技有限公司更是获得广药白云山集团颁发的"最具发展潜力企业"称号。

回报桑梓　搭建横跨秦粤的桥梁

2019年，受当地政府招商邀请，杨建鹏来到延安考察投资环境。这次考察使他认识到延安红色资源积淀丰厚，正历经重大产业转型升级，只是缺少强有力的文旅运作抓手。

杨建鹏立即整合已有资源，与延安新区开发建设总公司投资成立陕西延华产业投资有限公司，主营红色文旅、大健康和地产服务等业务。目前陆续在延安双创小镇落地 8 000 多平方米的新兴医疗科技医联体中心，联合上市公司中山金马文旅，计划投资改造延安国际滑雪场和延安城市会客厅——延安摩天轮游乐中心。

杨建鹏依托裕安金控布局多产业的优势，积极为业务落地城市的农副产品销售提供服务，将延安优质的苹果、小米、大枣等通过联手建设的延安土特产宣传推广电商平台销往全国各地，以实际行动回报革命老区，让老区人民共享美好生活。

开展延安红色文旅业务，杨建鹏具有独到的优势——他兼任广东海上丝绸之路文化促进会的执行会长、广东省可持续发展研究会常务理事、西北大学广州校友会执行会长、中山大学岭南（大学）学院同学会理事、英卓时尚教育学院校董等社会职务。集合广东企业，建设大平台，为延安等内地城市招商引资，促进秦粤合作发展，已经成为他未来工作的重点。目前杨建鹏已着手策划延安圣地马拉松赛、秦直道徒步活动及延安红色研学之旅活动，全面推进延安西线旅游开发也已经纳入计划，其中永宁山古寨及沿线洛河峡谷旅游项目的开发已顺利启动。怀抱着红色情结，杨建鹏希望在延安再耕耘 10 年、20 年乃至更长的时间，将延安精神持续发扬光大，将延安的历史风情、自然风貌更好地向全世界展示。

创业虽艰辛，但再出发的杨建鹏无所畏惧。来粤多年，杨建鹏早已融入"广式"生活。然而，在外时间再长，他也依旧是爽朗健谈的西北汉子，对陕西有着深厚的感情。他希望通过自己的努力，搭建一座连接岭南大地与秦川大地的桥梁。

从"专业学霸"到主动学习相关产业知识，从"秦商"到"粤商"，从投资人到产业孵化者，每一次跨界，都体现了这个时代多元、丰富的能量，也是这个时代赋予杨建鹏的魅力。

（李婷　朱巧巧）

寄　语

西大人永远是一家人。一朝同窗、爱心永系，西大学子，到广东校友会来，这里的校友会给您最大的支持。

王 磊

王磊，男，1982年9月出生，陕西西安人。2004年毕业于西北大学生命科学学院生物技术专业，获理学学士学位；2009年毕业于上海交通大学生命科学技术学院生物化学与分子生物学专业，获理学博士学位。2009年进入复旦大学生物医学研究院工作，现任复旦大学教授，博导；兼任 *J Genet Genomics*、*J Assist Reprod Genet* 杂志编委。

致力于生殖疾病的遗传学研究，利用分子遗传学手段寻找相关疾病致病基因。先后主持973课题、国家重点专项课题、国家自然科学基金等多项课题。在 *New England Journal of Medicine*、*Science Translational Medicine*、*American Journal of Human Genetics* 等学术期刊上发表50多篇SCI论文。先后获评国家重点研发计划首席科学家（2021），入选国家级人才计划，国家杰出青年科学基金（2017），科技部中青年科技创新领军人才（2017），获谈家桢生命科学创新奖（2019），中源协和生命医学创新突破奖（2020），全国妇幼健康科学技术奖一等奖（2017），上海市自然科学奖一等奖（2021）等。

揭开人类新遗传病致病基因之谜

伴随着每天清晨响起的军号声，度过了小学、初中及高中，对于生长在空军工程大学家属院里的王磊来说，成为一名"每天批改作业"的人民教师是他自小就确立的人生理想。如今，任教于复旦大学的他终于实现了理想，只是他不用每天批改作业，而是在阅读文献、寻找科学问题，规划课题实施、把握学科方向中度过充实的每一天。

偶然与生物技术结缘

2000年，参加完高考的王磊早早定下了报考西北大学的志愿，却一直苦于不知道该学什么专业。一个偶然的机会，王磊在西北大学校园里闲逛，不知不觉走进生命科学学院的大楼。他发现在一个房间里，有一位老师正在做实验，于是便走过去，说："老师，我是一名刚参加过高考、准备填报专业的学生，但不知道学什么专业比较好，请您指点一下。"正在做实验的老师看着手中的试管，头也不抬地说："生命科学专业不错，可以考虑。"时隔多年，当时和这位中药系的杨老师（后来才知道）交谈中的许多细节现在已经模糊了，但是王磊却一直为自己最终在高考志愿表中填报了"生物技术"专业而庆幸。

就这样，王磊成为西大生命科学学院生物技术专业的一名新生。在之后的四年学习生活中，他基本上每天都是早上第一个离开宿舍，晚上最后一个回来。四年的时光转瞬即逝，在西大求学期间，徐子勤教授对王磊产生了很大的影响。在徐老师讲授《基因工程原理》的课堂上，王磊初步了解转基因技术及相关其他分子生物学知识："徐子勤教授在科研方面的功底深厚，我的毕业设计也是在徐老师的实验室里，在老师的指导下进行了转基因植物课题方面的研究。"

和很多毕业生一样，临近毕业的王磊也一度迷茫于未来应该选择什么研究方向。一次在课后，他向主讲《遗传学》的张亚妮老师说起自己的苦恼，张老师建议他请教蒙世杰老师。"于是我来到蒙老师家。听到我说明来意，蒙老师很热情，向我推荐了上海交通大学的贺林教授。"王磊清楚地记得，虽然贺林教授当时还没有当选中科院院士（2005年当选），但是蒙老师向他介绍说，贺林教授的研究方向是人类遗传学，属于前沿领域，未来值得深入研究。交谈中，蒙老师还为王磊写了一封推荐信。"从蒙老师家出来，我就下定决心报考上海交通大学生命科学技术学院的硕博连读。"

寻找新方向　开辟新阵地

经过紧张的考研复习准备，王磊终于考入了上海交通大学，成了贺林教授的学生。从2004年到2009年，他在贺林院士的指导下，在实验室中度过了紧张又丰富多彩的科研时光。硕博连读期间，王磊的科研能力和水平都得到了很大的提高。围绕着精神分裂症的遗传学研究，他作为第一作者先后发表了3篇SCI论文。

2009年，王磊博士毕业。是出国，还是留在国内开展研究工作？王磊又一次面临抉择。其时贺林院士兼任复旦大学生物医学研究院（IBS）院长，经过再三考虑，王磊成为IBS的一名助理研究员。

"是继续进行精神疾病的遗传学研究，还是另辟蹊径寻找新的研究方向？"处身全新的工作环境中，王磊不希望自己停留在熟悉的精神疾病遗传学科研的"舒适圈"中，但是新的研究方向又在哪里呢？他沉下心来，阅读了大量的文献资料。在阅读文献的过程中，王磊更清晰地了解了国内外其他多基因疾病遗传学研究领域的研究现状和发展趋势，以及相关研究工作取得突破的可能性。

通过对文献的梳理，王磊发现，当时国内外针对女性生殖疾病的遗传学研究进展缓慢，这个领域内还有大量问题等待去回答。于是，他选定以人类生殖疾病的遗传学研究作为今后新的科研方向。王磊与医院建立了密切联系，利用所掌握的遗传学分析方法、分子遗传学手段，并利用细胞、动物模型对相关基因功能展开深入研究。很快，他的研究就取得了一定的进展。

2010 年，王磊在国际生殖医学领域权威期刊、美国生殖医学会会刊 *Fertility and Sterility* 上发表了针对生殖内分泌疾病多囊卵巢综合征（PCOS）的遗传学研究成果。而后，他针对 PCOS 展开了多个层面的遗传学研究，在国际学术期刊 *Human Genetics*、*Molecular Human Reproduction* 上发表了系列成果。2013 年，王磊在国际生殖内分泌领域权威杂志 *The Journal of Clinical Endocrinology and Metabolism* 发表的学术文章，被评为当年杂志国际最佳论文奖。因为在妇幼健康领域科学技术进步活动中做出了突出贡献，2015 年，王磊获得了中国妇幼健康领域的最高科技奖项 "全国妇幼健康科学技术奖" 自然科学奖二等奖。

运气与专注程度密不可分

2016 年 1 月 21 日，国际顶级医学杂志《新英格兰医学杂志》以原创论文（Original Article）形式发表了王磊课题组的科研论文《TUBB8 基因突变致人类卵子减数分裂阻滞》，他们的研究成果首次发现了卵子成熟障碍为新的人类孟德尔显性遗传病，鉴定出疾病的第一个突变基因 TUBB8 并揭示了致病机制。杂志同期配发了由国际知名生殖生物学家 Jurrien Dean 教授撰写的编者按，认为此研究为认识人类卵子成熟障碍的机制迈出了第一步。

1978 年，第一例试管婴儿诞生。此后，全世界每年有上百万人次借助辅助生殖技术得以解决不孕不育的问题。1990 年，国际首次报道了卵子成熟障碍致试管婴儿反复失败的病例。在随后的 20 余年间，不断有相似病例被报道。但此疾病是否属于遗传病、其致病基因及分子机制是什么，却始终没有科学的论断。2014 年，王磊对卵子成熟障碍疾病开展研究。"机缘巧合，在网上一个论坛里，我发现有患者在提问，迫切想知道为什么自己一直卵子不成熟。" 王磊在网上与这位患者联系，并发现在她的家族中有多个不孕患者，多年遗传学的研究让他敏锐地察觉到这个疾病可能有遗传因素的作用。为了研究这个病例背后的奥秘，王磊带着医生合作者不辞辛苦，一路上"火车转汽车再包车"地辗转，前往患者的老家采集了患者的亲属包括同样不孕的姑姑、表妹等的血样。功夫不负有心人，经过无数次的实验和研究，王磊及其团队终于发现了首个基因突变导致人类卵子成熟阻滞，并揭示了其致病的分子机制。

TUBB8 突变可以解释高达 30%～40% 的卵子 MI 期阻滞患者，表明其是导致此疾病的主效致病基因。人民网、新华网、CCTV 新闻网、《光明日报》、《中国科学报》、《中国青年报》等多家主流媒体报道了王磊和团队取得的研究成果。目前，TUBB8 基因作为首个分子指标被国际国内多家生殖中心应用于相应患者的临床诊断中。陆续有患者在看到新闻报道后主动联系王磊，请他寻找致病原因。这些患者中有的是多年原发不孕，有的是多年反复试管婴儿失败，在经济上和心理上都有着很重的负担。面对患者的殷切期盼，王磊带领团队成员仔细记录病例信息，认真研究分析，耐心回复每一位患者的咨询。帮助患者明确疾病原因，寻找疾病的有效治疗方法，带着这些问题，王磊在科研的道路上更加努力、更加坚定地前行。

迄今，国际国内发现导致人类卵子及胚胎发育异常的致病基因有 21 个，王磊带领团队成员就发现了其中的 13 个。他们的研究成果已经被应用于国际国内临床患者的检测，为数百位患者明确了病因，并建立了治疗方案。在不断取得创新成果的同时，王磊也培育出一批优秀青年人才。他带领的团队被评为复旦大学"钟扬式好团队"，团队成员先后获得了国家优青、上海市优秀学科带头人、上海市扬帆计划人才、上海市优秀毕业生、复旦大学优秀博士后等荣誉。

寄　语

志向广大、选准方向、踏实勤奋，终将有所收获。

后 记

　　2021年夏，在准备迎接学校百廿华诞之际，为了总结120年来的办学经验，宣传杰出校友事迹，展现校友风采，教育和鼓舞年轻一代大学生勤学苦读，奋发有为，学校决定编辑出版《西北大学英才谱（第五辑）》。自夏至冬，由春入秋，经过一年紧张的组织、征集、撰稿、修改和编辑工作，《西北大学英才谱（第五辑）》终于得以如约出版，向学校风云际会的双甲子致敬，为广大师生和校友献上一份美好的收获。

　　自1992年出版《西北大学英才谱（第一集）》以来，编辑出版《西北大学英才谱》已成为学校的一个优良传统，也得到了广大校友的热烈欢迎。本书主要收录了西北大学历届毕业生和在西大各类培训班学习、进修或在学校曾经工作过的杰出校友（不包括在校教职员工）。书中名次排列以校友出生年份为序，同年同月出生者以姓氏首字母为序。书中记述了莘莘学子在校期间的学习和生活经历，也记录了他们进入社会后的成长与奋斗历程，展示了他们取得的成就，从不同侧面彰显母校百廿年来的办学成果。诸多学有所成的学长的故事，也为在校学生和广大校友起到了激励作用，增加了奋斗的动力。

　　本书中的每一篇稿件，都经过了编者反复修改、精心编辑，对一些原本较长的稿件进行了删减和压缩，并依据校友的事迹，推敲拟定了文章的标题和文中的小标题，力图保证全书体例统一、语言表达流畅生动，能够全面立体地反映出校友不凡的业绩和高尚的情操。在编辑过程中，编者与每位校友都进行了多次沟通和交流，得到了他们的鼎力支持，其间数度被校友们的热情和他们对母校怀有的深情厚谊而感动。

　　本书的编撰出版工作在学校党政主要领导的关心下，在西北大学校史编纂委员会的指导下，在校内相关单位和各地校友会的大力支持下，由国内合作与校友工作处牵头组织，历经一年，精诚合作，数度修改，终至完成。在此过程中，校党委副书记张清，校党委常委、副校长、120周年校庆工作总指挥常江，校党委常委、副校长吴振磊，校党委常委、党委宣传部部长田明纲数度关怀指导本书的编写工作，国内合作与校友工作处处长崔延力全盘组织协调，王雁玲、燕来、李启超、李赛玉、王晋华、王亚华、吴丰华、刘俊杰、杨可风、李政伦、段东园、冯奕忠、李康等诸位老师做了大量细致繁琐的沟通联络工作，在此表示真诚的感谢。

  需要说明的是，因为时间和篇幅所限，加之能力有所不逮，本书在收录时难免挂一漏万，有沧海遗珠之憾。衷心希望广大校友为我们提供更多的信息和宝贵的意见，以便日后完善。

熊晓芬

2022 年 10 月